KB203591

# 입중론 강해

入中論 講解

# 입중론 강해

The Exposition of Madhyamakāvatāra

월칭 조송造頌
법존 역강譯講
지엄 한역韓譯

운주사

## 역자 서문

반야는 제불의 구경究竟의 비밀한 법장이고 법신의 구경한 도리입니다. 또한 제불의 모母이시자 보살의 원인이며 중생 모두에게 본래 갖춰져 있는 묘한 성품입니다. 진매이펑춰 린포체께서 반야의 도리에 대해 말씀하시되, "대반야 공성空性에 대한 바른 견해는 대승과 소승, 현교와 밀교 등 일체 불법의 기반이다. 티베트 불교 각 종파의 관점이 이 위에서 세워지는데, 각 종파가 서로 다르지 않게 원융하며 무애한 관점으로 융화되어 건립된다"라고 하십니다.

일찍이 여래께서 용수보살에게 법성의 진리를 펴도록 수기하셨고, 이에 용수보살이 반야지혜의 밀의를 펴시었습니다. 용수보살이 『중론中論』 같은 보서寶書를 통해 중관종의 사상을 제바보살에게 전하신 후에, 불호 논사에 이어 월칭보살이 출현하여 용수보살의 중관사상을 계승하여 귀류논증의 학설로써 중관응성파의 이론을 정립하셨습니다. 월칭보살은 인도 나란타 대학에서 삼매를 얻고 조사지명위를 증득하신 분으로, 수승한 지혜로 무상승에 안주하시며 벽에 그려진 소의 그림에서 젖을 짜내시는 등 유정有情의 실집實執을 파하신 대아사리大阿闍梨로서, 『입중론入中論』을 지어 용수보살의 『중론』의 구경밀의를 밝게 드러내시었습니다.

월칭보살은 『입중론』에서 모든 경전의 정수를 모아 용수보살의 『중론』을 수증의 이론으로 재구성하시고, 제법이 본래 남이 없는 바의 대공성의 반야교의를 펴시었습니다. 이 논에서는 상견常見과 단견短見에서 벗어나 현현顯現과 공성空性이 둘이 아님을 체득하고, 세속제世俗諦와 승의제勝義諦가 쌍운하여 구경의 과果로써 대원만을 증오證悟하는 도리를 설합니다.

제법은 공성이고 일체 업과 상호 의존하여 연기緣起함에 의지하며, 현현은 곧 세속이고 연기가 허망하지 않은 도리임을 보는 것이 "세속제"입니다. 주관과 객관으로 이뤄지는 모든 경계의 집착을 소멸하고, 상일주재常一主宰의 아我와 독립적인 아我가 실로 있는 줄로 여기는 등과 같은 희론을 여의어 불이不二의 공성을 체득함이 "승의제"입니다. 이렇게 연기하므로 공성이고, 공성을 말미암아 두루 생기하므로 공성과 연기가 둘이 아닌 쌍운의 지혜를 얻습니다.

『입중론』은 티베트 불학원佛學院에서 필수교재로 수학하는 오부 논서 중의 하나로, 특히 지혜와 공덕 면에서 매우 중요한 논서입니다. 달라이 라마 존자께서도 이 논을 중시하시어 거주처의 경상經床 위에 이 논을 상비하여 두고 매일 독송하신다고 합니다.[1] 불학원에서 수학하는 학승들은 필수적으로 이 논의 게송을 암기해야 하는데, 그들은 배운 것을 깊이 사유하고 스승께 기도 올리며 실다운 깊은 공성의 도리를 통달하기를 발원하며 이 논서를 공부해 갑니다.

---

1 실제로 달라이라마는 인터넷 '줌zoom'으로 진행된 '2020 서울국제불교박람회' 명상 웹 콘퍼런스 축하 영상메시지에서 "한국 불자들은 기도뿐만 아니라 불교철학과 논리학에도 좀 더 관심을 기울였으면 한다"라고 하며, 월칭보살의 『입중론』을 두고 "한국어로 번역되어 있는지 모르겠지만, 번역이 되어 있다면 지속해서 읽고 공부하시기 바란다"라고 당부했다. (달라이라마 "한국 불자들 기도뿐만 아니라 공부도 해야", 연합뉴스, 2020년 11월 8일 기사 참조)

소승은 일찍이 2000년에 오명불학원에서 『입중론』을 수학하면서 이 논의 중요성을 깨닫고, 이 논서가 한국에 번역 소개되면 티베트 중관사상이 한국 불교계에 좋은 영향을 미치게 될 것이라고 생각하였습니다. 그러던 중에 법존 법사의 『입중론 강기』를 만나 이 책 속에 『중론』의 도리가 간략하게 잘 설해져 있음을 파악하고 번역을 시작하게 되었습니다. 이 번역문을 통해 『입중론』의 기도과基道果의 수증사상이 잘 드러나서, 해가 대지를 비춤에 구름과 안개가 일시에 걷히듯이 삼계중생의 마음에 일체 의심이 없어져 그들이 수승한 중관정견中觀正見을 속히 얻게 되기를 발원하며, 오탁악세에 불일佛日이 더욱 높이 빛나고 지혜의 등불이 영원히 상속되어 미래제가 다하기를 발원합니다.

소승이 이번에 번역의 원본으로 삼은 『입중론 강기』는, 중국 근대의 고승으로서 티베트의 사원에 유학하여 티베트 논서를 다수 번역한 삼장법사이신 법존 법사께서 『입중론』의 원문을 중문中文으로 번역하고 학승들에게 강의하신 내용을, 타이완(臺灣)의 융연隆蓮 법사가 기록하고 편집하여 출판한 것입니다. 본인의 지혜가 부족하여 번역이 매끄럽지 못함을 양해바랍니다. 끝으로 본서의 출판을 허락해 주신 운주사 김시열 사장님께 감사드리고, 교정을 꼼꼼하게 봐주신 연덕 스님, 도혜 거사님, 수미향 보살님께도 감사의 말씀을 전합니다.

2023년 1월

미륵 내원궁에서 지엄 삼가 적음.

# 서언

## 교승소섭教乘所攝

논을 해석하려면 먼저 본 논이 전하는 가르침의 전승(교승教乘)을 밝혀야 한다.

세존이 정각을 이루시고 처음 소승 근기에게 사제법륜四諦法輪을 굴리시고, 다음에 대승의 상근기 보살에게 『반야』를 설하고 무상법륜無相法輪을 굴리시었으며, 그 다음 비교적 둔한 근기에게 『해심밀경』 등의 경을 전하시었다. 이 논은 이 세 가지 전법륜 중에서 두 번째 무상법륜에 섭수된다.

부처님 원적 후에 불법의 전파는 다음과 같이 이루어졌다. 초기에 아난阿難,[1] 가섭迦葉,[2] 우바리優波離[3] 등이 소승삼장小乘三藏을 결집하

---

1 아난다(Ananda, 阿難陀)라고도 한다. 붓다의 사촌동생이자 10대 제자 중 한 사람으로 붓다의 나이 50여 세에 시자侍者로 추천되어 붓다가 입멸할 때까지 보좌하면서 가장 많은 설법을 들어서 다문제일多聞第一이라 불린다. 붓다가 입멸한 직후,

였고, 그 다음에 마명馬鳴,[4] 용수龍樹,[5] 제바提婆[6] 등 여러 보살이 대승반야의 가르침을 펴며 공空의 뜻을 설하였다. 그 다음에는 무착無着보살[7]이 유식종을 홍양하였다. 불법이 전파되는 이 세 가지 시기 중에서 이 논은 제2기 용수 교법에 포함된다.

---

왕사성王舍城 밖의 칠엽굴七葉窟에서 행한 제1차 결집 때, 아난이 기억을 더듬어 가며 "이렇게 나는 들었다(如是我聞). 어느 때 붓다께서는……"이라는 말을 시작으로 암송하면, 여러 비구들은 아난의 기억이 맞는지를 확인하여 잘못이 있으면 정정한 후 모두 함께 암송함으로써 경장經藏이 결집되었다.

2 붓다의 십대 제자 중 한 사람으로, 붓다가 열반한 뒤 제자들의 집단을 이끌어 가는 영도자 역할을 했으며, '두타제일頭陀第一'이라 불린다. 음을 따서 마하가섭摩訶迦葉, 의역하여 대음광大飮光·대구씨大龜氏라고도 한다.

3 석가의 10대 제자 중 한 사람으로 계율에 통달하며 이를 잘 준수하여 '지계제일持戒第一'이라 불린다. 원래는 석가족 궁정의 이발사로 하급계급 출신이다. 산스크리트 '우팔리'의 음역으로, 우발리優跋利·우파리優波梨·오파리鄔波利 등으로도 쓰며, 근집近執·근취近取 등으로 의역된다.

4 2세기 북인도 바라문 가문 출신의 대승불교 학자로, 불교를 소재로 한 산스크리트의 미문체 문학을 창작하여 인도 문학사상 불후의 업적을 남겼다. 대승불교철학의 개론서로 유명한 『대승기신론大乘起信論』이 그의 저작이라고 전해지나 논란이 있다.

5 인도의 승려(생몰 연대 150?~250?)로 공空과 중도中道 이론을 체계화하여 대승불교의 발전에 큰 영향을 끼쳐 대승 8종의 종조宗祖로 불린다. 원래의 이름은 나가르주나Nagarjuna이며, 용수龍樹는 산스크리트어로 용龍을 뜻하는 나가naga와 나무(樹)를 뜻하는 아가르주나agarjuna를 한자로 옮겨 표기한 것이다.

6 3세기경 인도 대승불교의 철학자로 산스크리트 이름은 '데바Deva'라고 한다. 용수의 제자로 중관사상을 선양했다.

7 유식불교를 확립한 인도의 불교학자이다. 유식사상의 교리를 밝힌 『섭대승론』은 대승의 체계를 세운 그의 저작이다. 산스크리트 이름은 '아승가Asaṁga'로 '무장애無障碍'라 번역되기도 한다.

당시 인도의 불법은 간략히 네 개의 부파로 나누어진다.

첫째는 살바다부薩婆多部로 『구사론俱舍論』, 『파사婆沙』 등에 의지하며 유종有宗이라 칭한다.

둘째는 경부經部로 유종보다 발전된 것이다. 살바다부와 경부는 소승에 속한다.

셋째는 유식종唯識宗이다. 식을 떠나 그 밖의 것이 없고 안으로는 마음이 실로 있다고 설하며, 삼성三性[8]과 삼무성三無性을 세운다. 삼성 중에서 변계소집성은 자성이 없고, 의타기성과 원성실성은 자성이 있다고 설한다.

넷째는 공종空宗으로 중관종中觀宗이라고도 하며, 일체법이 다 자성이 없다고 설한다. 유식종과 중관종은 대승에 속하며, 이 논은 이상 4부 중에서 마지막 중관종에 속한다.

용수의 교법을 배우는 제자들 중에 그 견해가 서로 조금씩 다름이 있다. 후대의 사람들은 용수의 제1대 제자인 제바의 견해가 용수와 같다고 존경하는데, 그 견해는 용수와 더불어 다름이 없으며, 그 다음에

---

8 일체의 세간법世間法을 그 본질의 면으로 보아서 셋으로 나눈 것으로 유가유식종 철학의 골격을 이루는 학설이다. 첫째는 변계소집성遍計所執性이다. 본래 없는데, 범부의 미망 때문에 있는 것처럼 잘못 판단되는 일체의 사물 현상을 말한다. 둘째는 의타기성依他起性이다. 만물이 인연에 의하여 생겨났다는 뜻으로, 사물은 언제나 원인과 결과에 의하여 생성소멸을 거듭한다는 것이다. 셋째는 원성실성圓成實性이다. 현상의 본체, 즉 원만하게 모든 것을 성취시키는 진실한 진여眞如의 경지를 가리킨다. 이러한 삼성의 입장에서 관조된 세계는 다만 공空일 뿐 아니라 진실한 유有가 될 수도 있다고 보았다. (출처: 한국민족문화대백과, 한국학중앙연구원)

는 불호佛護 논사가 나와서 용수의 밀의를 널리 해석했다. 그 후에 청변清辨 논사가 있어 『장진론掌珍論』, 『반야등론般若燈論』을 지었는데, 불호의 견해에 과실이 있다고 평가하였으며, 이로써 중관이 두 파로 나뉘어졌다. 다시 후에 월칭 논사가 나와서 청변의 과실을 평가하고 불호의 논을 폈다. 이 두 파 외에 정명靜命 논사[9]가 있어 유식과 중관을 조화시켜 절충한 견해를 취했는데, 세속제世俗諦는 바깥 경계는 없으나 안으로 마음은 있으며, 승의제勝義諦는 안의 마음 역시 자성이 없다고 하였다. 월칭 논사의 파를 '응성파(應成派, 귀류논증파)'라 하고, 나머지 두 파를 합해서 '자속파自續派'라 이름하며, 청변을 '순경부행順經部行'이라 칭하고, 정명은 '순유가행順瑜伽行'이라 한다. 본 논은 중관의 세 파 중에서 '응성파'의 주요 전적이다.

9 산타락시타. 유가행중관파에 속하고 『중관장엄론』을 저술하였다. 그 제자인 까마라실라는 삼예논쟁의 논사였다.

## 월칭 논사 소개

본 논의 작자 월칭(月稱, Candrakirti. 약 600~650) 논사는 인도 나란타那爛陀 사寺의 대大 켄포[10]였다. 당시 중관정견中觀正見을 폈는데, 여러 종파에서 논쟁이 다투어 일어났을 때 모두 논사에게 굴복했으며, 그 지혜와 변재가 말로 설명할 수 없을 정도로 수승하였다. 하루는 스승을 어지럽히는 자가 월칭 논사에게 말하길, "제법이 인연으로 생김이 환幻과 같아서 실체가 없고 작용이 있을 뿐이라면 사원의 벽화에 그려진 어미 소에서 응당 젖이 나와야 한다"라고 하자, 월칭 논사가 바로 그때 벽화의 암소에서 젖이 나오게 하니, 그가 항복을 하였다. 월칭이 그 법성을 증오證悟한 법력이 이와 같았다.

그가 이 논을 지은 것은 대비심에 말미암아 중생을 이롭게 하기 위해서이다. 아만我慢을 멀리 여의고, 『중론中論』을 결택하여 용수보살의 정견을 드러내어 알렸으며, 후에 다시 『육십정리론주六十正理論注』 등을 지었다.

종카빠宗喀巴 대사[11]에 대하여 다음과 같이 전하는 말이 있다. 대사가

---

10 켄포(堪布, khenpo)는 법사나 율사를 가리킨다. '강백講伯'이라고도 한다.

11 종카빠 로상닥빠(tsong kha pa blo bzang grags pa, 1357~1419)는 티베트 불교 겔룩파(格魯波, 황교黃敎)의 창시자이다. 동북 티베트 암도의 종카 지방에서 태어나서 여러 종파에서 공부했는데, 까담빠의 전통을 따라 엄격한 계율의 수행을 강조하면서 불교 철학을 바탕으로 단계적인 수행을 통해 깨달을 수 있다고 보았다. 아띠샤의 『보리도등론菩提道燈論』에 대한 주석서인 『보리도차제광론菩提道次第廣論』을 비롯한 그의 많은 저서들은 그 당시까지의 철학과 수행 전통을

처음엔 용수보살의 중관정견에 통달하지 못하였다. 인도로 가서 정견을 구하고자 하고 로카(洛卡)에 이르렀을 때 허공당虛空幢 대사를 만나 길을 멈췄다. 허공당 대사는 금강수金剛手 보살의 법을 닦아 성취하신 분이다. 허공당 대사가 종카빠 대사에게 말하되, "인도에 가면 큰절의 켄포는 될 수 있을 것이다. 다만 모든 제자가 다 가행위加行位 보살[12]이고, 인도의 혹열酷熱[13]을 감내하지 못하고 많이 죽게 될 것이 자못 애석한 일이다. 티베트에서도 스스로 중관정견을 깨달아 얻을 수 있다. 월칭 논사는 상방세계의 보처補處 보살[14]이신데, 원을

---

새롭게 해석해 내면서 티베트 불교의 새로운 장을 열었다는 평가를 받는다. 이후로 까담빠의 전통은 점차로 겔룩빠의 영향 하에 들어가게 되었는데, 이로 인해 종카빠의 겔룩파는 신까담파라고 불리기도 한다. (이종복, 「종파로 보는 티베트 불교」, 『불교평론』 59호, 2014 참고)

12 유식종唯識宗에서 불타가 되기까지 보살의 수행 과정을 이르는 다섯 단계가 있는데, 이를 대승오위大乘五位 혹은 수행오위修行五位라고 한다.
첫째, 자량위資量位는 유루有漏의 선善을 닦아서 불과佛果를 깨닫는 바탕이 되는 수행 단계를 말한다.
둘째, 가행위加行位는 앞에서 닦아 쌓은 바탕 위에 다시 무루지無漏智를 얻기 위한 방편으로서 수행을 더하는 단계를 말한다. 자량위에서 선근과 공덕을 닦고 통달위로 나아가기 위해 더욱 힘써 수행하므로 '가행'이라 하는 것이다.
셋째, 통달위通達位는 처음으로 무루지를 얻어 진여眞如의 진리를 체득하는 단계로서 초지初地(견도見道)에 해당한다.
넷째, 수습위修習位는 초지에서 본 진여의 진리를 몇 번이고 거듭하여 닦는 단계로서 이지二地 이상(수도修道)에 해당한다.
마지막 구경위究竟位는 번뇌가 없는 지혜를 얻기 위해 모든 대상과 그것을 인식하는 주관은 모두 허구라고 주시하는 수행 단계로 불과佛果를 말한다.

13 '가혹한 더위'를 말한다.

14 한 번의 미혹한 생을 마치면 다음 생에는 성불하는 최고 경지의 보살.

발하여 이 세계에 와서 중관정견을 전파하시니 반드시 와서 정견으로 이끌어 주신다"라고 하였다. 종카빠 대사가 이 말을 의지하고 수행하여 곧 로카에서 중관 정견을 획득하였다. 이 때문에 월칭 논사는 겔룩파의 교종敎宗으로 섬기어진다. 샤카파(薩迦派), 까규파(嘎擧波) 수행자들 역시 월칭의 견해가 티베트 불교의 높은 정견이라고 생각하지 않음이 없다.[15]

중국 중관의 저술 중에서 월칭, 불호의 주석에 대하여는 일관되게 숭상되는 번역본이 없다. 비록 청목青目의 『중론주中論注』가 있으나 그 문장이 매우 간략하고, 『반야등론般若燈論』은 더욱 구절이 난해하며 이해하기 어렵다. 그 기본이 되는 저작 『중론』 27품은 이무아二無我를 결택했는데, 문자가 매우 간단하나 내용은 매우 복잡하다. 간단한 연고로 생략됨이 많아 후대 사람들이 오해하거나 단멸지공斷滅之空[16]에 떨어지게 되며, 번다한 연고로 어떤 때는 도리어 그 진의를 얻기가 쉽지 않다.

일찍이 월칭 논사가 『현구론顯句論』을 지어 『중론』의 문구를 따라 주석하며 상세하게 결택한 것이 있는데, 논사께서 다시 이 『입중론』을 지어 『중관론中觀論』 수행차제를 포함한 것은 사람들을 『중론』의 문에 들게 하기 위함이다.

---

15 보통 티베트 불교의 4대 종파로 구파인 닝마빠와 신파인 까규빠, 샤카빠, 겔룩빠를 드는데, 종파 간의 경쟁적 발전과 더불어 상호의 수행 전통에 대한 이해와 존중이 티베트 불교의 특징이기도 하다.

16 『중론』에 의하면, 유有에 집착하면 상주론常住論에 떨어지고, 무無에 집착하면 단멸론斷滅論에 빠진다.

## 본 논의 구성

『입중론』의 구성은 『화엄경華嚴經·십지품十地品』에 의거한다.

용수보살의 저작에 『십주비바사론十住毗婆沙論』이 있는데, 이것은 『화엄경』을 해석한 것으로서, 중국에서 번역된 것은 다만 앞 이지二地 부분뿐이다. 공종空宗의 저술은 반야의 심견深見을 해석한 것은 많으나, 반야의 광행廣行을 해석한 것은 매우 적다. 용수보살이 지은 바로 『집경론集慶論』, 『법계찬法界讚』, 『보만론寶鬘論』 등이 있는데, 이것들은 수행차제를 가리킨 것이지 공을 말한 것은 아니다.

본 논은 '공종정견空宗正見'과 '수행차제'의 "심오함"과 "광대함" 두 가지 가르침을 고르게 해석한 것이다. 초지初地로부터 불지佛地에 이르기까지 차제에 의거해 배열했는데, 매 지地마다 보살의 수행성취의 공덕을 서술했고, 이공二空[17]의 이치는 반야바라밀에 입각해 널리 해석했다.

『중론』은 어떻게 배워야 하는가?

반야를 배우는 것은 응당 먼저 신심을 배양해야 하니, 청정한 신심을 갖추면 비록 4구 한 게송만을 듣고도 또한 무량한 공덕을 얻을 수 있다.

신심을 내는 법은 항상 삼계 윤회가 굴러 쉬지 않고 터럭만 한 즐거움도 탐착할 것이 없음을 관하는 것이다. 그 다음은 세간에서

---

17 아공我空과 법공法空.

벗어나기를 구하고, 보리심을 발하며, 보살행을 수행하고, 무상불과 또한 마침내 성취하는 날이 있음을 알고 관해야 한다. 만약 취생몽사하며 생사의 업業을 짓고 곧 한 시기의 보報가 다하면 업을 따라 생을 받으니, 인간과 천상에 환생하거나 혹은 악취에 떨어질 뿐 스스로 주재할 수 있는 것이 없다. 응당 이러하니 임종 시에 이르러 스스로 지혜, 능력, 자재함을 갖추어 이 생사대사를 해결할 방법이 없다. 임종 시에 손발을 떨고 삼악도에 떨어져서 정법을 구하고자 해도 얻지 못하게 되지 말라.

다음은 마땅히 원만한 사람 몸 얻기 어렵고, 불법은 듣기 어려우며, 오탁악세에 대승법을 듣는 것은 더욱 희유함을 사유한다. 『반야경』에 이르되, 반야를 배우는 것은 세세생생 행하여도 다함이 없다 하였다. 세세생생 대반야가 있는 곳에 태어남을 얻고, 선지식의 반야법문 설하심을 만나 일체 반야를 배움이 점차 증가하는 인연을 구족하고, 선지식을 기꺼이 가까이하며, 정법을 즐겨 듣고 보살행을 즐겨 수행해야 한다. 따라서 지금 이 법을 듣는 자는 응당 희유심稀有心을 낼 것이며, 항상 삼업三業이 인과에 수순하는지를 관하고, 불법의 오계와 십선을 닦으면 곧 인천복보人天福報를 잃지 않을 것이며, 최소한 임종 시에 후회가 없을 것이다. 중근기의 사람은 이 공덕을 극락왕생에 회향하면 곧 정토왕생의 수승한 성취를 얻게 된다. 또한 상근기는 세세생생에 불법을 만나 대보살께 섭수되고, 최후에 반드시 불타의 수기를 입어 성불하고 중생을 제도하게 된다. 그 다음으로 복덕 일체가 원만한 최상근자는 금강승에 의지하여 현신으로 성불하게 되니, 이들이 수승한 중의 수승한 사람이다.

그러나 말세에 복덕이 원만한 근기를 얻기는 어렵다. 그러한즉 다만 출리심, 보리심으로써 "심심혜甚深慧"와 "광대행廣大行"을 여법하게 수행하고 세세생생 항상 대보살께 섭수되어 구경성불의 성취에 이르는 것이 『입중론』을 듣는 자에게 응당 있어야 하는 종취宗趣[18]이다. 이 같은 마음으로써 『중론』을 배운다면 종카빠 대사, 월칭 논사의 공덕이 후세인의 수행 성공을 보장할 것이다.

---

18 한 종宗에서 내세우는 가르침의 취지.

# 게송문을 해석함

## 귀경송을 해석함

**頂禮曼殊室利童子!** 정례만수실리동자!

**聲聞中佛能王生 諸佛復從菩薩生** 성문중불능왕생 제불부종보살생
**大悲心與無二慧 菩提心是佛子因** 대비심여무이혜 보리심시불자인

**성문과 중불은 부처를 좇아 생기고, 제불은 다시 보살을 좇아 나며, 대비심과 무이혜, 보리심은 불자의 인因이 된다.**

처음 세 송의 반은 본 논의 최초 귀경歸敬이 된다. 대비심大悲心에 귀의하고 공경하는 것은 또한 곧 큰 지혜를 갖춘 불보살을 귀의 공경하는 것이다. 이는 제불보살과 조사께 귀의 공경하고 가피를 구하는 연고가 된다. 아만我慢의 산이 높은 곳에서는 공덕의 나무가 자라지 않으나, 귀의 공경은 자만심을 조복하고 공덕을 증가하는 연고가

된다. 대비심에 귀의하고 공경하는 것은 자리이타自利利他의 공덕이 이에서 좇아 나오기 때문이다.

성문聲聞[19]이라 함은 소승 수행인이 부처님이 법을 설하시는 소리를 듣고 스스로 성인의 과(聖果)[20]를 증득한 자를 말한다. 또한 보살의 법을 들었으나, 다만 그를 위해 설하여 그가 수행하여 증과하도록 할 뿐 스스로는 수행하지 않으면 이 역시 성문이라고 한다.

중불中佛은 벽지불辟支佛[21]을 말한다. '중불'이라 칭한 것은 게송을 짓는 음절수를 맞추기 위한 것이다. '불佛'은 진실을 깨닫는 것을 이르는

---

19 성문聲聞·연각緣覺·보살菩薩을 삼승三乘이라고 한다.

20 성문으로서 해탈하는 길은 '성문사과聲聞四果'라고 하여 수다원須陀洹·사다함斯陀含·아나함阿那含·아라한阿羅漢의 4단계를 설정하고 있다. 수다원은 '역류逆流'로 번역되며, 생사의 흐름을 거슬러 올라가서 육진六塵에 물들지 않고, 한결같이 번뇌가 없는 행을 닦아 거칠고 무거운 번뇌가 생기지 않게 된 이로서, 내세에 지옥·축생·아수라 등의 몸을 받지 않게 된다. 사다함은 '일왕래一往來'로 번역되며, 욕망을 모두 버리고 번뇌를 끊었으므로 죽은 뒤 천상에 태어났다가 다시 인간으로 온 뒤 천상에 태어나는 1왕복의 과정을 거쳐 완전히 해탈하는 경지이다. 중국 및 우리나라의 선사들은 앞의 생각이 그릇된 것을 일으켰다면 뒤의 생각에서 곧 멈추고, 앞의 생각에 집착이 있었다면 뒤의 생각에서 이를 멈출 수 있는 수행의 경지를 뜻하는 것으로 해석하기도 한다. 아나함은 '불환不還(돌아오지 않음)' 또는 '출욕出欲(욕심으로부터 나옴)'으로 번역된다. 즉 욕심을 벗어나서 다시는 욕심의 세계로 돌아오지 않는 경지를 뜻한다. 아라한은 '무쟁無諍'으로 번역된다. 끊어야 할 번뇌가 없고 떠나야 할 탐심과 분노와 어리석음이 없어서 항상 고요한 해탈의 경지에 있는 성자를 뜻한다. (출처: 한국민족문화대백과, 한국학중앙연구원)

21 산스크리트어 pratyeka-buddha의 음사. 홀로 깨달은 자라는 뜻. 독각獨覺·연각緣覺이라 번역한다.

데, 벽지불은 우주 연기의 진실을 깨달은 자이니 또한 '불'이라 일컫는다. '중中'은 아래로는 성문을 넘었으나 위로는 붓다에 미치지 못했기에 '중'이라 한 것이다.

'능왕能王'이란 곧 붓다이다. '능能'은 '능인能仁'[22]이니, 능히 번뇌를 끊고 생사를 벗어나 사마四魔를 항복받고 중생을 제도하는 연고로 '능인'이라 이른다. 다만 성문 등도 이러한 뜻을 갖추고 있으므로, 붓다를 '왕王'이라 일컬으며 성문 등과 구별한다.

부처님이 전하신 고집멸도 사제四諦와 12인연 법륜의 인연으로 후에 성문, 연각이 있게 된 것이기에 성문, 연각은 붓다를 좇아서 생긴 것이다. 보살은 붓다가 굴리신 법륜을 만나 발심하게 된 것이기에 보살 또한 붓다를 좇아 생겨난 것이다. 다만 제불이 일찍이 인지因地에서 보살이었기에 인위보살因位菩薩[23]은 붓다의 친인親因이 된다. 제불이 처음 보리심을 발하는 것은 모두 보살이 권하고 인도하였기 때문이다. 석가모니와 미륵 부처도 문수보살이 권하고 인도함을 따라 보리심을 발하신 분들이다. 그러므로 보살은 붓다의 증상연增上緣[24]이 되는 것이다. 이 두 가지 뜻으로써 제불이 보살을 좇아 나신다고 설한다.

보살은 대비심大悲心, 무이혜無二慧, 보리심菩提心 삼법三法이 낸 바를 이른다. 대비심의 뜻은 앞으로 풀이하므로, 여기서는 간략히 무이혜 및 보리심의 뜻을 설한다. '둘이 없는 지혜(無二慧)'라는 것은

22 능히 인仁을 행하는 사람이라는 뜻으로, 석가모니를 달리 이르는 말.

23 인위因位 또는 인지因地는 부처의 경지에 이르기 위해 수행하고 있는 과정 또는 단계를 말한다.

24 인과의 과정을 도와주는 제반 조건들.

제법이 공한 것으로서 실체가 있는 것이 아님을 관하여 집착해 유를 삼지 않는 것을 말한다. 이것은 인연 따라 생기는 것이며 또한 끊어 없앨 수 있는 것이 아니다. 이와 같이 제법의 자성은 공한 것으로 인연 따라 생기는 것일 뿐 환幻과 같은 것임을 관하는 지혜로서, 제법이 실제로 있고 '아我'가 있다고 여기는 중생의 무명無明 망집妄執을 대치對治[25]하여 번뇌를 끊고 생사를 벗어나는 주된 힘으로 삼는다.

보리심은 둘로 나누는데, 하나는 승의보리심勝義菩提心이다. 이는 초지 이상이 자성이 공함을 통달함과 동시에 중생을 이롭게 하고자 하는 원을 발하는 것을 이른다. 둘째는 세속보리심世俗菩提心으로, 삼계의 고苦가 불난 집과 같음을 자주 관하고 사유하며 결정적인 신해信解를 내는 것을 말한다. 중생의 전도망상이 미치광이 증세와 같아 고통으로 낙을 삼으며 벗어날 줄을 모르는 것을 자주 관한다. 일체중생이 다 나의 부모권속이니, 그들이 아무 의미 없는 극심한 고통을 받고 있는 것을 보고 근기를 따라 가르침을 설하여 고해에서 벗어나게 하며 성불하기를 원한다. 중생을 이롭게 하고 성불하기를 원함이 곧 보리심이고, 이런 마음이 있는 자가 곧 보살이다.

**悲性於佛廣大果 初猶種子長如水** 비성어불광대과 초유종자장여수

---

25 대치는 악업을 소멸하고 선업을 증장시키는 것을 말한다. 대치에는 네 가지 종류가 있다. 죄업을 정화시키려면 자신의 잘못을 깨닫고 후회막급해야 하며(염환대치력厭患對治力), 죄업을 벗어날 방법에 의지하고(소의대치력所依對治力), 선법을 봉행하며(현행대치력現行對治力), 생명의 위험에 닥쳐도 다시는 악업을 짓지 말아야 한다(반회대치력返回對治力).

**常時受用若成熟 故我先讚大悲心** 상시수용약성숙 고아선찬대비심

**붓다의 광대한 불과에서 대비심은 처음 발심할 때에 종자와 같고, 길게 흐르는 물처럼**

**항상 수용하며 성숙하므로, 나는 먼저 대비심을 찬양한다.**

두 번째 게송은 대비심의 중요성을 드러낸 것인데, 내용상 세 단락으로 나뉜다.

처음은 보살이 초기 발심하는 것을 '종자種子' 곧 씨앗으로 비유한 것이다. 보리심은 보살의 원인이 되고, 대비大悲는 보리심의 원인이 된다. 만약 대비가 없고 오직 자기 해탈만 구하면 마침내 발심하여 불과에 나가지 못하기 때문이다.

다음으로 보살행을 닦는 것은 삼대 아승기겁을 요하는 것이다. 고집스럽고 조복하기 어려운 무수한 중생을 조복하며, 참기 어려움을 능히 참고, 버리기 어려움을 능히 버리며 긴 시간 흐르는 물처럼 고행하여 마침내 불과를 이룬다. 만약 대비심이 주도하지 않으면 곧 보리심이 퇴보할 때가 있다. 비유하면 햇빛과 물, 흙이 없으면 반드시 씨앗이 썩어버리고 싹을 틔우지 못하는 것과 같다.

후에 불과를 이룰 때 삼신三身[26]과 사지四智[27]가 원만구족하고 단덕斷

---

26 법신法身과 보신報身과 화신化身.

27 번뇌에 오염된 팔식八識을 질적으로 변혁하여 얻은 네 가지 청정한 지혜를 말한다.

첫째, 대원경지大圓鏡智. 오염된 아뢰야식阿賴耶識을 질적으로 변혁하여 얻은 청정한 지혜. 모든 것을 있는 그대로 비추어 내는 크고 맑은 거울처럼 아뢰야식에서 오염이 완전히 제거된 상태를 말한다.

德과 지덕智德[28] 두 가지 덕이 구경에 원만하게 성취되었음에도, 열반에 들지 않고 근기에 따라 교법을 설하고 임운자재任運自在[29]하게 중생을 제도하는 것을 미래제未來際[30]가 다하도록 행하는 것 또한 대비심에 말미암은 것이다. 대비심이 없으면 응당 열반에 들려고 할 뿐 힘들여서 중생을 이롭게 하는 것을 필요로 하지 않게 되나니, 이는 비유하면 심은 벼가 자라다가 우박을 만나 여물지 않고 수확을 얻지 못하는 것과 같다. 따라서 대비심은 초, 중, 후 삼시三時[31] 모두에 가장 중요한 것이며 대승불법의 중심이 되는 것이다.

---

둘째, 평등성지平等性智. 오염된 말나식末那識을 질적으로 변혁하여 얻은 청정한 지혜. 자아에 대한 집착을 떠나 자타평등自他平等을 깨달아 대자비심을 일으킴으로 이와 같이 말한다.

셋째, 묘관찰지妙觀察智. 오염된 제육식第六識을 질적으로 변혁하여 얻은 청정한 지혜. 모든 현상을 잘 관찰하여 자유자재로 가르침을 설하고 중생의 의심을 끊어 주므로 이와 같이 말한다.

넷째, 성소작지成所作智. 오염된 전오식前五識을 질적으로 변혁하여 얻은 청정한 지혜. 중생을 구제하기 위해 해야 할 것을 모두 성취하므로 이와 같이 말한다.

28 나를 이롭게 하는 수행(自利行)이 있고, 남을 이롭게 하는 수행(利他行)이 있는데, 나를 이롭게 하는 것 중 처음은 나쁜 것을 끊는 덕이고(단덕斷德), 다음은 슬기의 덕이다(지덕智德).

29 인위적인 조작 없이 자연의 흐름과 법에 의지하여 속박이나 장애가 없음.

30 미래의 끝.

31 석가의 사후 교법敎法이 번창하는 시대를 3단계로 나눈 것으로, 정법시正法時·상법시像法時·말법시末法時를 말한다. 정법시에는 석가의 가르침이 잘 보존되어 불타의 교법(敎)과 수행자의 실천(行), 해탈의 획득(證)이 모두 갖추어진다. 상법시에는 석가의 교법과 수행자의 실천만이 있고, 말법시에는 교법의 형식만 있을 뿐, 수행·해탈은 전혀 없다.

마지막으로 '찬讚한다'는 것은 말로 표현함으로써 공경히 예를 갖추는 것이다.

**最初說我而執我 次言我所則著法** 최초설아이집아 차언아소즉착법
**如水車轉無自在 緣生興悲我敬禮** 여수차전무자재 연생흥비아경례

처음엔 '아'를 설하면 '아'에 집착하고, 그 다음 '아소我所'를 말한즉 법에 집착하여
물레방아가 구르듯이 자재함이 없는데, 중생을 인연하여 비심悲心을 일으키니 내가 경례한다.

이 게송의 반은 대비심의 세 가지 종류를 해석한 것이다. 비悲는 고苦를 빼앗음으로써 본체를 삼고 모든 중생에 두루 미치는 연고로 대大라 일컫는다. 인연하는 경계에 따라 대비심을 생연生緣, 법연法緣, 무연비無緣悲 셋으로 나누는데, 이 게송은 '생연비生緣悲'를 해석한 것이다. '생연비'라 함은 중생을 인연하여 대비심을 일으키는 것을 말한다.

앞의 세 구는 비심을 내는 이유를 밝힌 것이다. 중생의 생사의 근본은 처음에 '아我'라는 이름으로 말미암아 마침내 아집我執을 일으킴에 인연하는 것이다. 아집에 말미암아 고苦와 낙樂의 경계에 대하여 취하고 버리고자 하는 욕망이 생기고, 마침내 탐심貪心과 진심嗔心을 일으키게 된다. '아我'에 집착함에 말미암아 나에 속하는 물건에 집착하여 '아소我所' 집착을 일으키게 된다. 나의 의복이나 음식, 필요한 것들을 취함에 버림이 없고 그것들을 추구함에 그침이 없다. 화합하는

경계에 대해서는 탐심을 일으키고 화합하지 않는 경계에 대해서는 진심을 낸다. 탐진치에 말미암아 모든 미혹이 따라 일어나며, 업을 지어 고를 받고, 생사를 유전한다. 생사유전에 이르러 오르고 내림에 주재함이 없고, 늙고 병들어 죽게 되는 것이 마치 네 개의 큰 산이 동서남북 사방에서 포위하여 오는 것처럼 중생을 핍박하니, 이를 피할 수 있는 행운은 없다. 미혹惑과 업業과 고苦 세 가지가 반복됨이 끝이 없고, 무명無明은 행行을 인연하여 마침내 늙고 병듦에 이르니, 이와 같이 유전함이 물레방아처럼 돌고 돌 뿐 그침이 없다. 물레방아가 올라가는 것은 어렵고 내려가는 것은 쉽듯이, 윤회 중에서 악도에 가는 것은 쉽고 선도에 나는 것은 어렵다.

중생은 이렇듯 처음 한 생각에 '아我'에 그릇 집착하는 연고로 생사에 유전하며 무의미한 고통을 받는다. 이러한 중생을 인연하여 비심을 일으키니 이를 일러 '중생을 인연하는 비심을 낸다'고 한 것이다.

**衆生猶如動水月 見其搖動與性空** 중생유여동수월 견기요동여성공
**중생은 움직이는 물속의 달과 같으니, 그 움직임이 자성과 더불어 공함을 본다.**

이 두 구는 법연대비法然大悲와 무연대비無然大悲를 해석한 것이다.

'움직이는 물속의 달(動水月)'은 바람이 불어옴에 물결이 일어나니, 물 가운데의 달그림자 역시 움직이는 것을 말한다. 중생이 삼계에 윤회함은 본래 실체가 없는 것으로, 오직 업業의 바람과 식識의 물결에 인연함으로써 이와 같은 그림자가 나타나는 것이니, 실로 중생이

없으나 중생이 있음과 같은 것이다. 비유하면 움직이는 물속의 달그림자처럼 찰나에도 요동함이 그치지 않는 연고로, 자성은 본래 공하지만 있는 것처럼 나타나는 것이다. 중생이 유전함에 쉼이 없는 것이, 실로 없으나 있음과 같은 것 또한 이와 같다.

보살은 자성이 공함에 통달하고, 오직 인연 따라 나고 멸할 뿐 실로 중생이라 할 것이 없음을 본다. 중생은 자성이 공함에 통달하지 못하여 물속의 달을 실제 달이라 여기고, 그림자와 물을 한 물건으로 보며, '나'가 없음에 대하여는 실로 '나'가 있다고 본다. 이러한 아집을 근본으로 삼기 때문에 생사에 윤회하는 것이다.

보살이, 중생이 이와 같이 의미 없는 고통을 받는 것을 보고 비심을 일으키는 것이 법연대비法然大悲가 된다. 보살은 또한 중생이 비록 실체가 없는 것이나 자성이 공함을 통달하지 못한 연고로 여전히 생사윤회가 있고 인과도 없지 않음을 본다. 이 때문에 비록 보살이 '중생이 있다'고 보지 않으면서도 여전히 중생제도에 게으름이 없나니, 이것이 무연대비無緣大悲가 된다. 혹자는 무연無緣을 완전히 공함으로 여겨서 인연하는 바 중생이 없음으로 해석하기도 하는데, 만약 완전히 공함으로 본다면 무엇 때문에 비심을 일으키겠는가? 이 뜻은 제6품에서 널리 풀이할 것이다.

# 십지十地의 모든 송을 해석함

## 제1 보리심 환희지第一菩提心歡喜地

**佛子此心於衆生 爲度彼故隨悲轉** 불자차심어중생 위도피고수비전
**由普賢願善回向 安住極喜此名初** 유보현원선회향안주극희차명초

불자의 이 마음은 중생 제도를 위해 대비심을 내어 유전하고
보현행원에 말미암아 회향하며 최상의 환희에 안주하므로 초지初地라 명한다.

이 아래 논문 제1품은 초지인 환희지를 해석한다.

여기서 '불자佛子'는 초지보살로서, 대비심과 무이혜無二慧, 보리심을 구족하고 일대 아승기겁의 수행이 원만하여 자량위資糧位와 가행위加行位를 지나 견도위見道位에 들어간 것을 이른다. '이 마음(此心)'이라는 것은 진실로 견도를 증오證悟하고 모든 법이 자성自性이 없음의 경지를 통달한 것을 말한다.

묻되, 이미 중생의 성품이 공함을 본즉 여러 겁을 겪으며 수행하여 중생 제도를 구하는 줄로 알지만, 그러나 실로 중생을 가히 제도한다고 할 것이 없고, 아승기겁을 헛되이 끝없는 고행만을 짓다가 뒤집힘을 당하여 스스로 후회함이 마치 꿈속에서 물에 빠져서 허우적대는 것과 같다. 이렇게 힘을 쓰다가 확연히 깨친다. 즉 물에 빠진 것이 꿈의 경계인 뿐 실로 위험이 없으니 괴롭게 벗어나고자 어찌할 필요가 없음을 안다. 보살이 견도한 후에 물러나 중생을 이롭게 하는 마음을 잃는 것이 없겠는가?

답: 그렇지 않다. 보살은 비록 중생의 성품이 공함을 보아도 여전히 생사에 유전하는 중생이 있어 그를 매우 연민히 여기기에, 중생을 실로 제도할 것이 없는 중에서도 여전히 대비심을 따라 유전하며 선묘한 방편으로 중생을 제도함에 찰나도 쉬지 않는다. 오직 이같이 함에 비로소 소승 열반에 떨어지지 않는다.

혹자가 묻되, 지장보살은 중생을 다 제도하고 마침내 보리菩提를 증오한다. 만약 중생이 다함이 없으면 지장은 응당 성불하지 못할 것이고, 지장이 최후에 성불하면 중생은 응당 다함이 있는 것이다.

답: 중생이 비록 다함이 없을지라도, 지장보살의 눈에 실로 이미 중생을 제도할 것이 없으니 중생이 이미 다했다고 말할 수 있다. 이런 까닭으로 견도見道 이후의 보살은 중생의 자성이 공함을 증오하니, 성품이 공하다면 비록 한없는 고행과 어려움을 지으며 중생을 제도하더라도 십지 전에 자재함을 얻지 못하는 것과는 같지 않다.

만약 자성이라는 것이 있는 것이 아니고 인연 따라 일어남(緣起)이 아닌 것이 없는 이치에 통달하지 못하거나, 다른 것이 의지하여 일어남

(依他起)이 반드시 실로 있다고 집착하든지 혹은 일체가 다 공함에 집착하며 부모도 없다 함에 이르는 것은 중관中觀의 견해가 아니다. 『대반야大般若』의 곳곳에 공성空性, 무소유無所有, 불가득不可得을 반복해서 거듭 말한 것이 6백여 권에 이르니 마치 오로지 공성으로 구경을 삼은 것처럼 보인다. 그러나 미륵보살이 그것을 보고 곧 삼지三智,[32] 사가행四加行,[33] 오도五道[34]를 설하며 모든 수행차제修行次第의 경經으로 삼으니, 이것에 의지해 『현관장엄론現觀莊嚴論』을 짓고 『대반야』 수행차제를 해석한 것이다.

---

32 도종지道種智·일체지一切智·일체종지一切種智를 통틀어 이르는 말. 도종지는 보살이 중생을 교화할 적에 세간世間·출세간出世間·유루有漏·무루無漏의 도를 말하는 지혜이고, 일체지는 모든 법의 총상總相을 개괄적으로 아는 지혜이며, 일체종지는 일체 만법의 별상別相을 낱낱이 정밀하게 아는 지혜이다. (출처: 한국고전용어사전, 세종대왕기념사업회)

33 앞서 설명한 유식불교의 자량위, 가행위, 통달위, 수습위, 구경위의 수행 5위 중 제2위인 가행위 내에 다시 수행의 네 단계가 있는데, 이를 사가행四加行 혹은 사선근四善根이라고 한다. 사가행에는 난위煖位·정위頂位·인위忍位·세제일법위世第一法位의 네 단계가 있다. 그리고 이 네 가지가 일반 범부중생으로서 도달할 수 있는 최고 경지라서 '사가행범부위四加行凡夫位'라고 한다.
첫째 난위는 지혜를 증득하기 위한 준비단계이고, 둘째 정위는 범부의 지혜로써 사제를 분석적으로 관찰하는 최상의 단계이다. 셋째 인위는 선근이 확정돼서 부처님의 가르침인 진리를 받아들여 물러나는 일이 없는 단계이며, 마지막 세제일법위는 유루법이 존재하는 세간 중에서 가장 뛰어난 범부의 지혜에 이른 단계를 말한다. 난위는 이른바 명득정明得定의 밝음을 얻는 경계이고, 정법은 명증정明增定, 곧 밝은 기운이 더 증가하는 것이다. 인법은 인순정印順定이라고 하여 밝은 기운이 후퇴가 안 됨을 이르며, 세제일법에서는 마음 가운데 훤한 광명이 비추는 이른바 심일心日의 경지가 된다.

34 육도 중에서 '아수라'를 제외한 지옥, 아귀, 축생, 인간, 천상을 말한다.

『중관론』이 공을 설함에 편중한 것 같으나, 당시의 근기로써 수행차제에 이미 의심이 없으므로, 이에 논주論主가 오직 집착을 파하는 것을 중시하여 다만 공의 이치만 설한 것이다. 바르게 배우는 자가 아니면 치우친 공에 떨어지게 되고, 가장 높게 성취한 자라 하더라도 또한 성문과 연각 이승二乘의 과果를 이룰 뿐 성불에는 이르지 못한다. 『입중론』이 이러한 폐단을 시정하고자 하여 논의 초기에 곧 대비大悲를 들어 세웠다.

제6품 최후 1송은 승의와 세속 두 보리심을 거위의 두 날개에 비유함으로써 하나라도 빠지면 불가능함을 밝혔다. 이것이 중도의 뜻이고, 또한 용수가 『중론』을 짓고 붓다가 『대반야』를 설한 뜻이다. 따라서 보살이 견도한 후에 공을 증오함으로써 비로소 열반에 드는 것이 아니고, 성불함으로써 중생을 이롭게 하고자 하는 것이기에 다시 무량한 큰 원을 발하는 것이다. 이 무량한 큰 원은 모두 보현십대원普賢十大願[35]에 포함되므로, 초지初地[36]는 반드시 보현행원을 배워야 한다. 공성의 지혜를 증오하면 보살도를 행하는 능력을 얻어 능히 일체 머리, 눈, 뇌, 골수를 보시하고서도 무애하니 보시바라밀의 원만 자재

---

35 모든 부처님을 예경함(禮敬諸佛願), 여래의 공덕을 찬탄함(稱讚如來願), 널리 부처님께 공양을 올림(廣修供養願), 업장을 참회함(懺除業障願), 남의 모든 공덕을 함께 기뻐하고 찬탄함(隨喜功德願), 부처님께 법륜 굴려 주시기를 권청함(請轉法輪願), 부처님께서 세상에 오래 머무시기를 권청함(請佛住世願), 언제나 부처님을 따라 배움(常隨佛學願), 언제나 중생의 뜻에 따름(恒順衆生願), 자신의 모든 공덕을 일체중생에게 회향함(普皆廻向願).

36 보살 수행의 10단계인 십지十地 중의 첫 단계로 환희지歡喜地를 말한다. 유식의 수행 5위 중 제3위 통달위通達位와 같은 경지이다.

함을 얻게 된다. 봉사가 보게 되고 가난한 이가 보배를 얻는 것도 이것에 비유가 되지 못하니, 따라서 '최상의 환희極喜'라 이름하며 이것이 초지가 된다.

**從此由得彼心故 唯以菩薩名稱說** 종차유득피심고 유이보살명칭설

**이 초지를 좇아서 저 마음을 얻음을 말미암는 고로**
**오직 보살이라는 명칭으로 설한다.**

이 아래는 초지의 공덕을 찬양한 것이다.

이 두 구는 보살의 명칭과 지위가 결정된 것을 찬양한다. 게송에서 '저 마음(彼心)'은 승의보리심을 말한다. 초지 이전에도 비록 세속보리심이 있다고 하나 여전히 범부일 뿐 참된 마하살摩訶薩[37]이 아니다. 이 범부지凡夫地에 이르러 실로 장애가 끊어지며, 승의보리심의 복전이 이로부터 시작되고 대승의 진정한 승보가 되나니, 다시 다른 것으로 명명할 수 없고 오직 보살이라 일컫는 것이다.

보리살타菩提薩埵는 간략히 보살로 번역한다. '보리菩提'는 깨달음을 말하고, '살타薩埵'는 발심을 일컫는다. 진실을 깨닫고 발심하여 중생을 제도하므로 보살이라고 한다. 대승심을 발하고 보리를 얻고자 하므로 또한 보살이라 일컫는다. 또한 '살타'는 중생을 말하는데, 초발심을 좇아 중생을 이롭게 하며 보리를 얻고자 하므로 보살이라 일컫는다. 중생을 교화하여 그들을 깨닫게 하므로 보살이라 일컫는다. 이와

37 보살을 높여 일컫는 말.

같이 보살은 승의보리심을 말하는 것이다. 『대반야大般若·선용맹보살문회善勇猛菩薩問會』에서 설하되, 지혜로써 제법의 진리에 통달하므로 보살인 것이다.

**生於如來家族中 斷除一切三種結** 생어여래가족중 단제일체삼종결
**此菩薩持勝歡喜 亦能震動百世界** 차보살지승환희 역능진동백세계

여래의 가족 중에 나서 일체 삼종결을 끊으니
이 보살은 수승한 환희를 지니며, 또한 능히 백 세계를 진동시킨다.

첫 구는 여래의 가족으로 태어난 공덕을 찬양하니, 진실한 불자를 이루며 결단코 후퇴하지 않고 구경에 성불하기 때문이다. 또 증오한 바가 붓다가 증오한 바의 경계와 비슷하므로 여래의 집안(如來家)에 난다고 명하는 것이다.

그 다음 구는 단덕斷德을 찬양한다. 결結은 번뇌를 말하는데, 노끈이 매듭을 짓는 것처럼 중생을 얽어매어 해탈을 얻지 못하게 하고 세간에서 벗어나는 것에 장애가 된다. 초지에 끊는 것에 세 가지가 있나니 살가야견薩迦耶見, 의심疑, 계금취견戒禁取見이다.

살가야견은 다섯 가지 악견惡見[38] 중의 으뜸으로 유견有見 혹은 신견

38 번뇌에는 모두 열 가지가 있다. 탐貪, 진瞋, 치痴 삼독三毒에 아만慢과 의심疑 두 가지를 더한 것을 '둔한 성질을 가진 번뇌'라 하여 '오둔사五鈍使'라 한다. 번뇌가 중생의 마음을 마음대로 부린다고 해서 '사使'라 하는 것이다. 이 다섯 가지 외에 '예리한 성질을 가진 번뇌'라 하여 '오리사五利使'라 불리는 악견惡見 다섯 가지가 있는데, 아견我見, 변견邊見, 사견邪見, 견취견見取見, 계금취견戒禁取

身見, 괴취견壞聚見이라고 번역한다. 중생이 오온五蘊 중에서 '아我'에 집착하므로 또한 아견我見이라 번역하기도 한다.

이 오온색신五蘊色身은 수많은 깨끗하지 못한 것들이 모여 쌓인 것이다. 마음 또한 찰나로 변하여 그침이 없고, 생각 생각이 모여 일어남(集起)이니 본래 '하나(一)'가 아니다. 중생이 어려서부터 늙을 때까지 찰나로 변하여 한 생이 다하고 마침내 소멸함에 돌아가나니, 이 또한 '상常'이 아니다. 그러나 중생은 하나의 나가 나날이 다름이 없다고 여겨 아집我執을 일으킨다.

붓다께서 '무너짐(壞)'을 설하신 것은 '상常'에 집착함을 깨트리기 위함이고 '모여짐(聚)'을 설하신 것은 그 '하나(一)'에 집착함을 깨트리기 위함이니, '무너짐'과 '모여짐'을 뒤집으면 그 뜻이 바르게 된다. 만약 '신견身見'이라 번역하면 '마음'의 뜻이 누락된다. 만약 '유견有見'이라 번역하면 '아'의 뜻이 나타나지 않는다. 많은 뜻을 두기 위하여 번역하지 않는다.

중생은 아집으로 말미암아 혼탁해져서, 생사유전의 법을 따름에 파리가 냄새를 쫓듯 하나니 맛을 탐함에 그침이 없다. 무아의 이치를

---

見이다.
'아견'은 오취온을 '아我', '아소我所'라고 그릇되게 집착하는 견해이다. '변견'은 아견의 대상에 따라 끊어진다거나 항상한다고 집착하는 견해이다. '사견'은 그릇된 견해이고, '견취견'은 자기가 가지고 있는 여러 가지 악견 등이 가장 뛰어나서 이를 통해 능히 청정을 얻을 수 있다고 집착하는 견해를 말한다. '계금취견'은 어떤 계율이나 규칙 등이 가장 뛰어나서 이를 통해 능히 청정법을 얻을 수 있다고 집착하는 견해이다. (목경찬, 『유식불교의 이해』 참고) 열 가지 번뇌를 10수면十隨眠이라 하기도 한다.

듣고 해탈청정의 도를 따르면 반대로 입맛에 전혀 어울리지 않음을 깨닫게 된다. 그러므로 생사유전에서 벗어나기(出離)를 구하는 자는 먼저 마땅히 살가야견을 끊어야 한다.

'의심(疑)'은 붓다의 설법이 진리에 합하는 것인지 아닌지, 삼계가 다 고통이라고 설하신 것이 비관적이고 소극적인 것에 빠진 것은 아닌지 회의懷疑하는 것을 말한다. 붓다께서 여러 가지 해탈의 도를 설하시매, 해탈을 얻을 수 있는가 아닌가? 비록 해탈이라는 것이 있어 붓다께서는 이미 천여 년 전에 해탈을 얻었다 하더라도, 지금 나 또한 가히 얻을 수 있을 것인가? 등등 가지가지로 의심한다. 이른바 "믿음은 도의 근원이고 공덕의 어머니로 일체 모든 선근을 기른다" 함이나, 지금 이미 의심하고 믿지 않으니, 믿음을 말미암아 행을 일으킬 수 없는즉 곧 일체 공덕이 근본적으로 발생할 수가 없다.

그러나 세간에서 농사지으면 반드시 수확이 있는 것이 아니고, 상가의 장사가 반드시 이익을 얻는 것이 아니니, 그 같은 연고로 세간의 농업과 상업을 경영하는 자는 흉년 들고 손해 봄을 의심치 않는다. 대개 농사를 지음에 곡식을 거두고 장사를 함에 이익을 얻으니 그 이치는 쉽게 알 수 있다. 그러나 수행하여 성불하는 인과의 이치는 미세하여 사유하기 어렵다. 또한 농업과 상업으로 이익을 얻는 것은 지금 바로 현량現量으로 볼 수 있으나, 말법의 시대에 부처 및 대아라한이 수행하여 과를 증득하는 일은 현량으로 볼 수 없다. 이 때문에 근본적으로 불법을 의심하며 세간을 여의는 수행에 나아가지 못한다. 또한 비록 삼보에 대한 믿음은 낼 수 있다 하더라도 정지견正知見이 없다. 법문을 깊이 알고 인내하며 진실로 믿음을 냄이 없고, 요행심만

취해서 다르게 보고 생각이 바뀐다. 오늘 어떤 스승을 좇아서 뤼도모(綠度母) 보살[39]을 배우고, 다음 날 또 다른 스승을 만나 또다시 바꾸어 대백산개大白傘蓋를 수행하면 마침내 하나도 이루지 못한다. 살가야견과 의심 이 두 종류는 출리出離에 나아가지 못하게 되거나 정함이 일정하지 않게 되거나 하여 모두 해탈의 장애가 된다.

계금취견은 불법에 부합하지 않으며 붓다께서 제정한 계戒가 아닌 것에 집착하여 그것을 가장 수승하고 능히 출리를 얻을 수 있는 것이라고 여기는 것을 말한다. 여기에서 '금禁'이란 몸과 말의 업이 결정한 규칙을 말한다.

예를 들어 소를 죽여 하늘에 제사 지내면 곧 천상에 태어나게 된다고 집착하고, 바라문에게 부자는 마땅히 보시해야 하고, 가난한 자는 훔쳐도 투도계를 범한 것이 아니라고 말하는 것 등인데, 이는 다 부처님의 계에 합치되는 것이 아니다. 또한 소의 계(牛戒)나 개의 계(狗戒)를 지니는 외도처럼 소와 개가 천상에 태어나는 것이 여러 생의 복업 인과임을 밝히지 못하고 마침내 풀이나 더러운 것을 먹으면 능히 하늘에 난다고 여겨서, 제자들로 하여금 풀이나 더러운 것을 먹는 것을 계로 삼아 무의미한 고통을 받게 한다. 또 사람 몸의 머리카락을 쓸데없는 것이라 생각해 머리카락을 다 뽑아버림으로써 청정해진다고 여긴다. 혹은 학이 한 발을 들고 있는 것을 보고 후에 천상에 난다고 여겨서 제자들에게 한 발을 들으라고 가르치니 이는 다 삿된 금계의 부류들이다. 이와 같은 것들은 모두 도가 아닌 것을 도라

---

39 도모度母 보살(따라 보살)은 관음보살의 눈물이 승화된 '어머니' 같은 보살로, 특히 백도모白度母 보살과 녹도모綠度母 보살이 티베트 불교에서 널리 숭상된다.

말하며 옆길에 빠진 것이니, 또한 해탈의 장애가 된다.

'살가야견'은 능히 해탈하고자 하는 마음에 장애가 되고, '의심'은 해탈의 행이 일어나는 것에 장애가 되며, '계금취'는 곧 해탈에 나아가는 자로 하여금 바른 해탈도를 얻지 못하게 하니, 이는 다 출세간出世間에 장애가 되는 것들이다.

'일체一切'라는 것은 모든 미세한 번뇌를 포함하는 것이다. 백 세계를 진동시킨다는 것은 초지보살의 신통이자 12가지 공덕 중의 하나가 되는 것으로, 제6권에서 자세히 설해진 것과 같다.

**從地登地善上進 滅彼一切惡趣道** 종지등지선상진 멸피일체악취도
**此異生地悉永盡 如第八勝此亦爾** 차이생지실영진 여제팔승차역이

초지로부터 차례로 위로 나아가며 저 일체 악취의 업도를 멸하며 이 이생지(범부지)를 다 영원히 제거하니 제8승과 같이 이도 또한 그러하다.

모든 지地에서 증한 바의 진공眞空은 차이가 없고 승의지혜에 안립하여 지를 삼는다. 보살이 차례대로 지를 좇아 지에 이르는 것은 새가 날아서 공중에 행적이 없는 것과 같으니, 그러므로 '좋은 방편으로 위로 나아가는 것(善上進)'이라 이르는 것이다. 또한 친히 승의를 증오함에 말미암으니, 비로소 능히 바른 방편으로 잘못됨이 없어서 '선상진善上進'이라고 말한다.

비록 승의제 측면에서는 모든 지에 차이가 없으나, 세속제 면에 있어서는 차이가 있다. 복덕력이 같지 않음으로 인하여 장애를 끊고

공덕을 이루며 바라밀을 원만 성취함이 다른 것이다. 그렇지 않다면 선종禪宗에서 삼관三關[40]을 파한 후에 이미 모든 부처님과 더불어 동일한 콧구멍에서 숨기운이 나왔는데, 어찌 다시 나무하고 물 길어 오겠는가?

'저 일체 악취 업도를 멸했다'는 것은 초지위의 앞을 말한다. 가행위加行位는 악취에 떨어지지 않는다. 오직 악취 인과를 조복함에 초지를 증오함이 필요하니, 바야흐로 악취 인과를 영원히 끊음을 얻는다. 초지 이후에 중생을 제도하기 위해 악취에 들어가는 것이 나타날 수 있다. 그러나 그것은 원력願力에 따른 것이지 업력業力에 의한 것이 아니다.

'이생지異生地'는 곧 '범부지凡夫地'이다. 능히 성인의 공덕을 얻지 못했으므로 '이생성異生性'이라 명한다. 소승의 『구사론俱舍論』에서 이는 곧 성인의 지혜를 얻지 못함이라고 설했다. 이는 능히 성인의 과에 장애가 되는데, 성인의 과를 증오할 때 영원히 제거된다.

제팔승第八勝은 소승 초과향初果向[41]의 다른 이름이다. 사과사향四果四向[42]이 팔위八位가 되는데, 이는 아라한과로부터 아래로 수를 셈에

---

40 초관初關, 중관重關, 말후末後 생사뢰관生死牢關. 본성을 깨닫는 지점까지의 세 개의 관문.

41 수행 사과四果 가운데 첫 번째 과위인 수다원須陀洹. 수다원은 예류預流, 혹은 입류入流라고 하여 '흐름에 든 자'를 말한다.

42 초기불교 이래 깨달음을 얻은 성자들의 네 가지 수행 단계(向) 및 도달 경지(果)를 가리키는 불교용어. 예류預流(수다원須陀洹), 일래一來(사다함斯陀含), 불환不還(아나함阿那含), 응공應供(아라한阿羅漢)의 네 성자가 각각 향과 과로 쌍을 이룬다. 사향은 사과라는 깨달음의 결과에 도달하는 원인이 되는 깨달음의 순간을 의미한다.

여덟 번째에 있으므로 팔인지八人地[43]라 일컫는다. 초과는 사제四諦 십육심十六心 견도見道에 의지하고 고법인苦法忍이라 이르며, 고법지苦法智, 고류인苦類忍, 고류지苦類智 내지는 도류지道類智[44]의 십육념심

---

예류향은 성자가 되는 최초의 깨달음의 순간으로 견도見道라고 하며, 예류과에서 아라한향까지는 남은 번뇌를 제거하는 수행을 하는 단계로 수도修道라고 한다. 마지막 아라한과는 더 이상 수행할 것이 없다는 의미로 무학도無學道라 한다. (출처: 한국민족문화대백과, 한국학중앙연구원)

43 팔인八忍은 얻었으나 아직 팔지八智를 얻지 못한 단계.

44 무루지無漏智에는 인忍과 지智가 있다. 인忍은 무루도無漏道로서 인忍에 의해 번뇌가 끊어지며, 지智는 해탈도解脫道로서 지智에 의해 번뇌를 끊은 이계離繫가 확증된다. 8인八忍·8지八智가 있는데, 8인은 8지의 원인이 된다.

①법지法智: 최초로 욕계欲界 제행諸行의 고집멸도제苦集滅道諦를 관찰하는 무루지

고법인苦法忍·고법지苦法智: 욕계 고제苦諦의 사행상四行相을 현관現觀하여 견도見道에 들어가는 단계. 고법인과 무간無間에 고법지가 일어난다.

집법인集法忍·집법지集法智: 욕계 집제集諦의 사행상을 현관하여 번뇌를 끊는 지혜. 집법인과 무간에 집법지가 일어난다.

멸법인滅法忍·멸법지滅法智: 욕계 멸제滅諦의 사행상을 현관하여 번뇌를 끊는 지혜. 멸법인과 무간에 멸법지가 일어난다.

도법인道法忍·도법지道法智: 욕계 도제道諦의 사행상을 현관하여 번뇌를 끊는 지혜. 도법인과 무간에 도법지가 일어난다.

②유지類智: 색계色界·무색계無色界 제행諸行의 고집멸도제苦集滅道諦를 관찰하는 무루지

고류인苦類忍·고류지苦類智: 색계·무색계 고제苦諦의 사행상을 현관하여 번뇌를 끊는 지혜. 고류인과 무간에 고류지가 일어난다.

집류인集類忍·집류지集類智: 색계·무색계 집제集諦의 사행상을 현관하여 번뇌를 끊는 지혜. 집류인과 무간에 집류지가 일어난다.

멸류인滅類忍·멸류지滅類智: 색계·무색계 멸제滅諦의 사행상을 현관하여 번뇌를

十六念心[45]에 이르고, 최후 도류지의 일념에 이르러 곧 초과를 증득한다. 도류인道類忍 앞의 십오념심十五念心이 곧 팔인지八人地이다. 이것이 초지동법初地同法의 비유이며, 대승의 경지로는 알 수 없으나, 소승으로는 쉽게 알 수 있다.

**卽住最初菩提心 較佛語生及獨覺** 즉주최초보리심 교불어생급독각
**由福力勝極增長** 유복력승극증장

곧 최초의 보리심에 머무는 것은 성문 및 독각과 비교하여 보면 복력이 수승하고 매우 증장한다.

이 세 구는 보리심이 성문과 연각 이승二乘의 공덕을 뛰어넘음을 나타낸 것이다.

게송에서 '최초 보리심最初菩提心'은 초지의 최초 승의보리심勝義菩提心을 말한다. '불어생佛語生'은 성문의 다른 이름이다.

'독각獨覺'이라는 것은, 해탈심을 발한 이래 백겁 동안 불법에 상응할

---

끊는 지혜. 멸류인과 무간에 멸류지가 일어난다.

도류인道類忍·도류지道類智: 색계·무색계 도제道諦의 사행상을 현관하여 번뇌를 끊는 지혜. 도류인과 무간에 도류지가 일어난다.

45 16념심十六念心, 즉 열여섯 마음은 견도·수도·무학도의 3도 가운데 견도의 기간에 해당하는 16찰나十六刹那를 말한다. 찰나를 마음이라고 한 것은 연기법에 따라 마음은 각 찰나에서 지혜라는 마음작용과 상응하기도 하고 번뇌라는 마음작용과 상응하기도 하기 때문이다. 인내(忍)하는 예비적 수행의 끝에 범부의 마음이 16찰나에 걸쳐 16가지 지혜(慧), 즉 8인八忍·8지八智와 상응함으로써 마침내 모든 번뇌들을 제거하여 성인의 지위에 오르게 된다.

만한 것을 수행하여 사제四諦, 오온五蘊, 십이인연十二因緣, 십이처十二處, 십팔계十八界,[46] 처비처處非處[47] 등의 법문에 깊이 통달했으나, 아만심으로 인하여 부처님이 출현함이 없는 세상에 나서 최후 생에 상삼성上三姓[48]으로 태어나 부처님을 따라 법을 듣지 아니하고, 숙세의 선근에 말미암아 스스로 세속을 싫어하고 출가하여 산에 들어가 수행하면서 일월이 운행하고 초목이 피고 지며 늙고 죽음이 무상한 것 등을 관하고, 스스로 능히 중생의 윤회가 무명을 근본으로 삼음을 통달하여 미혹을 끊고 성스러움을 증득한 연고로 독각이라 하는 것이다. 독각은 무리지어 거주하는 것을 좋아하지 않고 항상 홀로 오고 홀로 간다. 또 독각은 시끄러운 것을 좋아하지 않아 중생을 위해 설법하지 않고 오직 복전을 짓거나 신통을 나타내어 중생으로 하여금 복을 기르고 신심이 늘어나게 한다.

'즉卽'은 곧 오직 처음 승의보리심을 발한 보살이 이미 이승보다 뛰어남을 말한다. 성문 중에서 근기가 뛰어난 자는 삼생三生에 과위를 증득하고, 근기가 둔한 자는 일찍이 석가모니 주세 시에 발심하여 오계五戒와 십선十善을 받아 지녔다가 미륵불 시에 이르러 성스러운

---

46 인식을 성립시키는 18가지 요소인 6근, 6경, 6식을 말한다. 육근은 여섯 가지 내적 감각기관인 안계眼界, 이계耳界, 비계鼻界, 설계舌界, 신계身界, 의계意界이며, 육경은 여섯 가지 외부 대상인 색계色界, 성계聲界, 향계香界, 미계味界, 촉계觸界, 법계法界이다. 육식은 외부 대상에 내부 대상이 접촉했을 때 일어나는 여섯 가지 의식인 안식계眼識界, 이식계耳識界, 비식계鼻識界, 설식계舌識界, 신식계身識界, 의식계意識界를 말한다.

47 도리에 맞는 것과 맞지 않는 것.

48 5성 중에 성문, 연각, 여래종성을 말한다. 아래로 부정종성과 일천제가 있다.

과위를 증득한다. 독각은 백겁을 수행하여 또한 능히 과위를 증득할 수 있다.

오직 대승보살이 삼대 아승기겁을 경과하면서 복덕자량을 쌓고자 하나, 아직 근본서원이 원만하지 못하고 불토를 장엄하지 못하였으며 중생이 성숙되지 못하여 번뇌를 끊고 불과佛果를 증오할 수 없었다. 이는 마치 다만 자기 살기만 구한다면 걸인도 또한 자신의 한 몸 배불리기는 어렵지 않으나, 큰 사업을 일구어 많은 사람을 이롭게 하고자 하면 아무리 큰 부를 쌓아도 모자라는 듯한 느낌이 들기에 복덕이 현저하게 다른 것과 같다. 세속보리심을 발한 공덕은 많은 경전에서 성문 연각보다 수승하다고 여러 번 설하고 있는 바, 저 마음은 모든 법계중생을 인연하며, 즐거움은 주고 고통은 뽑아주고자 하는 것을 말하며, 중생에 대한 한 생각 중에 한 복덕자량을 이루니, 중생이 무량하면 한 생각 중 복덕도 무량하다. 비록 번뇌와 방일할 때에 있어서도 이 선근은 또한 계속 늘어난다. 삼천대천세계 중생이 전륜왕을 이뤄도 그 복덕이 한 성문만 못하고, 모두 다 성문을 이루어도 한 독각만 못하며, 모두 다 독각을 이루어도 한 명의 초심보살만 못하니, 이것이 수승함이 되는 까닭이다.

**彼至遠行慧亦勝** 피지원행혜역승

**저가 원행지遠行地에 이르면 지혜(慧) 또한 수승하다.**

이 게송문은 보살이 7지七地에 이를 때, 복덕이 성문 연각보다 수승할 뿐만 아니라 지혜 역시 수승하게 됨을 설한 것이다. 7지는 원행지遠行地

라고 말한다. 유식 이하 다른 종파들은 다 초지의 공성지혜가 이승二乘보다 수승하다고 말한다. 이승은 오직 인공人空에는 통달하지만 법공法空에는 도달하지 못하는 까닭이다.

공종空宗은 곧 삼승三乘[49]의 공혜空慧[50]가 평등함을 설한다. 『화엄경華嚴經』에서는 8지八地의 공혜空慧는 이승과 같지만, 8지는 무상무공용행無相無功用行[51]이며, 7지는 무상유공용행無相有功用行이고, 제7지에 반야바라밀다가 원만해진다고 설한다. 또한 방편으로써 바라밀다를 덮는 고로 능히 찰나에 진여공성에 출입하니, 이는 곧 이승이

---

49 성문승·연각승·보살승.

50 공空의 이치를 관하는 지혜.

51 보살의 수행에 원행지, 청정한 의행, 유상행有常行, 무상행有常行, 무공용행無功用行이 있다. 원행지는 첫 번째의 아승기겁에서 수행의 원만함을 얻는다. 그러나 진여를 아직 증득하지 못하였기 때문에 청정한 의행을 얻지 못한다. 청정하지 않는 의행의 사람이 진여를 본다면 곧 청정한 의행의 지에 들어간다. 초지에서부터 10지에 이르기까지 똑같이 이 이름을 얻는다. 청정한 의행의 사람은 네 종류가 있다. 처음 하나는 청정한 의행이라 일컫고, 뒤의 셋은 유상행有相行과 무상행無相行과 무공용행無功用行이라고 말한다. 무공용행은 인위적인 공용功用이 필요 없는 제8지를 말한다. 일곱 번째의 지는 무상행이면서 유공용이다. 법문의 상을 연하지 않고 곧바로 진여의 맛을 통달하지만 이러한 통달은 공용을 떠나서는 이루어지지 않기 때문에 무상행유공용無相行有功用이다. 청정한 의행과 유상행과 무상행의 세 사람은 두 번째의 아승기겁을 수행하여 원만함을 얻는다. 만약 8지地에 들어가면 무상행은 있으나 무공용은 성취하지 못한다. 8지가 원만하여지면 8지에서 무상행무공용이 이미 이루어진다. 9지와 10지에서는 무상행무공용이 충분히 이루어지지 않았지만 세 번째의 아승기겁에서 이 무상무공용이 곧 이루어진다. (출처: 『섭대승론석』 제11권 5, 석입인과수차별승상 ②, 5) 수시장修時章. http://mangsang15.egloos.com/463612)

능한 바가 아니다. 그래서 초지 이상의 복덕이 이승보다 수승하고, 7지에 이르러 지혜 또한 이승보다 수승하다고 하는 것이다.

**爾時施性增最勝 爲彼菩提第一因** 이시시성증최승 위피보리제일인
**이때 보시의 성품이 가장 수승하게 증가하고 저가 보리의 제1인이 된다.**

이 아래는 보시공덕을 찬한 것이다. '시성施性'은 곧 보시바라밀다이다. 이때 본성이 공함을 통달하니, 몸의 살을 베어 중생에게 보시하는 것이 나무를 자르는 것과 다름이 없는 고로 능히 보시를 원만 성취한다. 이 보시는 저 무상보리 불과佛果의 제1원인을 이룬다. 복덕자량의 원만 성취를 하게 되면 비로소 능히 불혜佛慧를 성취하고, 중생에게 안락을 주면 비로소 능히 교화를 섭수하게 된다. 자리이타自利利他는 모두 보시를 제1원인으로 삼는다.

**雖施身肉仍殷重 此因能比不現見** 수시신육잉은중 차인능비불현견
**비록 몸의 살을 보시함이 여전히 매우 중하나 이 원인은 능히 비량으로 알고 현량으로 보지 못한다.**

공성을 통달하게 되면 몸의 살을 보시하더라도 두려워하거나 고통스러워하거나 망설이거나 하는 일이 없고, 거듭하여 보시를 행하는 것을 좋아하고 즐거워한다. 이 기꺼이 보시하는 상으로 말미암아 그 나머지 현량으로 보지 못하는 공덕과 비교하여 능히 알게 되며,

공성을 통달하고 세 가지 결(三結)[52] 등을 끊는다.

**彼諸衆生皆求樂 若無資具樂非有** 피제중생개구락 약무자구락비유
**知受用具從施出 故佛先說布施論** 지수용구종시출 고불선설보시론
저 모든 중생이 다 안락을 구하매 만약 생활용품이 없으면 낙도 있지 않으며
수용受用을 구족함은 보시로부터 오는 것을 알기에 붓다는 먼저 보시를 논한다.

이 아래는 오직 보살만이 보시를 행하는 것이 아니고 이승과 범부 또한 응당 보시를 행해야 함을 보인 것이다. '피彼' 자는 보살 이외의 사람을 가리킨다. '모두 낙을 구함(皆求樂)'이라는 것은 흔히 중생들은 오욕의 즐거움을 구하고, 고행외도는 모든 고통을 받으며, 니건자尼乾子 등과 같은 사람은 국왕이 되거나 천상에 나기를 구하며 오욕의 낙樂을 누리는 것을 말한다. 욕심을 여윔을 수행하는 외도는 선정의 낙을 구하기 위함이며, 이승은 적정寂靜의 즐거움을 구하기 위함이고, 성불에 이르는 것은 중생으로 하여금 무루無漏의 즐거움을 얻게 하기 위함이다. 그러므로 낙을 구하지 않는 중생은 없다고 말할 수 있다. 이곳에서 설한 바 낙은 오욕의 낙에 편중된 것이다.

'자구資具'는 의식衣食의 사연四緣[53] 등을 말하는데, 화폐를 쓰는 시대

---

52 견혹, 사혹, 무명혹을 말한다.

53 물심物心의 온갖 현상이 생기는 것에 대하여 그 연緣을 넷으로 나눈 것. 인연因緣, 등무간연等無間緣, 소연연所緣緣, 증상연增上緣.

에서는 금전으로 해석할 수 있다. 경제적으로 결손이 없는 것은 선세 복업의 과보인데, 집에서는 부모에게 효도하고 스승을 공경하며 출가하여서는 삼보를 받들어 모시면 이 과보를 받게 된다. 만약 인이 없이 과가 있으면 허공도 응당 빵을 내놓을 것이므로 가난한 자는 도적질로 재물을 구할 필요가 없다. 이는 『현우인연경賢愚因緣經』, 『백유경百喩經』 등을 마땅히 참고해 보면 된다.

붓다는 바른 인과를 아시기에 육도六度 중에서 먼저 보살을 위해 보시도를 설하셨다. 혹 어떤 사람은 출가한 사람은 능히 보시할 필요가 없다고 하며, 계를 지니므로 육바라밀이 반드시 보시도를 우선으로 하는 것이 아님을 알 수 있다고 말한다. 그러나 무릇 계를 지니는 자는 첫 번째 생각에 반드시 먼저 탐하지 않는 마음이 있어야 한다. 집(家)과 오욕 경계(五欲境)에 대하여 탐하지 않아야 비로소 능히 출가계를 지닐 수 있고, 옷과 음식 등 수용품에 대하여 탐하지 않아야 비로소 능히 옳지 않으면 취하지 않을 수 있는 것이니, 보시를 먼저 논하는 것이 옳다.

**悲心下劣心粗獷 專求自利爲勝者** 비심하열심추광 전구자리위승자
**彼等所求諸受用 滅苦之因皆施生** 피등소구제수용 멸고지인개시생

자비심이 하열한 마음은 거칠고 오직 자기 이익을 구하는 것으로 수승함을 삼으며
저들이 구하는 모든 필요한 물품은 고통을 멸하는 원인이나 모두 보시에서 생긴 것이다.

자비심이 하열한 이승二乘은 번뇌를 조복하지 못한 거친 중생으로, 다른 이의 이익을 돌아보지 않으며 오직 자기 이익으로 제일의 의미를 삼는 자이다. 그가 구하는 바 고통을 멸하는 원인은 기아와 추위의 고통을 없애주는 의식衣食 등 일상생활의 필요품이나, 이 역시 또한 모두 보시의 결과이다.

**此復由行布施時 速得值遇眞聖者** 차부유행보시시 속득치우진성자
**於是永斷三有流 當趣證於寂滅果** 어시영단삼유류 당취증어적멸과

보시를 행할 때를 말미암아 속히 진실한 성자를 만나는 가치를 얻으니 이에 삼유의 유전을 끊으며 마땅히 적멸과를 증오함에 나아간다.

성문 연각은 먼저 부처님 설법을 듣고 인因을 삼음이 필요하나니, 비로소 능히 삼유三有[54]의 생사의 흐름을 끊고 성인의 과위를 증오한다. 출가하지 않은 재가인在家人이 성자를 만나고자 하면 우선 반드시 보시로써 증상연增上緣을 삼고 청정한 신심으로써 붓다 및 승단에 공양을 올려야 한다. 이러한 연고로 반드시 진실한 성자가 감응하여 복전福田을 짓게 된다. 성자가 공양을 받은 후 반드시 삼유의 과실을 설하고 보시자로 하여금 이치대로 사유하여 스스로 성인의 과를 증오하게 한다. 이는 이승의 출세간의 낙樂 역시 보시를 말미암아서 얻은 것임을 나타낸다.

---

54 모든 중생들이 생사윤회하는 세계, 즉 탐욕의 세계인 욕유欲有, 색욕의 세계인 색유色有, 정신의 세계인 무색유無色有 등을 가리킨다. 욕계欲界·색계色界·무색계無色界 삼계三界라고도 한다.

發誓利益衆生者 由施不久得歡喜 발서이익중생자 유시불구득환희

중생을 이롭게 하려는 서원을 발한 자는 보시로 인해 오래지 않아 환희를 얻는다.

보살은 대서원의 갑옷을 입고 중생을 이롭게 하며, 보시바라밀이 원만함을 말미암아 오래지 않아 곧 환희지歡喜地에 오른다.

由前悲性非悲性 故唯布施爲要行 유전비성비비성 고유보시위요행

앞의 비성은 비성이 아님을 말미암는 고로 오직 보시가 중요한 행이 된다.

'비성悲性'은 대비大悲로써 본성을 삼는 보살을 말하며, '비성이 아님(非悲性)'은 대비로써 본성을 삼지 않는 범부와 이승을 말한다. 모두 다 보시를 말미암아 비로소 그 구하는 바의 낙을 얻는 고로 오직 보시가 수행의 중요한 도법道法이 된다.

且如佛子聞求施 思惟彼聲所生樂 차여불자문구시 사유피성소생락
聖者入滅無彼樂 何況菩薩施一切 성자입멸무피락 하황보살시일체

또한 불자가 보시 구하는 소리를 듣고 저 소리로 생기는 바의 낙을 사유함에
성문은 적멸에 들어도 이 낙은 없으니 하물며 보살이 일체를 보시함이랴.

이는 보살의 의락意樂[55]을 나타낸다. 자비를 구하는 중생의 소리를 듣고 보살은 자신이 시주가 되어 능히 중생의 원을 만족시켜 주리라고 사유하는데, 이는 비유하면 부모가 큰 산업을 자녀에게 물려주고 마음의 위안으로는 삼지만 문서에 이름을 기록하지는 못하는 것과 같다. 이는 성문이 적멸열반에 들어 번뇌가 적멸한 낙과 비교해도 오히려 더 수승하다. 성문은 오직 자기 이익일 뿐이나, 보살은 이미 보시의 원을 채우고 또한 낙을 구하는 원도 만족시킨 까닭이다. 단지 그 말만 들어도 낙이 오히려 이와 같은데 하물며 진실로 큰 보시를 행함은 어떠하겠는가. 그러므로 보시를 구하는 말을 듣고 곧 기꺼워하며, 손을 뻗어 보시를 행한즉 기쁘고, 보시를 하고서 후회하지 않고 깊이 수희隨喜를 내는 것, 오직 이것이 초, 중, 후 삼시에 가장 크고 수승한 보람이 있는 일이다.

由割自身布施苦 觀他地獄等重苦 유할자신보시고 관타지옥등중고
了知自苦極輕微 爲斷他苦勤精進 요지자고극경미 위단타고근정진

자기의 몸을 베어 보시하는 고통을 말미암아 지옥 등의 엄중한 고통을 관하여
자기의 고통이 경미함을 알아 그들의 고통을 끊어 주기 위하여 부지런히 정진한다.

이는 보살이 보시의 어려움을 감내하고 정진하는 것을 나타낸다.

---

55 어떤 목적을 향하여 나아가려는 마음, 희망.

초지 이상의 보살이 보시를 행할 때 자신의 살을 베어도 고통이 없다. 경에 이르되, 연기의 성품이 공함을 통달한 자는 몸의 살을 베는 것을 나무껍질을 벗기는 것과 같이 본다. 보살의 몸은 약의 나무(藥樹)와 같아 중생이 가지와 잎을 자르거나 뿌리를 캐며 질병을 치료함에 맡길 뿐, 이 나무는 '나'이고 저 나무는 '남'이며, 이 나무를 상하게 할 때에는 '나'가 아프지만 저 나무를 상하게 할 때에는 '나'는 고통이 없다는 따위의 생각은 하지 않는다.

이곳에서 보시의 고苦를 설한 것은 붓다의 과거 생生 중에 몸을 버려 고를 받은 인연을 설한 것으로, 모두 불과의 지위地位 이전의 일이다. 가행위加行位 이전 보시의 의락이 성숙하지 않았을 때에 몸의 살을 보시하는 것과 같은 일은 붓다 또한 허락하지 않으셨다. 가행위 중에 의락이 오래 경과하여 훈습이 이루어져서 능히 몸과 살을 보시하고자 해도 여전히 고가 있다. 그러나 보살은 이치로써 관하는 고로 비록 고통이 있어도 능히 인내하며 물러서지 않는다.

지옥의 고통을 관함에, 『보리도차제菩提道次第』[56]에서 설한 바 팔열지옥八熱等獄, 팔한지옥八寒等獄 등 지옥의 고통은 인간세상의 고통으로는 비유할 수가 없다. 보살이 저 허다한 고통을 받는 중생을 구원하기 위하여 복덕자량을 쌓고 보시를 행하고자 하며, 몸의 살을 보시해도 지옥의 고에 비하면 여전히 매우 가벼운 것으로 여김은, 비유하자면 중병을 앓는 환자가 질병의 엄중한 고통을 치료하고자 침과 뜸의 고통을 또한 능히 참는 것과 같다. 보살은 중생을 이롭게 하기 위하여

56 종카빠 대사의 저서.

보시를 행하고 비록 자신의 살을 베어도 그 고통을 또한 능히 참으며 더욱 정진한다. 붓다가 인지因地 수행 중에 이와 같이 고행하신 것은 매우 많고 무량하다.

**施者受者施物空 施名出世波羅蜜** 시자수자시물공 시명출세바라밀
**由於三輪生執著 名世間波羅蜜多** 유어삼륜생집착 명세간바라밀다
주는 자와 받는 자, 보시 물건이 모두 공한 보시는 출세出世바라밀이라고 이름하며
삼륜三輪에 집착을 내는 것이라면 세간바라밀이라 이름한다.

이는 보시바라밀이 출세간인가 출세간이 아닌가의 차이를 나타낸 것이다.

'공空'은 환幻과 같음을 말한 것이지 보시하는 자, 받는 자, 보시물이 다 없음을 말함이 아니다. 만약 이 삼륜三輪이 모두 다 없음으로써 출세바라밀出世波羅密을 삼으면, 일체중생이 이미 다 보시바라밀을 원만히 한 것이다. 삼륜의 본성이 공함에 통달해야 비로소 보시바라밀이 능히 원만 성취되며 이를 출세바라밀이라 말한다.

견도 이전에 보시를 행하며 삼륜의 본성이 공함을 통달하지 못하면, 비록 공을 이룸은 관상할 수 있어도 실로 증오함이 아니니 바라밀이라 명칭하지 못한다. 그러나 능히 아끼고 탐함을 끊음으로써 보시바라밀과 상응하고, 회향의 힘으로써 섭수하고 지녀 성불의 인因을 삼으며, 출세바라밀다를 수순隨順함을 말미암은 연고로 또한 바라밀이라 설한다.

極喜猶如水晶月 安住佛子意空中 극희유여수정월 안주불자의공중
所依光明獲端嚴 破諸重暗得尊勝 소의광명획단엄 파제중암득존승

극희지는 수정에 비친 달과 같고 불자의 뜻(意)이 공한 중에 안주하며 의지하는 바 광명이 단정 엄숙함을 얻고 모든 무거운 어둠을 파하여 존승함을 얻는다.

이 게송은 계속 비유로써 초지의 공덕을 나타낸 것이다. 극희지極喜地를 달로 비유하는 것은 고상함(高尙), 광명光明, 수승함(尊勝) 이 세 가지 뜻이 있다. 본성이 공한 지혜를 증오한 자가 비로소 도달하는 연고로 높음(高)이며, 두 보리심이 원만하고 무량한 공덕으로 장엄하는 연고로 광명光明이며, 모든 고뇌 업장을 제거하여 무량한 중생에게 이익을 주므로 수승尊勝이라고 한다.

'의意'는 마음(心)이다. 불자의 마음은 허공과 같다고 비유된다. 공성지혜(空慧)는 능히 의지하는 것(依)이 되고 이 마음은 의지하는 바(所依)가 된다. 공성지혜의 달을 쓰는 연고로 마치 허공이 달의 비치는 바가 되는 것 같이 소의지심所依之心 또한 광명을 얻으며, 모든 마음에 다 무량한 공덕장엄이 있는 것이다.

'암暗'은 어리석음(愚癡)을 말한다. 지혜의 빛은 능히 우치의 어둠을 파한다. 큰 복전을 짓는 고로 수승함이라 한다.

## 제2 보리심 이구지第二菩提心離垢地

彼戒圓滿德淨故 夢中亦離犯戒垢 피계원만덕정고 몽중역리범계구
身語意行咸清淨 十善業道皆能集 신어의행함청정 십선업도개능집

저 계가 원만하고 덕이 청정한 연고로 꿈에서라도 또한 계를 범하는 죄업을 여의고
몸과 말과 뜻(身語意)의 행行이 다 청정하며 십선업도十善業道가 다 능히 모인다.

십지十地는 이 종宗에서는 십종보리심十種菩提心이라 일컫는데, 이 게송은 제2 종류인 승의보리심勝義菩提心을 논하고 있다. 지계바라밀이 원만하며, 초지에서 여의지 못한 미세한 계를 범한 죄를 이미 다 여의었기 때문에 이구지離垢地라 한다.

'저것(彼)'이란 초지의 선善을 말미암아 위로 이지二地의 보살에 나아감을 말한다. 일 아승기阿僧祇 동안 자량資糧을 모아 보시바라밀다를 원만히 한 이후에 지계공덕이 늘어나고 이 과를 이룬다.

계가 원만하고 덕이 청정하다(圓滿德淨)는 것에는 두 가지 해석이 있다. 혹자는 계가 원만한즉 덕이 청정함을 일러 계가 원만한 공덕이 청정하다 하기도 하고, 혹은 계가 원만함과 덕이 청정함을 일러 계가 원만하고 나머지 덕 역시 청정하다고 이르기도 한다.

중생이 깨어 있을 때 중요한 계에 이르기까지 일상적으로 계를 범한다. 보살은 중한 계에 대하여 그릇되게 계를 범하는 일은 또한

결단코 없다. 2지에 이르면 비록 꿈속에서라도 가장 미세한 계조차 그릇 범하지 않으니, 이는 평소에 근엄하게 계를 지니는 것이 몸에 훈습된 힘에 말미암은 것이다. 비유하면 사람이 책 읽기를 기뻐하여 경론이나 세간 서적, 소설이든지 간에 마음에 전념하면 몽중에 이르러서도 또한 책의 뜻을 여의지 않으며 훈습이 되는 것과 같다.

행行은 곧 업業이니, 삼업三業이 청정淸淨하여 열 가지 불선업不善業을 멀리 여읜다. 십선업도十善業道는 불살생不殺 내지는 불사견不邪見을 말한다. 중생이 살생을 할 때에 측은하여 참지 못함이 있는 자도 있고, 동정함이 없고 유쾌함으로 삼는 자도 있다. 사람의 습기가 선이 있고 악이 있는 것을 볼 수 있는데, 다만 무시無始로 악업 습기가 비교적 강함으로 말미암아 생을 받을 때 곧 구생俱生의 악습이 있게 되는 것이다.

성인이 된 후에는 생활이 추구하는 것을 도모하고 사회의 영향을 받아 신어의身語意 삼업이 항상 불선업에 상응한다. 또 추구함으로 인하여 탐심貪心을 일으키고, 구하여도 얻지 못함으로 인하여 진심嗔心을 일으키며 인과를 믿지 않는 갖가지의 사견에 이른다. 그래서 자신의 삼업이 거의 종일 십불선업十不善道과 상응하니, 비록 힘써서 극복한 줄 알지만 오히려 저지할 수 없을 뿐이다.

한 생각 선을 우연히 지으면 또한 제불보살의 가피를 말미암으니 이는 자신이 능히 주재함이 아니다. 오직 이미 능히 보리심을 발한 후에야 곧 힘을 다해 악을 그치고 선을 닦을 수 있다. 일 아승기겁을 지나 훈습이 성숙하면 초지 이후는 일체 공성에 통달하고 탐욕과 인색함이 없으며, 그런 후에야 비로소 지계의 덕이 능히 원만 청정해진다.

如是十種善業道 此地增勝最清淨 여시십종선업도 차지증승최청정
彼如秋月恒清淨 寂靜光飾極端嚴 피여추월항청정 적정광식극단엄
이같이 십종 선업도는 이 지위에서 가장 청정하게 증가하니
그것은 가을 달이 항상 청결한 것과 같아서 적정한 빛으로 꾸며서 지극히 단정하게 장엄한다.

이 게송은 초지 이전에도 또한 십선을 수행하지만 이 지에서 가장 수승하고, 미세한 범함도 또한 청정하게 끊어 제거하는 연고로 홀로 이구離垢라고 명함을 나타낸 것이다.

인도 여름은 우기이고, 가을엔 항상 비가 없다. 우기가 이미 지나서 먼지가 다 씻겨서 가을 달은 특히 깨끗하게 빛난다. 청정함(清淨)은 자기 몸에 업장이 없음을 말하고, 적정寂靜은 태양빛의 뜨거움과 같지 않음을 말하고, 빛의 장식(光飾)으로 장엄함은 중생이 환희로 봄(樂見)을 말한다. 보살의 지계가 원만하고 계를 범하는 죄업을 여의며 스스로 계를 범한 고뇌가 없음을 깨닫고, 중생의 고뇌 또한 끊어지기에 중생이 환희로 보는(樂見) 바가 된다.

若彼淨戒執有我 則彼尸羅不清淨 약피정계집유아 즉피시라불청정
故彼恒於三輪中 二邊心行皆遠離 고피항어삼륜중 이변심행개원리
만약 그가 계율을 청정히 해도 아가 있음에 집착하면 곧 시라가 청정치 못함이고

그는 항상 삼륜三輪 중에서 이변二邊의 마음 행함을 모두 멀리 여윈다.

『보적경寶積經·가섭청문품迦葉請問品』에 설하되, 만약 어떤 사람이 일체 행위를 다 계율의 조항과 같이하면서 미세 행위도 계율을 범하는 일 없어도, 오직 아我와 아소我所가 있다고 집착하면 이 사람은 파계했다 말한다. 계율을 지키는 것은 비슷하게 잘했을 뿐 청정하지 않음을 본 연고이다. 이는 곧 이 게송의 앞 두 구 뜻이다.

시라尸羅는 이 번역에서는 계율이 되고 본래의 뜻은 청정함인데, 계를 범한 고뇌가 그친 연고로 이렇게 번역한다.

뒤의 두 구는 보살이 계를 지킴에 삼륜의 본성이 공함을 통달함을 나타낸다. 삼륜의 뜻은 후에 설한다. 이변二邊이라는 것은 혹은 상常에 집착하고 혹은 단멸에 집착하거나, 혹은 실유實有에 집착하고 혹은 인과가 없음(無因果) 등에 집착하는 것이다. 보살은 이와 같은 것을 모두 멀리 여읜다.

失壞戒足諸衆生 於惡趣受布施果 실괴계족제중생 어악취수보시과
生物總根受用盡 其後資財不得生 생물총근수용진 기후자재부득생
지계가 무너진 모든 중생은 악도에서 보시 과보를 받고
생물을 뿌리까지 다 사용하면 그 후에 더 늘어나는 재물이 생길 수 없다.

이 게송은 보시는 하나 지계가 없는 과실을 말한다. 보시와 지계를 서로 비교하면 보시는 쉽고 지계는 어렵다. 사람이 다소 부유하여

보시를 많이 행하면 그로써 자기의 행동에 속박의 고통이 없다고 여기기 때문이다. 계를 지키고자 하면 곧 사방에 얽매는 것이 있어 자재함을 얻지 못한다. 그러므로 중생이 비록 복이 있어도 보시는 쉽고 지계는 어렵다.

계가 구족하다(戒足)는 것은, 계율이 인천人天의 선도에 나아가기 위해 의지할 바가 되는 것이 사람에게 발이 있는 것과 같음을 말한다. 보시가 비록 큰 재부財富의 과를 받을 수 있다 하더라도 계를 지니지 않으면 반드시 악취에 떨어지니, 곧 악취에서 재물이 많은 과보를 받는 것이다. 비유하자면 인도의 코끼리가 많은 보배 영락[57]이 있고, 오늘날 귀인이 발바리를 키울 때 순금 방울을 걸어 주며, 바다의 용왕은 진귀한 보배가 더욱 많은 것과 같으니, 이것이 축생에서 재물이 많은 것이다. 비사문 권속 장빠나다(臧巴拉)가 재물을 지키는 신이 되었으나 여전히 약차부(藥叉部: 야차의 무리)에 소속되어 있고, 아귀 중에 또한 재물 귀신(財鬼)이 있으며, 고독지옥의 중생이 또 큰 부자가 있는 것과 같으니, 이 모두가 악취에서 보시의 과보를 받는 것이다.

복업이 낙과樂果에 이르는 것은 기름이 등을 밝히는 것과 같아서, 등을 밝히고 기름을 붓지 않으면 기름이 다 탔을 때 등 또한 꺼지는 것이다. 사람은 보시를 말미암아 많은 재물의 과보를 받고, 재물이 많은 연고로 또다시 보시를 행하니, 후생과 그 다음 후생에서 복의 과보가 늘어난다. 악취에 떨어지면 무거운 고苦에 핍박을 받게 되어 우치愚癡가 늘어나고 정법을 만나지 못하며 인과를 밝히지 못하니,

57 목에 두르는 구슬을 꿰어 만든 장식품.

곧 재부가 있어도 복을 키우지 못하고 보시의 복을 다 누리면 다시 복을 기를 인因이 없게 될 뿐이다.

생물의 뿌리라는 것은 종자를 말하니, 만약 사람에게 한 되의 보리 종자가 있어서 밭에 파종하면 곧 몇 되 혹은 몇 말의 보리를 얻을 수 있다. 이렇게 수확한 보리를 파종하면 또 이전 보리의 몇 배를 수확하게 된다. 그러나 한 되의 보리를 갈아서 먹으면 곧 영원히 보리의 종자를 얻을 수 없나니, 보시의 복을 다 받은 자는 다시 복을 기를 인이 없는 것 또한 이와 같다.

**若時自在住順處 設此不能自攝持** 약시자재주순처 설차불능자섭지
**墮落險處隨他轉 後以何因從彼出** 타락험처수타전 후이하인종피출

**평탄한 곳에 주하여 자재함을 얻었을 때 계행을 포섭해 지키지 못하면 험한 곳에 떨어져 그를 좇아 유전하니 후에 무슨 원인으로 그곳에서 벗어나겠는가?**

이 게송은 응당 선도에 태어났을 때 힘써 계를 지켜야 하며, 한번 악도에 떨어지면 벗어날 방법이 없음을 보인다. 힘으로 많은 적을 대적할 만한 용사勇士도 손발이 묶여 깊은 구덩이에 던져지면 아무리 용기와 힘이 있어도 스스로 벗어나지 못한다. 인천人天에 난 자는 스스로 지혜가 있어 능히 선악인과를 결택하고 악업을 따라 유전流轉하지 않으며, 악취에 떨어지지 않게 스스로 능히 섭수하며 지닌다.

순처順處라는 것은 평탄하고 안정되며 자재함이 있는 곳을 말하는데, 선취善趣를 비유한 것이다. 만약 이때에 여유 있고 원만한 좋은

기회를 지니고 힘써 계율을 지키지 않으면, 계를 범한 노끈에 얽매이는 바가 되어 악도의 험한 구덩이에 던져져서 신심에 여유가 없고 우치愚癡에 사로잡혀 정법을 듣지 못하니, 곧 관음·문수 등 모든 대사들이 지옥에 들어가 감로를 내리고 중생을 제도하여 해탈케 해도 인연이 모이지 않고 또한 행운을 만나기 어렵다. 이로써 오직 악업을 따라 유전하니 어떠한 인因으로 다시 능히 저 악취에서 벗어나겠는가?

이바라 용왕伊鉢羅龍王이 가섭불 시대에 정진 비구가 되었지만 경솔한 마음으로 붓다의 금계를 범하고 이바라 나뭇잎을 꺾어 용의 몸으로 떨어져 많은 고통을 받고, 석가불 출세出世에 이르러 어느 때 이 고의 과보에서 벗어나는가 여쭈니, 여래 또한 수기하지 않고 그로 하여금 미륵불 출세 시에 다시 묻도록 하였지만, 미륵불이 능히 수기하는가 하면 꼭 그런 것은 아니다. 이로써 한번 악취에 떨어지면 벗어나는 것이 매우 어려움을 볼 수 있다.

**是故勝者說施後 隨卽宣說尸羅教** 시고승자설시후 수즉선설시라교
**尸羅田中長功德 受用果利永無竭** 시라전중장공덕 수용과리영무갈

**이로써 승자께서 보시를 설한 후에 곧바로 계율 교법을 펴 설하시고 시라[58]의 밭에서 공덕을 기르면 받는 과보의 이익이 영원히 다하지 않는다.**

승자勝者는 붓다를 말하나니, 능히 일체 악에 승리하는 연고이다.

---

58 시라尸羅는 지계持戒를 의미한다.

다만 보시만 행하고 계를 지키지 못하면 위와 같은 과실이 있으므로 붓다께서는 보시 후에 지계를 설하신다.

아래 줄의 두 구 게송은 지계가 능히 그 나머지 복덕을 길러냄을 나타낸다. 계는 기름진 밭과 같아 능히 일체 공덕의 종자를 기르니, 지계로써 기초를 삼아 모든 복덕을 닦으면 곧 인천人天의 선취善趣에서 과보의 이익을 받고 더 발전하여 늘어나서 영원히 다함이 없다.

**諸異生及佛語生 自證菩提與佛子** 제이생급불어생 자증보리여불자
**增上生及決定勝 其因除戒定無餘** 증상생급결정승 기인제계정무여

**모든 인천과 성문이 스스로 보리를 증오하면 보살 위位에 함께함이며 인천의 선취와 출세의 열반의 원인이 그 지계를 제외한 다른 것이 없다.**

이 게송은 세간과 출세간의 선이 다 계로부터 나옴을 나타낸다. 욕계인천欲界人天의 즐거움의 과보는 십선계를 말미암아서 얻게 되고, 선정禪定으로써 더한즉 색계와 무색계에 난다. 만약 청정한 십선을 수행하고 출리심으로 더한즉 곧 성문이 된다. 그 청정한 십선을 수행하고 혜력慧力이 점점 더해지면 곧 독각이 된다(스스로 보리를 증오함이 독각이다). 만약 청정한 십선을 닦고 대비방편으로써 더하면 곧 보살 성불의 인이 된다.

증상생增上生은 인천 선취를 말하고, 결정승決定勝은 출세 열반을 말하며, 이 둘은 다 지계를 말미암아서 나온다.

猶如大海與死屍 亦如吉祥與黑耳 유여대해여사시 역여길상여흑이
如是持戒諸大士 不樂與犯戒雜居 여시지계제대사 불락여범계잡거
마치 큰 바다와 죽은 시체의 관계처럼, 또한 길상과 흑 버섯의 관계처럼
이같이 계를 지키는 보살은 계를 범한 이와 섞여 거주함을 원치 않는다.

이 게송은 계를 범한 자는 보살과 가까이하지 못함을 나타낸다. 죽은 시체는 바다에 뜨게 되어 있다. 흑 버섯(黑耳)은 불길한 것을 말하는데, 길상처에 있으면 반드시 길상하지 못함이 없다. 악인은 반드시 선인이 멀리 버리는 바가 됨을 비유한 것이며, 계를 지키는 사람은 그 스승과 벗, 제자가 반드시 다 계를 지키기 때문이다.

由誰於誰斷何事 若彼三輪有可得 유수어수단하사 약피삼륜유가득
名世間波羅蜜多 三者皆空乃出世 명세간바라밀다 삼착개공내출세
누구로 말미암아 누구에 대해 어떤 일을 끊음이, 만약 저 삼륜을 가히 얻음이 있으면
세간바라밀이라고 이름하며, 셋이 다 공空해야 출세바라밀이 된다.

이 게송은 세간과 출세간의 지계바라밀을 구별하는 것이다. 누구를 말미암음(由誰)이라는 것은 지계 수행자를 말하고, 누구에게(於誰)는 계의 경계를 말한다. 어떤 일을 끊는다는 것은 불살생 등을 말한다.

佛子月放離垢光 非諸有攝有中祥 불자월방리구광 비제유섭유중상
猶如秋季月光明 能除衆生意熱惱 우여추계월광명 능제중생의열뇌

보살의 달이 이구離垢의 빛을 놓으니 삼유에 다 포섭되지 아니하고
그중에 상서로움이 됨은
가을의 달빛이 밝은 것과 같아서 능히 중생 의식의 번뇌를 제거한다.

이 총결 게송은 이지二地의 지계 공덕을 칭송하는 것이다. 모든 삼유三有에 포섭되지 아니한다는 것은 이 지계가 출세바라밀이 됨을 말한다. 이 지地는 본성공本性空의 지혜로 안립하는 바이니 삼유에 포함되지 않는다.

'삼유 중에 상서롭다'는 것은 이지보살이 능히 전륜성왕이 되어 십선의 업으로써 중생을 교화하고 일체 행복의 과보를 얻게 하며 모든 삼유 중에서 여의보가 되는 것을 말한다.

## 제3 보리심 발광지第三菩提心發光地

**火光盡焚所知薪 故此三地名發光** 화광진분소지신 고차삼지명발광
**入此地時善逝子 放赤金光如日出** 입차지시선서자 방적금광여일출

불빛으로 소지장의 땔나무를 다 태운 연고로 이 삼지는 발광發光이라고 이름하며
이 지에 들어갈 때 선서의 아들이 붉은 금색의 빛을 놓음은 일출의 햇빛과 같다.

이 게송은 '발광지發光地'라는 명칭을 풀이한 것이다. 이구지離垢地를 말미암아 계가 청정한 연고로 정혜定慧가 생기고 그 지혜의 광명이 발하여 발광지라고 이름한다. '아는 바(所知)' 경계에 대하여 일으킨 법에 대한 애착과 정定에 대한 애착을 불빛으로 태워버림이 땔나무를 태우는 것과 같은 연고이다.

'적금광赤金光'이라는 것은 초지와 이지의 혜慧와 같은 것이 아니다. 이것은 오직 적정한 광명으로, 유전할수록 더욱 밝아지므로 처음 떠오르는 햇빛과 같은 것이다.

**設有非處起嗔恚 將此身肉並骨節** 설유비처기진에 장차신육병골절
**分分割截經久時 於彼割者忍更增** 분분할절경구시 어피할자인갱증

마땅하지 않은 곳(非處)에 대하여 진애심을 일으킴이 있고 이 몸의 살과 뼈마디를 나누어

**베고 자르기를 오래 경과한 때이면 베는 자에 대해 인내를 감내함이 더 늘어난다.**

이는 삼지보살의 인욕忍辱 공덕을 나타낸 것이다. '비처非處'라는 것은 보살이 중생에게 큰 은덕을 베풀며 응당 진애嗔恚를 일으키지 않는 것을 말하나니, 중생은 은혜를 갚을 줄을 알지 못하고 도리어 원수로 덕을 갚는다.

평상인은 역경계가 오면 반드시 참지 못하나 보살은 그렇지 않다. 설사 중생이 삼지보살에게 큰 손해를 입히기를 몸의 살과 뼈를 갈래갈래 베어내어 죽지도 못하게 해도, 보살은 그것을 보기를 허공을 베는 것과 같이하여 참지 못하는 생각이 전혀 없다. 오히려 그 중생이 큰 복전에 손해를 지어서 장차 큰 고통에 떨어짐을 관하고 더더욱 연민심을 낸다. 자식이 병들고 미쳐 그 어미를 해침에, 어머니는 화냄이 없고 자식의 병이 심함을 생각하여 더욱 가슴 아파하며 그 고통을 제거해 주고자 하는 것과 같은 것이다.

**已見無我諸菩薩 能所何時何相割** 이견무아제보살 능소하시하상할
**彼見諸法如影像 由此亦能善安忍** 피견제법여영상 유차역능선안인

**이미 무아를 증오한 모든 보살이 어느 때 어느 상으로 베는 자에게 베이는 바가 되어도**
**그는 제법이 그림자 같음을 보며 이로 인하여 또한 능히 잘 안인한다.**

위 게송은 비심悲心을 말미암아서 안인安忍하고, 지혜를 말미암아서

안인을 행함을 나타낸다. 보살은 이미 무아를 통달하고 모든 법이 그림자와 같고 환幻이 화한 것이어서 실實이 없음을 본다. 이러한 공성의 지혜의 힘을 말미암아 능히 베는 자, 베는 때, 베어지는 모습을 가히 얻음이 있다고 보지 않고 능히 안인한다. 부처님이 과거에 인욕선인忍辱仙人이 되어, 가리왕歌利王에게 팔다리를 잘린 것이 그 예인 것이다.

**若己作害而嗔他 嗔他已作豈能除** 약이작해이진타 진타이작기능제
**是故嗔他定無益 且與後世義相違** 시고진타정무익 차여후세의상위
이미 해를 입었는데 그에게 화를 낸들 이미 지은 것을 어찌 능히 제거하겠는가?
이처럼 그에게 화냄은 아무런 이익이 없고 또한 후세 과보의 뜻과 서로 어긋나는 것이다.

이하는 중생이 인욕하지 못하는 과실을 나타낸 것이다. 말하되, 한 생각 진심이 일어나면 팔만 가지 장애의 문이 열린다. 또 이르되, 한번 무명의 불을 잡으면 모든 선근을 태운다.

붓다께서 비구가 탑에 예를 올리는 것을 보고, 모든 제자에게 "이 비구를 보라"고 하시며 말씀하시되, 청정심으로 예배하는 연고로 그 받는 복이 그 몸이 처하는 곳에서 금강제에 이르기까지 모든 대지의 극히 작은 먼지 수만큼 있는데, 매 그 먼지마다 천세千世 전륜왕의 복이 있다고 하였다. 우파리鄔波離 존자가 "그 복이 어떠한 원인으로 다하는가요?" 하고 물으니, 붓다께서 말씀하시되 다만 한 생각 화낸

마음을 일으키면 곧 다 없어진다고 하셨다. 따라서 선을 지은 후에는 반드시 무상보리에 회향함이 필요하나니, 하나는 삿된 원으로 그릇된 곳에 회향함을 막기 위함이고, 두 번째는 진애가 선근을 파괴함을 방비하기 위한 연고이다.

누군가가 이미 나에게 손해를 입혔는데, 화냄이 무슨 소용이 있겠는가? 불로 나의 집을 태우고 물로 나의 전답을 떠내려 보내는 것과 같다. 내가 물과 불에 화를 내면 물이 어찌 유실된 흙을 나에게 돌려줄 것이며, 불이 어찌 능히 집을 지어서 나에게 배상해 주겠는가? 보살 수행자에 대해서 말하자면 누가 나를 때리고 욕해도 나는 욕하고 때림으로 갚지 않는다. 그의 힘이 다해 지치면 스스로 그칠 때가 있다. 만약 내가 때림은 때림으로 갚고 욕설은 욕설로써 갚는다면 피차 반복하여 어찌 마칠 때가 있겠는가? 내가 비록 그를 때린다고 한들 어찌 능히 맞은 곳의 아픔을 갚을 수 있겠는가? 하물며 진심嗔心을 일으키면 반드시 악취惡趣의 과果가 생김을 받게 되나니, 인욕하지 못하면 오직 손해만 있고 이익은 없는 것이다.

**往昔所作惡業果 旣許彼苦能永盡** 왕석소작악업과 기허피고능영진
**云何嗔恚而害他 更引當來苦種子** 운하진에이해타 갱인당래고종자
과거에 지은 바 악업의 과보인 고통은 이미 능히 영원히 다함을 허락하는데
어찌 화내어서 그를 해치고 다시 당래의 고의 종자를 끌어내리오?

이 게송은 인과를 믿으면 반드시 인내를 감당할 것을 나타낸다.

이미 오탁악세에 태어났으니 인내가 필요하고, 만약 감인하지 못하면 오직 극락세계에 가는 길만 있음을 말한다.

현세에 괴로움의 과를 받는 것은 다 자신이 전세에 무루의 인을 심어서 생사 바다를 벗어나려 하지 못함으로 말미암음이고, 또한 인천복보人天福報의 원인을 짓지 않아서 이 보를 받는 것인데 어찌 사람에게 탓을 하리오? 불의 본성은 본래 능히 태우는 것이니 사람이 불에 닿지 않으면 불도 스스로 사람을 태우지 못한다. 삼계는 불난 집 같아 본래 고가 모인 곳이니, 내가 이미 생사에 유전하면 반드시 고가 있다. 만약 생사를 벗어나지 못하면 긴 겁에 고를 받는데 어찌 사람에게 탓을 하리오?

인간 세상에서 고의 과보를 받음은 다분히 다른 생의 악업에서 말미암은 것이다. 이미 악취의 보를 받는 것이 다하지 아니하고 불행한 과보가 남아 있으니, 능히 인내하며 받는다면 곧 과거 악업의 과보를 영원히 다하는 것이며, 만약 참지 못하여 화내고 남을 해롭게 한다면 또다시 미래 악취의 과보를 끌어내어 곧 고를 받음이 다함이 없는 것이다. 비유하면 큰 병을 앓은 후에 잔병이 낫지 않아서 의사가 금하는 음식을 삼가라고 하나, 참지 못하고 의사의 가르침을 따르지 않으면 병이 다시 재발하여 치료하여 구할 수 없는 것과 같다. 붓다는 의왕醫王이 되어 사람에게 고통을 감인하라고 가르치시니, 이를 좇으면 곧 영원히 악취의 병이 다하게 된다.

**若有嗔恚諸佛子 百劫所修施戒福** 약유진에제불자 백겁소수시계복
**一刹那頃能頓壞 故無他罪勝不忍** 일찰나경능돈괴 고무타죄승불인

화냄이 있으면 불자가 백 겁 동안 닦은 보시와 지계의 복이
한 찰나의 순간에 단번에 무너지므로 타인의 죄를 눌러 참지 못함이
없어야 한다.

화냄의 폐해는 탐욕보다 엄중하다. 진한심이 무거운 자는 부모를 살해함에까지 이르며 자비를 장애하는 힘이 가장 강하다. 탐심은 오히려 능히 중생을 섭수할 수 있지만, 진심은 능히 보리심의 근본을 끊는다. 보살이 보살에 대해 화를 내면 그 허물은 더욱 중하다. 한 번 화를 내면 능히 백 겁 동안 보시와 지계를 행한 공덕을 다 끊어 없애므로, 비록 보시 지계의 공덕이 있다 하더라도 반드시 인욕에 의지하여 그것을 보호하여야 능히 잃지 않는다.

使色不美引非善 辨理非理慧被奪 사색불미인비선 변리비리혜피탈
不忍令速墮惡趣 忍招違前諸功德 불인령속타악취 인초위전제공덕
얼굴색이 좋지 못하고 그릇됨을 만들어 내며 이치와 비리를 판단하는
지혜를 잃어
참지 못하여 속히 악도에 떨어지나, 인욕은 앞의 허물과 반대로 모든
공덕을 가져온다.

화냄의 과실은 다음과 같다.

첫째, 얼굴빛이 아름답지 못하다. 화내는 사람은 진노하여 얼굴색이 변하고 그것을 보는 자는 다 두려워하여 피한다. 후생에 과보를 받아 독사로 태어나니, 비록 다섯 가지 색의 알록달록한 점무늬가 있어도

사람들이 그 독을 두려워한다. 사람으로 태어나도 오관五官이 바르지 못하고 육근六根을 갖추지 못하여 부모도 보기를 좋아하지 않는다.

둘째, 살생, 투도 등과 같은 선하지 않은 업業으로 이끈다.

셋째, 시비를 판별할 지혜가 없다. 두 사람이 다투면 최소한 한 사람은 그릇된 것인데, 구경하는 자는 능히 이것을 안다. 그것은 그의 심기가 평안하기 때문이다. 다투는 자들은 각기 자기가 옳다고 집착하고 자기의 잘못을 보지 않으며 화냄으로 지혜를 가려버린다.

넷째, 화냄으로 업을 지어 악도에 속히 떨어진다.

참지 못하는 과실은 이와 같으며, 감인한즉 그 반대여서 모든 공덕을 불러온다.

忍感妙色善士喜 善巧是理非理事 인감묘색선사희 선교시리비리사
歿後轉生人天中 所造衆罪皆當盡 몰후전생인천중 소조중죄개당진

인욕으로 묘한 용모를 얻음은 보살의 기쁨이고 옳고 그른 이치를 잘 안배함으로
죽은 후에 인천에 태어나고 지은 바 많은 죄가 다 소멸된다.

이 게송은 참음의 공덕은 참지 못하는 과실과 상반됨을 나타낸 것이다.

묘한 상(妙色)을 받는다는 것은 석가세존이 과거 성불하시기 전에 항상 여러 상이 원만하셨던 것과 같음을 말한다. 아티샤 존자 또한 말씀하시되, 내가 상이 원만하기 때문에 어린 시절에 항상 선지식에게 섭수되는 바가 되었다고 하셨다.

옳은 도리와 그른 이치를 잘 판단하여 행하는 자는 능히 자기의 공을 남에게 돌리고 남의 잘못을 자기가 받아 책임지며, 더욱이 인욕을 보살도의 중심으로 삼는다.

인천에 나는 것은 인욕을 행하여 악을 짓지 않기 때문이다.

了知異生與佛子 嗔恚過失忍功德 요지이생여불자 진에과실인공덕
永斷不忍常修習 聖者所讚諸安忍 영단불인상수습 성자소찬제안인

윤회 중생과 불자가 화내는 과실과 인욕의 공덕을 알고서
영원히 참지 못함을 끊고 성자가 칭찬하는 모든 안인을 항상 수습한다.

이 게송은 위의 다섯 게송을 종합하는 것이다. 화냄의 과실을 아는 것을 말미암아 보살의 인욕 공덕이 있기에 인욕하지 못함을 끊고 항상 안인을 수행해야 한다.

縱回等覺大菩提 可得三輪仍世間 종회등각대보리 가득삼륜잉세간
佛說若彼無所得 卽是出世波羅蜜 불설약피무소득 즉시출세바라밀

비록 등각 대보리에 회향해도 가히 삼륜을 얻으면 여전히 세간이고
붓다가 설하신 저 무소득無所得 같음이 곧 출세바라밀이다.

이 게송은 세간과 출세간의 차이를 결택한 것이다.

등각等覺은 붓다를 말한다. 삼륜三輪은 안인하는 자, 안인하는 바의 경계, 안인의 내용을 말한다. 삼륜에 집착하면 비록 무상보리에 회향해도 여전히 출세出世가 아니다. 삼륜에 대하여 득得하는 바가 없으면

이것이 곧 출세이다.

**此地佛子得禪通 及能遍盡諸貪嗔** 차지불자득선통 급능변진제탐진
**彼亦常時能摧壞 世人所有諸貪欲** 피역상시능최괴 세인소유제탐욕
**이 지위의 불자는 선통을 얻고 능히 모든 탐진을 두루 다 없애며**
**그는 또한 세상 사람이 갖고 있는 모든 탐욕을 언제나 능히 부숴 없앤다.**

이는 인욕 외의 모든 공덕을 나타낸다.

선禪은 사선四禪, 무색정無色定, 사무량심四無量心을 말한다. 통通은 육통六通을 말한다. 삼계의 탐진치가 다한 삼지보살은 항상 도리천왕忉利天王이 되어 모든 중생을 위하여 오욕의 화근을 설하는 고로 능히 세상 사람의 탐욕을 부순다.

**如是施等三種法 善逝多爲在家說** 여시시등삼종법 선서다위재가설
**彼等亦卽福資糧 復是諸佛色身因** 피등역즉복자량 부시제불색신인
**이 같은 보시 등 삼종법三種法은 선서께서 재가불자를 위해 많이 설하신 것이니**
**저들은 곧 복의 자량이며 또한 제불 색신色身의 원인이 된다.**

이 게송은 앞의 삼지를 총결한다.

게송에서 '보시 등(施等)'이란 보시, 지계, 인욕을 말하는데, 출가자와 재가자 두 대중 가운데 다분히 재가자를 위해 설하신 것이다. 출가 대중으로서는 이것들을 쉽게 행하고 많은 설명이 필요하지 않으

며, 인因 중의 두 자량 중에서 복덕자량이다. 불과 중에서 얻는 바 법신, 색신(색신은 곧 보신과 화신)에 대하여는 색신의 인因이다.

**發光佛子安住日 先除自身諸冥暗** 발광불자안주일 선제자신제명암
**復欲摧滅衆生暗 此地極利而不嗔** 부욕최멸중생암 차지극리이부진
**발광지 불자가 안주하는 날에는 먼저 자신의 모든 어둠을 제거하고 또한 중생의 어둠을 부수고자 하여 이 발광지에서 극히 예리하여 화내지 않는다.**

이는 발광지를 총결하여 송한다.

보살 발광지는 떠오르는 해의 수승한 광명과 같다. 태양은 스스로 광명이 있으므로 먼저 자기 어둠을 제하고 그 지혜로 말미암아 지극히 이로우며, 일체가 환幻 같은 줄 알고 인과가 헛되지 않음을 안다. 그래서 능히 화내지 않는다.

## 제4 보리심 염혜지第四菩提心焰慧地

**功德皆隨精進行 福慧二種資糧因** 공덕개수정진행 복혜이종자량인
**何地精進最熾盛 彼卽第四焰慧地** 하지정진최치성 피즉제사염혜지
**공덕은 다 정진행을 따르니 복덕과 지혜 두 종류의 자량의 인이**
**어느 지地에서 정진이 가장 치성한가? 그것은 곧 제사 염혜지이다.**

이 게송은 염혜지 정진 공덕을 설하며, 정진이 치성함이 화염과 같음을 말한다.

이 지에는 오직 두 게송이 있다. 응당 정진의 이치를 널리 설하지 않는 것은, 위 삼지에서 설한 바의 이치가 곧 응당 보시, 지계, 인욕 등을 정진하여 행하는 것이므로 따로 설할 것이 없기 때문이다. 일체 공덕을 총합해 설하면 다 정진을 말미암아 이끌려 생기는 것이다.

이전의 삼지 바라밀은 복덕자량이 되고 이후 두 바라밀은 지혜자량이 되는데, 이 정진은 오바라밀에 통하면서 또한 곧 복덕, 지혜 두 자량에 통한다. 공덕이란 일체의 복덕과 지혜자량을 모두 포함한다. 정진은 도랑 같고 선법은 물 같으니, 물도랑이 있는 곳에서 비로소 관개의 이익을 얻을 수 있다. 정진은 채찍 같고 선행은 말 같으니, 말이 채찍이 없으면 곧 나태하여 빨리 달리지 못한다. 고로 경에 이르되, '모든 공덕을 잃는 한 법문이 있으니 곧 나태'라고 한 것이다.

정진이 없으면 모든 선의 공덕이 다 이뤄질 수 없다. 정진이란 능히 악을 그치고 선을 닦는 힘이다. 곧 삼십칠 보리분법三十七菩提分

法[59]의 사정근四正勤은 이미 생긴 악은 영원히 끊고 생기지 않은 악은 생기지 않게 하며, 생기지 않은 선은 생기게 하고 이미 생긴 선은 더 늘게 한다. 만약 악법에 부지런하면 이를 일러 해태懈怠라 하지 정진이라고 하지 않는다. 중생은 공덕을 수행함에 항상 다분히 게으르다. 오늘 안 하면 내일 하고 금년에 못하면 내년에 한다고 말한다. 무상이 신속하고 사람을 기다려 주지 않는 줄 모른다.

사람의 수명은 짧아 생사의 긴 밤에 전기 빛이 한 번 반짝임에 불과하다. 미세하게 빛나는 빛에 오르지 못하면, 아침에 평탄한 길을 향해 나아가더라도 길고 긴 밤에 온 땅이 진흙탕인데 어찌 장차 발을 내디딜 것인가? 임종 시에 의사가 손을 잡고 권속이 둘러싸서 자신이 명이 다하는 줄 알고 놀라고 두려워해도 후회막급일 뿐이다.

아육왕阿育王이 남섬부주를 다스림에 위덕威德이 동등함이 전륜왕 같아 능히 귀신을 부려 인간 지옥을 만들어 포악한 중생을 두렵게 하고, 팔만 사천 탑을 지음에 남섬부주에 가득하였다. 수명을 마치려 함에 모든 신하가 왕이 보시를 좋아하여 물건이 손에 들어오면 곧 그것을 돌려 사람에게 보시함을 알고 무릇 왕이 구하여 찾는 바를 다 주지 않으니, 왕의 명령이 신하에게 먹히지 않아서 창고에 쌓아둔 재물의 일체에 자재함을 얻지 못했다. 최후에 암마라과庵摩羅果를 찾아 구함에 반쪽을 얻었는데, 이 반쪽 암마라과는 왕의 권위가 미치는 바로 자유롭게 먹을 수 있는 것이었다. 왕은 가장 신임하는 시종

59 초기불교의 수행법을 총정리하여 부르는 불교용어. 사념처四念處, 사정근四正勤, 사신족四神足, 오근五根, 오력五力, 칠각지七覺支, 팔정도八正道 등 총 7종 37가지로 구성되어 있다.

신하에게 이 반쪽 암마라과를 갖고 기원정사로 가서 비구에게 공양하게 하였다. 그때 모든 상좌는 다 대아라한이었는데, 대중에게 말하여 반쪽 암마라과의 주인이 곧 그해에 귀신을 부려 팔만 사천 탑을 세운 전륜왕임을 관하게 하였다.

이 반쪽 암마라과를 보시한 공덕이 팔만 사천 탑을 지은 공덕보다 크나니, 그것이 유일한 소유물인 까닭이다. 이를 관하면 사람이 응당 때에 맞게 선을 행함이 옳은 것인 줄 알 것이며 늙고 병들어 자재하지 못한 때를 기다리지 말 것이니, 공덕을 쌓고자 해도 얻지 못한다.

염혜焰慧라는 명칭에는 두 가지 원인이 있다. 하나는 육도 중에 정진이 가장 원만 치성하기 때문이고, 둘째는 삼학 중에 혜학慧學이 늘어나 보리분법을 통달하는 출세간 지혜의 빛이 발생하기 때문이다.

**此地佛子由勤修 菩提分法發慧焰** 차지불자유근수 보리분법발혜염
**較前赤光猶超勝 自見所屬皆遍盡** 교전적광유초승 자견소속개변진
**이 지의 불자가 부지런히 수행함을 말미암아 보리분법이 지혜의 불꽃을 발하고**
**앞의 붉은 광명에 비교해 더 뛰어나며 자견이 속하는 바가 모두 소멸한다.**

이 게송은 정진 이외의 공덕을 나타낸다. 앞의 두 구 게송은 이 지(염혜지)의 명칭을 해석한다.

첫째, 삼십칠 보리분법이 원만함이다. 보리菩提는 불과佛果를 말하고 또한 공성지혜를 가리킨다. 분分이라는 것은 인因이다. 보리를 증오함과 더불어 인이 되는 법에 속하므로 보리분법이라고 명한다.

보리분법은 일곱 종류로 나뉜다.

(1) **사념주四念住**: 의념意念이 네 가지 일에 안주함을 말한다. 능히 '상락아정常樂我淨' 네 가지 전도를 다스린다.

①몸이 깨끗하지 않음을 관한다(관신부정觀身不淨): 머리털, 이빨, 손톱, 피, 살, 뼈 등 서른여섯 가지가 하나도 청정한 것이 없다.

②받아들임, 곧 감각적인 것이 고통임을 관한다(관수시고觀受是苦): 고를 받아들임이 즐거움이며 다다익선임을 말한다. 지금 일체의 춥고 덥고 하는 등의 받아들임(受)이 있어 매우 춥고 매우 더운 것이 다 고통이라고 느끼며, 이른바 시원하고 따뜻하여 오직 덥고 추운 고통을 여읨으로써 즐거움을 받아들인다고 명하지만 실은 이것이 즐거움이 아니다.

③마음이 무상함을 관한다(관심무상觀心無常): 마음이 순간을 이어 흘러 얻을 것이 없음을 말한다.

④법무아를 관한다(관법무아觀法無我): 법무아의 뜻은 다음에 자세히 해석한다.

(2) **사정근四正勤**[60]: 앞에서 이미 설한 것과 같다.

(3) **사여의족四如意足**[61]

---

60 사정단四正斷이라고도 한다. 『잡아함경』에는 이를 다음과 같이 언급한다.
①단단斷斷: 이미 일어난 악하고 착하지 않은 법을 끊으려는 마음을 내는 것.
②율의단律儀斷: 아직 일어나지 않은 악하고 착하지 않은 법은 일어나지 않게 하려는 마음을 내는 것.
③수호단隨護斷: 아직 생기지 않은 착한 법은 일어나게 하려는 마음을 내는 것.
④수단修斷: 이미 생긴 착한 법은 더욱 닦아 익히려는 마음을 내는 것.

61 사신족四神足이라고도 한다. 신통을 얻기 위해 뛰어난 선정에 드는 네 가지

① 욕신족欲神足[62]: 정定을 닦음을 좋아하는 욕심으로 생긴 바의 정이다.

② 근신족勤神足: 정을 수행하는 정진의 힘으로 얻는 바의 정을 말한다.

③ 심신족心神足: 일찍 정을 닦는 습기의 종자가 있음을 말한다.

④ 관신족觀神足: 지혜로 관찰하여 얻는 바 삼마지를 말한다.

이상 사념주, 사정근, 사여의족 세 가지는 자량위에 속한다.

(4) **오근五根**

①신信: 삼보를 바로 믿음을 말한다.

②진進: 선법에 용기가 있음을 말한다.

③염念: 응당 지을 것, 응당 짓지 않을 것에 잊어버림이 없는 것을 말한다.

④정定: 선善이 인연하는 바에 머물러 번뇌에 굴리지 않을 것을 말한다.

⑤혜慧: 얻고 잃음에 능히 잘 분별함이다.

(5) **오력五力**: 앞의 오근이 증장하여 힘이 있게 되고 물러나 유전하지 않으며, 또한 역량이 있어 그로 하여금 따라 전변하게 한다.

오근과 오력 이 두 종류는 가행위에 속한다.

(6) **칠각지七覺支**: 염念, 택법擇法, 정진精進, 희喜, 경안輕安, 정定, 사捨.

---

기반을 말한다.

62 욕여의족欲如意足이라고도 한다. 선정을 얻고자 원하는 일. 구도심이 강렬하여 하고자 하는 대로 수행이 잘 되는 것.

(7) **팔정도八正道**[63]: 정견正見, 정어正語, 정사유正思維, 정업正業, 정명正命, 정정진正精進, 정념正念, 정정正定. 소승小乘은 팔정도는 견도見道에 속하고 칠각지는 수도修道에 속한다고 설한다. 대승大乘은 팔정도는 수도에 속하고 칠각지가 견도에 속한다고 말한다.

둘째, 지혜가 증상한다. 삼지三地는 뜨는 해와 같고, 이 지(염혜지)는 정오의 태양과 같다.

셋째, 아견我見에 속하는 인견人見, 중생견中生見, 수자견壽者見 등이 두루 소멸(盡)한다. 자견自見은 곧 아견이다.

---

63 ①정견: 올바로 보는 것.
②정사: 정사유正思惟라고도 한다. 올바로 생각하는 것.
③정어 :올바로 말하는 것. 망어妄語(거짓말)·악구惡口(나쁜 말)·양설兩說(이간질하는 말)·기어綺語(속이는 말) 등을 하지 않는 것.
④정업: 올바로 행동하는 것. 살생殺生·투도偸盜·사음邪淫 등을 하지 않는 것.
⑤정명: 올바로 목숨을 유지하는 것.
⑥정근: 정정진正精進을 말한다. 올바로 부지런히 노력하는 것.
⑦정념: 올바로 기억하고 생각하는 것.
⑧정정: 올바로 마음을 안정하는 것.

## 제5 보리심 난승지第五菩提心難勝地

**大士住於難勝地 一切諸魔莫能勝** 대사주어난승지 일체제마막능승
**靜慮增勝極善知 善慧諸諦微妙性** 정려증승극선지 선혜제제미묘성

**대사가 난승지에 안주하니 일체의 마魔가 능히 이길 수 없으며 정려로 깊은 지혜가 증가하니 선한 방편으로 모든 진속제의 미묘한 법성을 요달한다.**

대사大士는 초월한 사람으로, 대보리심을 발한 사부士夫를 말한다.

난승難勝의 뜻은 다른 곳에서 이제二諦가 원융함이라고 해석하는데, 이곳에서는 마魔가 이기지 못한다는 뜻으로 해석한다. 상근기 보살이 반야를 수행하며 붓다의 가지加持[64]를 얻고 자량위에 오르니 마가 이미 능히 승리할 수 없다. 가장 근기가 둔한 자도 5지五地에 이르면 마가 결단코 승리하지 못한다. 상근기의 성문은 또한 능히 마의 항복을 받나니, 우바국다鄔波崛多 존자께서 대자재천을 항복시킨 것이 이것이다.

이 지地는 정려공덕靜慮功德이 수승함으로써 다른 지와의 차이를 삼는다.

---

64 '가'는 불보살의 가피加被, '지'는 섭지攝持의 준말로, 불보살의 큰 자비가 중생에게 베풀어지고 중생의 신심이 불보살에게 감명을 주어서 서로 응하는 것을 뜻한다.

## 제6 보리심 현전지第六菩提心現前地

**現前住於正定心 正等覺法皆現前** 현전주어정정심 정등각법개현전
**現見緣起眞實性 由住般若得滅定** 현견연기진실성 유주반야득멸정

현전지에 정정正定의 마음에 안주하니 정등각의 법이 다 현전하며 연기의 진실성을 현량으로 보고 반야에 안주함을 말미암아 멸진정을 얻는다.

이 게송은 현전지現前地의 명칭을 해석한다.

현전現前은 육지보살六地菩薩을 말한다. 정정正定은 곧 5지五地의 정려靜慮이다. 정등각법正等覺法이 현전한다는 것은 불법과 가장 가까워 속히 대보리를 증오함에 이름을 말한다. 5지의 선정에 의지하면 반야가 원만하기에 연기에 대하여 진실로 아성我性이 없어 현량으로 봄(現見)에 장애가 없다.

앞의 세 구는 반야 원만을 나타내고 마지막 한 구는 곧 『화엄華嚴』의 뜻이다. 멸진정이란 진여의 이치를 말한다. 원만한 선정에 의지하고 또한 공성의 지혜를 통달함을 갖춘 연고로 능히 멸진정을 얻는다.

**如有目者能引導 無量盲人到止境** 여유목자능인도 무량맹인도지경
**如是智慧能攝取 無眼功德趣聖果** 여시지혜능섭취 무안공덕취성과

눈이 있는 자가 무량한 맹인을 인도하여 구경의 경지에 도달하게 하는 것과 같으니

**지혜가 눈 없는 자를 능히 섭취攝取하여 제도하니 공덕이 성과聖果에 나아간다.**

이는 반야가 일체 공덕의 인도引導가 됨을 찬탄하는 것이다. 오바라밀은 다섯 명의 맹인과 같아 지혜로 인도함이 없어 출세성과出世聖果의 경지에 이르지 못하고, 색신을 성불하는 원인이 되는 것이 여전히 생사윤회의 인이 된다. 저 공덕을 지은 바 복의 과보로 인하여 큰 세력을 얻은 이가 자재함을 얻어도 지혜가 없으면 그것에 의지해 악을 짓고 도리어 자신을 해치는 인이 된다. 붓다께서 설하신 노새(騾)의 태胎와 대나무 열매의 비유[65]와 같은 것이다. 섭취攝取는 거두어 모으는 것을 말한다.

**如彼通達甚深法 依於經敎及正理** 여피통달심심법 의어경교급정리
**如是龍猛諸論中 隨所安立今當說** 여시용맹제론중 수소안립금당설

---

65 『수행도지경修行道地經卷』「자품慈品」에 다음과 같이 설하신 말씀이 있다.
마땅히 자비심을 일으켜 행하고 원수를 좋은 벗처럼 생각해야 할지니
반복되어 나고 죽음에 있어 일찍이 모두가 친족이었기 때문이네.
비유하면 나무에 꽃이 피어 점점 자라나 열매를 맺음과 다름없이
부모나 처자나 벗들이나 친족들도 다 그와 같다네.
도를 수행하는 이는 혼자 속으로 이렇게 생각해야 한다. '가령 다른 사람들을 향해 노여워한다면 그것은 곧 제 자신을 침해하는 것이다. 마치 나무가 불을 내지만 도리어 제 몸을 태우는 것과 같고, 또한 파초가 열매를 맺고는 곧 말라죽는 것과 같으며, 또한 노새가 새끼를 배면 도리어 제 몸이 위험한 것과 같이, 나도 또한 그와 같아서 설령 노여움을 품는다면 스스로를 위태롭게 하는 경우와 같다. (불교기록문화유산 아카이브 참고)

그가 깊은 법을 통달함에 경의 가르침과 바른 이치를 의거한 것처럼 이같이 용수보살이 모든 논 중에서 안립한 바를 따라서 지금 마땅히 설한다.

이는 반야가 깊고 넓어서 자기가 능히 설할 것이 아님을 나타낸다. 논주(월칭 보살)가 스스로 말하되, 저 육지보살이 도달한 바 심오한 법은 나의 경계가 아니다. 비록 모든 경에서 저 이치를 펴서 설하시지만, 부처님의 깊고도 의밀한 뜻은 나의 옅은 지혜로 능히 헤아릴 바가 아닌 것이다. 오직 용수보살이 경전의 가르침에 의지하여 세운 모든 논처럼, 나는 지금 그가 안립한 바를 좇아 마땅히 육지六地가 통달한 진리를 설한다. 이는 용수보살이 증오한 바와 육지의 지혜가 서로 같기 때문이다.

若異生位聞空性 內心數數發歡喜 약이생위문공성 내심삭삭발환희
由喜引生淚流注 周身毛孔自動竪 유희인생루류주 주신모공자동수

만약 이류 중생들이 공성을 들으면 속마음에 자주 환희가 생기고 기쁨을 말미암아 감은의 눈물이 생기고 온몸의 털이 자동으로 선다.

이 게송은 반야를 능히 배우는 근기를 일러 정당한 근기라 하며, 결연중結緣衆[66]이 아님을 나타낸다. '문聞'은 소리가 마음에 들어가 통함이 가을바람 스쳐지나가듯 함과 같지 않음을 말하니, 부처님이

66 부처의 설법을 듣고 바로 깨닫지는 못해도 미래에 깨달을 수 있는 인연을 맺은 자.

말씀하신 바 자세히 듣고 잘 사유하라고 하신 것이 이것이다.

상근기(이근기利根人)라면 공성을 설함을 듣는 것이, 가난한 사람에게 빈 상자가 어느 날 문득 열려서 보배가 가득 차 있는 것을 보게 되는 것과 같다. 혹은 어떤 노인에게 외아들이 있었는데, 어려서 집을 나가 오랫동안 다시 볼 가망이 없다가 하루아침에 돌아와 아버지를 보니 그 아버지가 밖을 보고 기쁨이 나서 즐거움을 금할 수 없는 것과 같다. 부처님께서 이 매우 기이하고 희유한 법을 설해 주심을 생각함에 은덕이 비할 바 없고, 자신이 생사의 긴 밤 가운데 이 선근을 심음이 또한 얼마나 다행인지 몰라 이에 대하여 환희심이 일어 눈물이 나는 것 또한 이와 같다.

만약 둔근기鈍根人라면 무시로 實實이라고 집착함에 말미암아 평소에 비록 공을 설해도 산의 새 울음소리같이 여긴다. 하루아침에 진실로 공의 이치를 들어도, 귀중한 보배 상자를 눈앞에 열어 두고도 마치 날개 없이 나는 듯한 큰 공포에 사로잡힌 것처럼 군다. 그러므로 반야를 듣는 자가 만약 능히 통달하면 이에 많은 선근 습기가 생기는 것이다. 만약 통달하지 못하면 이는 곧 앞서 훈습이 없음이니, 만약 지금 다시 배우지 않으면 곧 통하지 않아서 배울 수 없고 배움이 없어서 통하지 못하나니, 과연 어느 때 통달하겠는가? 그래서 우리는 지금 비록 능히 공성에 통달하지 못하더라도 열반을 증오하는 요긴한 도에 대한 의혹을 끊고 연마하고 구할 필요가 있는 것이다.

**彼身已有佛慧種 是可宣說眞性器** 피신이유불혜종 시가선설진성기
**當爲彼說勝義諦 其勝義相如下說** 당위피설승의제 기승의상여하설

저 몸에는 이미 부처님의 지혜종자가 있고 이는 진실 본성의 그릇임을 설한 것이며
마땅히 저를 일러 승의제라고 설하게 되는데 그 승의상은 아래에 설함과 같다.

이는 저와 같은 사람이 진실한 법기法器임을 나타낸다. 이미 부처님의 지혜종자가 있는 자는 이미 반야를 다문多聞하여 선근을 이뤘음을 말한다. 가히 진실성의 그릇(眞性器)이라고 선설宣說한다는 것은 진실한 성품을 수행할 법기임을 말한다.

彼器隨生諸功德 常能正受住淨戒 피기수생제공덕 상능정수주정계
勤行布施修悲心 並修安忍爲度生 근행보시수비심 병수안인위도생
善根回向大菩提 復能恭敬諸菩薩 선근회향대보리 부능공경제보살
善巧深廣諸士夫 漸次當得極喜地 선교심광제사부 점차당득극희지

저 법기에 모든 공덕이 따라 생기고 항상 능히 바른 감수로 청정한 계에 안주하며
보시를 근행하고 비심을 수행하며 아울러 안인을 수행하며 중생을 제도한다.
선근은 대보리에 회향하고 다시 능히 모든 보살을 공경하며
바른 방편이 깊고 넓은 모든 보살은 점차 마땅히 극희지를 얻는다.

이 두 게송은 반야의 가르침을 배우는 것이 공덕을 생기게 하는 일임을 보인다.

'저(彼)'는 공성의 지혜가 구족한 법기로서, 공의 이치를 설함을 듣고 비방을 일으키지 않으며 또 능히 공성에 수순하는 공덕을 이끌어 낸다. 진실로 공성에 통달한 까닭에 공성이 연기를 여의지 않음을 알고, 인과연기因果緣起가 있는 연고로 성품이 공함을 설하고 이로써 단견에 떨어지지 않는다.

만약 진실로 성품이 공한 이치에 통달하지 못하면, 계는 지킬 것 없고 복은 지을 것이 없다고 고집을 부리거나 계를 지키고 복을 닦는 자를 소승둔근小乘鈍根이라고 꾸짖는다. 이는 여우 몸으로 떨어진 선사가 상근기인은 인과에 떨어지지 않는다고 설하는 것과 같으나, 인과는 소멸해 없음을 말미암아서 공을 이루는 게 아니다. 저 진실로 법기인 자는 능히 공의 이치를 신해할 뿐만 아니라 또한 능히 일체의 복덕자량 쌓는 것을 수행한다.

첫째는 바른 감수로 청정한 계에 안주하니, 청정한 신심으로써 제불보살 대선지식을 여법하게 받아들이고 받아서는 여법하게 지킨다. 저가 반야를 좋아하기에 계를 범하여 사람 몸도 얻지 못하면 어찌 성품이 공한 이치를 얻어 들을 수 있을지를 두려워하여 특히 계를 잘 지닌다.

둘째는 보시를 부지런히 행하니, 재물이 허공같이 견고하지 못함을 알기에 보시하지 않아 여러 인연이 갖추어지지 못하는 과보를 받으면 법을 들을 여가가 없게 됨을 두려워하기 때문이다.

셋째는 자비심을 수행하니, 다만 공의 지혜만 있고 대비심이 없으면 성문과만 증오함을 아는 연고이다.

넷째는 인욕을 수행하니, 일체가 공함은 가히 화를 낼 수 있는 자가 있다고 보지 않음을 아는 연고이며, 중생을 모두 부모로 보는 연고이며, 묘색妙色[67]이 선지식이 섭수하는 바가 된다는 것을 알고 감읍하는 연고이다.

다섯째는 중생을 제도하기 위해 선근을 대보리에 회향하니, 모든 공덕에 아끼는 생각이 없는 연고이다.

여섯째는 능히 모든 보살을 공경하니, 여법하게 승의의 진실한 가르침을 펴 설하신 대보살을 응당 공경할 줄 하는 연고이며, 자신에게 가히 뽐낼 만한 것이 있다고 보지 않는 연고이다. 석가모니께서 과거에 항상 보살을 가벼이 여기지 않으셔서 모든 사람을 보고 예배하며 말하길, "당신은 당래의 부처이며 또한 저를 원만하게 성불하게 하는 자량이 됩니다"라고 하셨다. 또한 이미 중생을 이롭게 하고자 발심하였으니, 마땅히 자기 자신을 중생의 공복으로 보고 다시 싸우고 질투함이 어찌 있을 수 있겠는가 여기기에 항상 능히 공경하는 것이다.

진정한 법기라면 공성을 증오함에 응당 위와 같은 공덕이 있음을 안다. 비록 공성을 증오하더라도 오히려 자량과 가행 두 계위를 경과함이 필요하니, 바른 방편의 심오한 공성의 이치를 말미암아서 능히 광대한 복덕을 쌓고 바야흐로 능히 극희지에 오르는 것이다.

**求彼者應聞此道** 구피자응문차도

**저를 구하는 자는 응당 이 도를 듣는다.**

---

67 진여실상의 묘체妙體.

이 구절은 반야 배우기를 권한다. 불과를 구하거나 지위에 오르기를 구하거나 법기를 이루기를 구하니, 응당 이 반야의 도를 듣는다.

彼非彼生豈從他 亦非共生寧無因 피비피생기종타 역비공생녕무인

저는 저의 생함이 아닌데 어찌 그를 좇으며 또한 공생이 아니고 어찌 무인생이겠는가?

이는 총합하여 무생사구無生四句[68]의 요지(宗)를 표시한다.[69] 『화엄경』에서 육지에서 증오하는 바 십평등성十平等性[70]을 설하는데, 생함이 없고(無生) 상이 없음(無相) 등이다. 용수보살은 곧 생함이 없음으로써 십평등성의 총문을 삼는데, 만약 무생성無生性을 통달하면 곧 일체 공성을 통달한 것이고 또한 곧 일체의 연기 진실성을 통달한 것이다.

'생함이 없음'의 뜻을 이루기 위하여 네 가지 요지(四宗)를 세운다.

첫째, '저것(彼)'은 저가 생함이 아니다. '저'라는 것은 어떠한 한 법을 총괄하여 가리킨다. 저 법이 결코 저 법을 좇아 자체적으로

68 '무생無生'은 생生함이 없음. 곧 일체의 사물·현상이 공空이므로 생멸生滅의 변화란 있을 수 없음을 뜻한다.

69 중관파가 구경실상의 공성을 결택할 때에 응성파와 자속파가 공동으로 승인하는 5대인이 있고 응성파의 공통하지 않는 4대인이 있다. 그중 5대인은 금강파편인, 유무로 생김을 파하는 인, 하나와 여럿을 여의는 인, 4구로 생김을 파하는 인, 대연기의 인이다. 이곳에서는 금강파편인의 능히 파하는 이론으로 승의공성의 도리를 결택한다.

70 일체의 사상(事相: 현상계의 법)과 자타自他가 평등하여 하나(一如)라는 것을 깨달아 대자비심을 일으키는 지혜.

생함이 아님을 이른다.

둘째, '어찌 그가 생하겠는가(豈他生)'라 함은 저 법은 또한 타법을 좇아 생함이 아님을 이른다.

셋째, 또한 '공통으로 생함도 아님(非共生)'이라는 것은 자타가 공통으로 생함이 아님을 이른다.

넷째, 어찌 '원인이 없겠는가(無因)'라 함은 법 또한 인이 없이 생함이 아님을 이른다.

이것이 곧 『중론中論·귀경송歸敬頌』 후에 종을 얻고 의를 밝히는 제1송에서 "제법은 스스로 생함이 아니고, 타를 좇아 생함도 아니며, 공통으로 생함이나 인이 없이 생함이 아니니, 이로써 무생을 안다"라고 한 뜻이다. 용수보살이 말하는 것은 제법이 만약 실체 자성의 생함이 있으면 이 네 가지 중에서 반드시 그 하나에 거주한다는 것이다. 네 가지는 이미 어느 한 구도 이룰 것이 없으므로, 실성實性이 생함이 없으며 오직 인연이 만나 거짓으로 생함이 있을 뿐이다.

**彼從彼生無少德** 피종피생무소덕

**저가 저를 좇아 생한다면 작은 덕도 없다.**

이하는 네 종류의 생함을 널리 파한다.

이 구로부터 아래 다섯 송 반은 자체로 생함(自生)을 파한다.

자생에 집착한 것은 수론사數論師가 처음이 된다. '저(彼)'는 일체법에 먼저 체성體性이 있는데, 뒤에 발전하여 나와서 자성이 있는 후에 생한즉 곧 자생임을 말한다. 저 종(彼宗)에서 설함은 대략 이원론에 가깝고, 우주만유의 원인이 신아神我와 자성自性이라고 말한다. 신아는 향수享受하는 것이 되고 자성은 변화하는 것이 된다. 신아를 말미암아 생각을 움직여 수용하고자 하는 연고이며, 자성은 곧 우주만유를 발생시키니, 만 가지 보배 상자와 같아 일체 물건을 내며 총괄하면 25제諦가 된다.

저 자성이라는 것은 체體가 삼덕三德을 갖추고 있으니 희喜, 우優, 암暗 곧 탐, 진, 치를 말하며, 그 성질은 가벼이 통함(輕動), 무겁게 가라앉음(沈重), 어두움(昏暗)이 된다. 이 세 가지 성질이 평형을 이룰 때 자성이 변화를 일으키지 않고 곧 명성(冥性: 깊숙한 성품, 어두운 성품)이 된다. 만약 평형을 잃으면 곧 변화를 일으켜 제법의 작용을 변하게 함이 있음으로써 자성이라고 명한다고 말한다.(저가 비록 자성을 좇아 설함을 나타내지는 않지만, 만유의 근원이 곧 자성이라고 집착하여 자성 중에 구체적이고 미세한 제법이 있다고 하는 것으로써 자생自生의 뜻으로 삼는다.)

신아神我는 후에 모든 수용 경계를 싫어하여 드디어 선정을 닦아 천안天眼을 얻고 이로 말미암아 제법의 인因이 자성이 됨을 본다. 자성은 신아가 보는 바가 되니, 드디어 부끄러움을 일으켜 그 변화하는 바를 거두어 포섭하여 신아와 자성이 드디어 독립하고 해탈을 얻는다. 이는 저 종파가 집착하는 바의 윤회 유전하고 환멸還滅하는 이치이다. 그 나머지 일체 자생에 집착하는 것은 모두 저가 파하는 것과 같다.

이 게송문은 자생이 옳지 않음(無義)을 나타낸다. '작은 덕도 없다(無少德)'는 것은 털끝만큼도 의義를 취함이 없음을 말한다. 만약 저 법이 곧 저를 좇아 생하면, 저가 이미 있는데 어찌 다시 생함이 소용 있으리오? 이미 있음에 다시 생한다는 것은 응당 머리 위에 다시 머리가 생기는 것과 같아 쓸데없는 물건이 되고 만다. 또한 이미 생하였는데 다시 능히 생한다는 것은 생함이 곧 다함이 없어 일체가 무량함을 이루고 만다. 열매가 없던 나무에 열매가 열리면 곧 수용하는 이익이 있다. 하지만 저가 이미 먼저 있는데 후에 생한다는 것은 어찌 이익이 되는 바이겠는가?

**生亦復生亦非理** 생역부생역비리

**생하고 다시 생하는 것은 이치에 맞지 않다.**

자생을 좇은즉 이미 생하고 다시 생한다. 이 게송은 총결하여 그것이 이치에 어긋남을 표한다. 아래에 따로 파한다.

**若計生已復生者 此應不得生芽等** 약계생이부생자 차응부득생아등
**盡生死際唯種生** 진생사제유종생

**이미 생하고 다시 생하는 것을 따져 논하면 이는 응당 싹이 남을 얻지 못한다는 것이며,**
**생사의 한계가 다하도록 오직 종자가 생하는 것이다.**

이 게송은 무궁한 과실을 나타낸다. 처음 일구는 그 계교를 중복해 말하고, 다음 두 구는 그 과실을 내보인다.

너희 외도가 말한 바와 같이 생한 것이 다시 생긴다면, 현금 세간에서 볼 수 있는 곡식 종류로써 비유를 삼아 말하자면 종자가 이미 생겼는데

응당 다시 종자가 생기면 싹이 나지 않을 것이다.[71] 또 종자가 이미 생겼는데 다시 능히 종자가 생긴다면 자력으로 능히 생김이어서 다시 생기지 않게 할 방법이 없으니, 곧 이에 생사가 공하지 않음에 이르러 종자가 응당 항상 종자를 생하게 하여 다함이 없는 것이다.

**云何彼能壞於彼** 운하피능괴어피

**어떻게 저가 능히 저에게 파괴되는가?**

이는 구제함(救)을 파하여 굴복시킨 것이다.

외도가 구제하여 말하되 "싹이 날 때가 곧 종자가 소멸하는 때이고, 두 가지가 동시에 동일한 체성體性이므로 자생自生이라고 설한다"라고 한다. 싹이 있을 때 곧 종자는 없으므로 따라서 무궁한 과실이 없다는 것이다.

이로써 저를 파하여 이른다: 네가 먼저 싹이 곧 종자라고 말했는데, 지금은 싹이 생한즉 능히 종자를 소멸시킨다고 하면 어떻게 저 자체가 자체를 소멸하는가? 각기 자성이 있음을 필요로 해야 비로소 이것은 저것에게 소멸된다고 설할 수 있는 것이다. 또한 종자가 곧 싹이므로 만약 싹이 능히 종자를 소멸시킨다면 종자 또한 능히 싹을 소멸시킨다. 실로 이와 같지 않아서 네가 주장하는 바는 그릇된 것이다.

**異於種因芽形顯 味力成熟汝應無** 이어종인아형현 미력성숙여응무

---

71 만약 자체에서 다시 생김을 허락하면 노란 콩에서 다시 노란 콩이 생겨야 하고 싹, 줄기, 꽃잎 등 다른 상태의 결과가 생기지 않아야 함을 말한 것이다.

**종자의 원인과 달리 싹의 형상이 나타나고**
**맛의 능력이 성숙한다는 너의 집착은 응당 없는 것이다.**

이는 다름이 없는 과실을 나타낸다.

너의 집착과 같이 말한다면 싹의 체體가 곧 종자의 체이고, 싹 위에 있는 법은 종자 위에도 또한 있다. 만약 종자 위에 없는 법이 싹 위에 있다면 어디를 좇아 왔는가? 네가 집착하는 싹의 일체가 종자로부터 나오는 연고이다.

지금 싹의 형상은 긴데 종자의 형상은 둥글며, 싹의 색은 녹색인데 종자의 색은 황색이며, 싹의 맛은 쓴데 종자의 맛은 달며, 싹은 능히 병을 치료하는데 종자는 능히 치료함이 아니며, 싹은 변화하여 성숙하는데 종자는 성숙함이 아니다. 이같이 싹의 형상, 색깔, 맛, 작용, 지위의 하나하나가 종자와 같지 않다. 네가 집착하는 바와 같다면 이 모든 차이가 모두 응당 없는 것이다.

**若捨前性成餘性 云何說彼卽此性** 약사전성성여성 운하설피즉차성
**만약 앞의 종자의 성질을 버리고 싹의 본성을 이룬다면**
**어떻게 저가 이 본성이라고 설하겠는가?**

저(수론사)가 반론으로 말한다: 싹일 때 종성을 버린 연고로 싹과 종자의 체성은 비록 하나이지만 성질이 바뀌어 형상, 모양, 맛 등이 온전히 같은 것이 아니다. 위의 게송구에서 저가 계교하여 말한 것은 네가 종자의 성질을 버리고 싹의 성질로 변화하였다고 말하는 것과

같다. '나머지 성질(餘性)'이라는 것은 싹의 본성이 종자 본성의 나머지가 된 것을 말하니, 곧 종자의 성질과 다른 것이다.

아래의 구에서 그를 파하여 이른다: 싹의 성질과 종자의 성질은 이미 같지 않은데 어찌 저 종자의 성질이 곧 이 싹의 성질이라고 말하겠는가? 위의 한 구는 싹과 종자의 체가 응당 다름이 없음을 나타낸다고 한 것을 파하는데, 이 파함은 싹과 종자가 만약 다르다면 응당 한 체가 아니어서 이것을 얻은즉 저것을 잃음이 나타남을 파한 것이다.

**若汝種芽此非異 芽應如種不可取** 약여종아차비이 아응여종불가취
**或一性故種如芽 也應可取故不許** 혹일성고종여아 야응가취고불허
네가 종자와 싹이 다르지 않다고 설하나 싹은 응당 종자와 같다 하는 것은 취하지 못하고
혹은 한 체성인 연고로 종자는 응당 싹과 같이 취한다는 점은 또한 허락하지 않는다.

이것은 곧 취함과 취하지 못함을 파함이다. 싹이 생겨날 때 종자는 이미 없어지고, 싹을 보게 되면 종자는 보지 못한다. 싹으로 종자를 좇으면 싹도 응당 보지 못한다.

양量[72]에 이르되, 싹은 응당 취하지 못하니, 네가 종자와 싹이 다르지 않음을 허락한 연고로 종자와 같다. 또 종자로써 싹을 좇으면 종자는

72 바른 지각을 말한다. 바른 직관(현량現量)과 바른 추론(비량比量)이 있다.

응당 보게 된다.

양에 이르되, 종자 역시 응당 가히 취할 수 있으니, 네가 종자와 싹이 한 체성임을 허락하는 연고로 싹과 같다.(이 허락하는 관점은 꼭 과실이 있다.) 그러므로 허락하지 않는다는 것은, 결과적으로 저 종자는 싹 자체임을 허락하지 않는다는 것이다.

**因滅猶見彼果故 世亦不許彼是一** 인멸유견피과고 세역불허피시일

**멸함을 인하여 오히려 저 결과를 보는 연고로 세간 또한 저가 하나임을 허락하지 않는다.**

위는 도리로써 파하는 것이고, 이것은 세간의 현견現見으로써 파하는 것이다. 세간 현량으로 종자가 멸함을 볼 때 오히려 싹을 볼 수 있으므로, 세간 역시 저 종자와 싹이 하나임을 허락하지 못하니, 너 또한 세간과 서로 어긋나는 과실이 있는 것이다.

**故計諸法從自生 眞實世間俱非理** 고계제법종자생 진실세간구비리

**제법이 자체로 좇아 생긴다고 생각하는 것은 진실과 세간에서 모두 이치가 아니다.**

이는 총합하여 맺는 것인데, 위의 구는 그 주장을 거듭하고 아래의 구는 그 그릇됨을 배척하는 것이다. '진실眞實'이라는 것은 도리로 말하고, '세간世間'인 것은 세상 사람이 현실로 보는 것을 말한다. 두 가지 관점 모두 종자와 싹이 한 체임을 허락할 수 없다.

**若計自生能所生 業與作者皆應一** 약계자생능소생 업여작자개응일
**非一故勿許自生 以犯廣說諸過故** 비일고물허자생 이범광설제과고

만약 자생한다고 계교하면 능히 지어진 업과 작자가 응당 하나이고 하나가 아니므로 자생임을 허락하지 못하며 널리 설한 모든 과실을 범하게 되기 때문이다.

이것은 파함을 전체적으로 정리하고 있다. 만약 자생을 계교하면 그 계교를 중첩하여 말하는 것이다. 능히 생하는 바의 업業과 작자는 다 응당 하나라고 하는 것에서 그 과실이 나온다. 하나가 아닌 연고로 현량으로 봄과 서로 어긋나는 것이다.

'자생을 허락하지 말라(勿許自生)' 함은 저에게 그 집착하는 바를 버리라고 권하는 것이다. 널리 설한 모든 과실을 범한 때문이라고 한 것은 예를 들어 해석한 것이다. 만약 종자가 곧 싹이라고 계교한다면 능히 생기게 함이 곧 생기는 바이고, 어미가 응당 곧 자녀이며, 능히 짓는 자가 곧 짓는 바이고, 도자기공이 응당 곧 도자기이고, 능히 태움이 곧 타는 바이고, 불이 곧 땔나무인 것 등등이 된다. 하지만 이는 다 하나가 아니고, 따라서 자생이라고 집착하지 말지니, 앞에서 널리 파한 모든 과실을 범하는 연고이다.

**若謂依他有他生 火焰亦應生黑暗** 약위의타유타생 화염역응생흑암
**又應一切生一切 諸非能生他性同** 우응일체생일체 제비능생타성동

또 타를 의지하여 타생이 있다고 말하면 불꽃이 또한 응당 어둠을 생기게 하고

또한 일체가 일체를 생기게 하며 모든 능생인이 아닌 것이 타성과 같게 된다.

이 아래는 타他를 좇아 생함을 파한다.

타생他生에 집착하는 자는 내도의 소승과 대승유식학파, 중관종의 청변 등이 포함된다. '저(彼)'는 붓다께서 '사연四緣이 모든 법을 생하게 하고 다시 제 오연五緣이 없다'고 설하신 바에 의지하여, 연緣 및 생기는 바의 과果가 각기 자성이 있는 고로 타생을 좇는 것을 말한다. 색법色法의 과는 이연二緣이 있음이 일정함을 말한다: 만약 이 한 법이 바로 저 법의 짓는 인이 된다면, 진흙이 병의 인因이 되는 것처럼 이것이 인연이 되니, 인연을 제한 외에 나머지 법이 과가 생김을 돕는 것은 병을 만들 때 진흙을 반죽하는 물과 도자기를 굽는 불처럼 증상연增上緣이라고 명한다.

마음 법(心法)의 과는 네 가지를 구족한다. 앞에서 훈습하여 이룬 바 습기 종자가 인연이 되어 마음이 일어날 때 그 대하는 경계는 소연所緣이 되며, 같은 부류의 마음이 이 전의 생각은 지나가고 다음 생각에게 자리를 양보하면 등무간연等無間緣이 되고, 안식이 생길 때에 안근眼根, 공空, 명明 등은 증상연增上緣이 된다. 소승과 유식 중에 혹자는 연緣은 자성이 있고, 과果는 작용이 있어 거짓으로 선 것(假立)이 아니며 또한 자성이 있는 고로 연과 과가 각기 자성이 있다고 말한다. 과는 연을 좇아 생하는 고로 타를 좇아 생한다.

초구는 저(彼)를 중첩하여 계교하여 말한다: 타연他緣을 의지하여 타과他果가 있다.(인과의 자성은 각기 구별되니, 인이 과에 대하여 '타他'라 이름하고 과가 인에 대하여 또 '타'라고 명한다.) 인과가 각기 자성이 있기에 인성因性은 과성果性이 아니다. 인은 과성이 아니나 능히 과를 생하니, 그렇다면 인을 제외한 그 나머지 일체법이 응당 또한 능히 이 과를 생하게 하니, 과성이 아님을 갖추고 있기 때문이다.

양量에 이르되, 인이 아님에 응당 과를 생하고, 과성이 아닌 고로 네가 집착하는 바의 인과 같다. 또 파하여 이르되, 돌은 벼의 싹의 본성이 아니기에 응당 벼의 싹을 생하니, 네가 벼의 종자와 싹의 본성이 구별이 없다고 함과 같다. 이것은 하나는 능히 생하게 하고 하나는 능히 생하지 못하게 한다는 것이므로 이치에 맞지 않는다. 또한 인이 아닌 것(非因)이 만약 능히 과를 생하면 서로 어긋나는 인이 응당 서로 어긋나는 과를 생하는 것이므로 불꽃이 응당 어둠을 내겠지만, 사실은 그렇게 될 수가 없다. 인이 아닌 것이 능히 과를 생하면 돌도 응당 사람을 낳고, 개도 응당 사람의 머리를 낳으며, 사람이 응당 개 꼬리를 생기게 하고, 닭이 응당 공작 털을 생기게 하며, 공작이 응당 닭의 털을 생기게 한다. 한 과가 응당 일체 인을 좇아 생하며, 한 인이 응당 일체 과를 생기게 하고, 일체 인이 응당 일체 과를 생기게 하여 인과가 혼란하여 큰 과실을 이룬다.

'모든 능생인이 아님(諸非能生)'이라는 것은 인이 아닌 일체법을 말하고, '타성他性'이라는 것은 과성果性이 아닌 것을 말한다. 인因과 인이 아님(非因), 이는 모두 과성이 아닌 고로 전자는 능히 생하게 하고 후자는 능히 생하게 하지 못한다고 설할 수 없다.

**由他所作定謂果 雖他能生亦是因** 유타소작정위과 수타능생역시인

**從一相續能生生 稻芽非從麥種等** 종일상속능생생 도아비종맥종등

**타他로 인하여 지어진 바로 과果가 정해진다 말하고, 비록 타가 능생이지만 또한 인因이 되며**

**일상속으로부터 능생이 생하고 벼 싹이 보리 종자를 좇아서 생김이 아니다.**

이 구절은 저가 구제한 것을 말한다.

첫 구는 과가 반드시 타를 말미암아 생겨남을 말한다.

둘째 구는 인이 과에 대하여 타가 됨을 말하는데, 비록 인이 아님(非因)과 같더라도 능히 생하게 하는 연고로 이것을 인이라고 명한다.

셋째 구는 능생인能生因은 두 가지 뜻을 갖춤이 필요함을 말한다. 첫째, 과와 동일한 상속이 필요하다. 어떤 사람의 초년 시기와 장년 시기가 동일한 사람인 것과 같은 것이다. 둘째, 과果 이전에 능히 생기게 하는 것(能生)은 반드시 생기는 바(所生)의 앞에 있는 것이 필요하다.

'일상속一相續'이라는 것은 인을 간택하는 것 이외는 일체가 과성법果性法이 아니라는 것이다. '능히 생함(能生)'이라는 것은 일상속 중 생기는 바의 과를 간택한 것이다. 이로써 보리 종자와 벼 종자가 비록 같이 벼 싹의 성질은 아니지만 벼 종자와 싹은 동일한 상속이고, 벼 싹은 벼 종자를 좇아 생기므로 보리 종자와 벼 싹은 한 상속이 아니며, 따라서 보리의 종자를 좇아서 생김이 아니다. 이는 앞의 인이 아님도 또한 능히 과를 내는 것이 통한다는 것을 반론함에 대하여 해석한 것이다.

如甄叔迦麥蓮等 不生稻芽不具力 여견숙가맥련등 불생도아불구력
非一相續非同類 稻種亦非是他故 비일상속비동류 도종역비시타고
견숙가와 보리, 연 등이 벼 싹을 내지 못하고 힘을 갖추지 못함과 같이 일상속이 아니고 동류가 아니므로 벼 종자는 또한 타가 아닌 연고이다.

이는 저가 구제함을 파한다.

파破함에 이르되, 벼 종자는 벼 싹에 대해 응당 일상속이 아니고 동류가 아니며 벼 싹의 성질이 아닌 연고로, 견숙가甄叔迦[73]나 보리, 연蓮 등과 같다. 종자와 싹은 이미 각기 자체가 있는데 어떤 정하는 기준으로써 동일한 상속이고 동류가 되는가?

다음 파하여 말하되, 너의 벼 종자는 응당 벼 싹을 내지 못하고(혹은 벼 싹을 낼 힘을 갖추지 못하고), 벼 싹에 있어 일상속이 아니고 동류도 아닌 연고로 견숙가나 보리, 연 등과 같다. 견숙가는 꽃나무 이름이다.

芽種旣非同時有 無他云何種是他 아종기비동시유 무타운하종시타
芽從種生終不成 故當棄捨他生宗 아종종생종불성 고당기사타생종
싹과 종자는 동시에 있음이 아니고 그가 없는데 어찌 종자가 타인가? 싹이 종자를 좇아 생김이 마침내 이루지 못하니 마땅히 타생 종을 버려야 한다.

이는 또한 타성이 이뤄지지 못함에 나아가 타생을 파한 것이다.

---

73 산스크리트어 kiṃśuka의 음사. 인도 전역에 분포하는 나무로, 잎의 뒷면은 회백색이고 붉은 꽃이 핀다. 붉은 빛이 나는 보석 이름.

인과가 동시가 아니고 이미 공통으로 허락함이 되므로 종자일 때는 싹이 없다. 대하는 바의 싹이 없는 연고로 종자가 어찌 싹의 타他라고 명하는가? 싹과 종자가 동시이어야 바야흐로 능히 싹 자체를 대하여 종자가 타가 된다고 설한다. 자식을 대하여 아버지라고 부르면 오히려 자식이 없는 것인데 어찌 아버지라고 말할까?

제3구는 타생이 성립되지 않음을 총결하고, 제4구는 저 집착을 버리기를 권한다.

**猶如現見秤兩頭 低昂之時非不等** 유여현견칭량두 저앙지시비불등
**所生能生事亦爾** 소생능생사역이
**꼭 저울의 양쪽 머리를 봄과 같아서 내려감과 올라감의 때가 같지 않음이 없으며**
**소생과 능생의 일도 또한 그러함과 같다.**

이는 저가 붓다의 말씀을 끌어 구제하는 것이다. 붓다께서 인과는 "저울의 양쪽 머리와 같아 내려가고 올라감이 균등할 때 인이 멸하고 과가 생함이 한시에 같이 있다"라고 설한다. 생멸의 작용이 동시이기 때문에 생멸법 인과가 반드시 동시이며, 따라서 타성이 성립하지 못하는 과실이 없다.

**設是同時此非有** 설시동시차비유
**설사 동시이어도 이는 있지 않다.**

이는 총합하여 그 구제함을 파한다. 비록 저울의 양 끝이 기울고 오름이 동시同時라고 말해도 인과는 여전히 동시가 아니기에 이 논쟁하는 바의 타성他性은 여전히 있지 않다. 또 이 인과는 저울의 양 끝과 같은 것은 아니다. 저울은 내리거나 오름이 없이 양 끝이 동시에 평형할 수 있다. 인과가 비록 네가 허락함과 같이 인이 멸하고 과가 생기는 때에 있어서 동시에 가능하다고 여겨지나, 생멸이 없는 때에 곧 함께 얻음은 결단코 가능하지 않다. 하물며 인이 멸하고 과의 생김은 동시가 아니니 그 이치는 마땅히 아래 해석과 같다.

**正生趣生故非有 正滅謂有趣於滅** 정생취생고비유 정멸위유취어멸
**此二如何與秤同** 차이여하여칭동

'바로 생함(正生)'은 생함에서 나아갔고 있음이 아니며
'바로 멸함(正滅)'은 멸함에 나아오고 있음을 이르니
이 둘이 어떻게 손저울과 더불어 같겠는가?

이 첫 일구는 파함을 해석한다.

바로 지금 생김은 반드시 이미 생긴 것이 아니고 생함으로 나아가는 과정임을 말한다. 이미 생한 것이 아니라면 곧 그 물질은 없는 것이다. 그래서 과가 바로 생길 때에 과는 곧 있는 것이 아니다. 또한 '바로 멸함(正滅)'이라는 것은 이미 멸했음을 말함이 아니고 멸함에 나아가는 과정에 있는 것이다. 이미 멸한 것이 아니면 곧 그 법은 아직 있다. 따라서 인이 멸하는 과정에 있을 때 인은 오히려 있는 것이다. 인이 있고 과가 없으면 어떻게 저울의 양 끝과 같겠으며 동시에 함께 있는

것인가?

**此生無作亦非理** 차생무작역비리

**이러한 생김은 지음도 없고 또한 이치도 아니다.**

이는 넌지시 구제함(伏救)을 파한다. 저가 구제함을 일러 말하되, 인과의 두 가지 법(因果二法)이 비록 동시가 아니어도 동시에 인이 멸하고 과가 생기는 것은 가능하고, 생함과 멸이 동시이며, 저가 멸하는 것은 이것이 생함의 인이 되는 고로 타他를 좇아 생한다고 말할 수 있다.

이에 저를 파하여 말하되, 생긴 바의 과가 없는 고로 생의 작용(作)도 또한 없나니, 작용은 법과 여의지 않는 연고이다. 생함을 갖춘 것이 이미 없는 고로 생과 멸이 동시라고 설할 수 없다.

**眼識可有同時因 眼等想等而是他** 안식가유동시인 안등상등이시타
**已有重生有何用 若謂無彼過已說** 이유중생유하용 약위무피과이설

**안식眼識은 동시의 인이 있을 수 있으니 눈 등 생각 등이 타이며 이미 있고 거듭 생함이 있음을 어찌 쓰는가? 과 없음을 말한다면 저 과실은 위에 이미 설하였다.**

저가 다시 구제하여 이르되, 붓다께서 안식이 생김은 동시의 인이 있다고 설하시니, 안근 및 작의, 수, 상 등 심소를 말하는 연고로 인과가 동시여서 과실이 없다.

그러나 붓다께서 설하신 동시인과는 다만 두 법의 동시관대同時觀待[74]를 설한 것이지 각각 실로 자성이 있음을 설한 것이 아니다. 그래서 이곳에서 저를 파해 이르되, 네가 계교함과 같다면 안식이 안근 및 생각 등 심소心所를 여의고 각기 따로 대립하는 자체가 있는 것인즉 안식이 이미 있으면 어찌 다시 생함을 쓸 수 있으리오? 생한 것이 다시 생김 등 동시자생(同自生)은 무궁한 과실이 있다. 만약 안근 등 밖에서 저 대립하는 안식이 없음을 이른 것이라면 이에 곧 타성이 없음에 떨어지는 허물이 있다. 위와 같이 설해 마친다.

**生他所生能生因 爲生有無二俱非** 생타소생능생인 위생유무이구비
**有何用生無何益 二俱俱非均無用** 유하용생무하익 이구구비균무용

**타가 생하는 바를 생하게 하는 능생인能生因이**
**유, 무, 둘이 함께 있음, 둘이 함께 없음으로 생함인가?**
**있으면 어찌 생하게 함이 필요하며 없으면 어떻게 더하리오?**
**둘이 함께 함과 둘 다 아님이 모두 쓸모없다.**

이는 과果의 유무의 4구[75]로써 총합하여 타가 생함을 파한다.

---

74 『유가사지론』 등의 대승불교 경전과 논서에 따르면, 법칙 또는 이치에 대한 사유 방법에는 관대도리觀待道理·작용도리作用道理·증성도리證成道理·법이도리法爾道理의 4종도리四種道理가 있다. 이 중 관대도리는 '관하여 상대(相待: 서로를 기다림)하는 도리'로, 상대도리(相待道理: 서로를 기다리는 도리)라고도 한다. 모든 행위 또는 현상은 필요한 여러 가지 인연을 기다리다가(觀待, 相待) 그것들이 갖추어질 때 비로소 발생한다는 것을 말한다.

75 능파하는 5대인 중 파유무생인破有無生因과 이일다인離一多因을 말한 것이다.

'소생所生'은 과果의 다른 이름이다. 처음 두 구는 저에게 묻되, 네가 말하는 바인 능히 과를 생하는 인(能生果之因)은 먼저 있는 과를 생하는 것이 되는가? 먼저 없는 과를 생하는 것이 되는가? 또한 생함이 있고 또한 생함이 없는 두 가지를 갖춘 과가 되는가? 유무가 함께 부정되는 과를 택함인가?

만약 인과에 자성이 있으면 이 네 구 중에서 너는 반드시 그 하나에 머무르게 된다. 만약 먼저 과가 있어서 생하면 이미 있는데 생기게 할 필요가 있는가? 만약 먼저 과가 없이 생하면 먼저 없는데 어찌 능히 생하는가? 만약 또한 있고 또한 없는 중에 생하면 곧 함께 위의 두 가지 허물과 같음이 있는 것이고, 만약 있지도 않고 없지도 않아서 생하면 있지 않음(非有)이 없음과 같고 없지 않음(非無)이 있음과 같아 여전히 또한 있고 또한 없는 과실과 같게 된다.

**世住自見許爲量 此中何用說道理** 세주자견허위량 차중하용설도리
**他從他生亦世知 故有他生何用理** 타종타생역세지 고유타생하용리

세상에 머무는 자신의 소견을 양量이라고 허락하면
이 중에 어찌 도리를 설함이 있으리오.
타他가 타를 좇아 생함은 또한 세간도 아는 바이니
타생이 있다고 함은 도대체 무슨 도리로써 말하는 것인가?

저들이 도리로써 타생他生을 세울 수 없는 연고로 도리를 버리고 세간의 현견(世間現見)으로써 구제를 삼으나 논주의 출세간의 도리와는 서로 어긋나는 허물이 있다.

세간 사람은 다 자기가 보는 바에 의지하여 진실을 삼으며, 사실은 논변을 초과하는데 어찌 도리를 많이 설할 필요가 있겠는가? 타는 타를 좇아 생기니, 어머니가 자식을 낳음과 같고 종자에 싹이 남과 같으며, 이는 세상이 공통으로 아는 바이니 타생이 있음을 현견하는데 어찌 도리로 추구함을 사용하겠는가?

그러나 현견現見이라는 것은 반드시 실로 있음(實有)이 아니며, 현견으로 있지 않다고 해도 반드시 단절되어 없는 것이 아니다. 사람의 조상 같은 경우는 비록 현견할 수는 없어도 반드시 있음을 가히 추론하여 알 수 있다. 사람 몸의 찰나의 무상한 상은 자신이 능히 현견하지 못하나 소년, 장년, 노년이 있다는 것으로써 역시 반드시 있음을 추리로 알 수 있다.

하지만 거울의 상이나 꿈의 경계와 같은 것은 현견한다고 해도 실로 있음이 아니다. 그러므로 실로 있고(實有) 실로 있지 아니함(非實有)은 도리로 관찰하여 결정하는 것이 필요한데, 그 실로 있음 같은 것은 반드시 도리 관찰로써 얻을 수 있으니, 오식五識으로 보는 바는 오직 현상現象일 뿐, 곧 제법의 껍데기에 불과한 것이다.

즉 안식眼識의 현재 앞에서 보이는 바 일체 도구는 또 오직 그 표면의 한 층만 보는 것이며, 그 표면 안의 물질은 안식이 얻을 수 있는 바가 아니다. 하물며 진리가 어찌 오식의 경계이겠는가? 세상 사람은 무시로 언어의 허망분별한 훈습의 힘으로 말미암아 모든 법이 타생他生을 좇음을 보지만 자성이 있는 인과의 타생은 볼 수 없다.

저들은 타생이 있음을 보는 것으로 말미암아 드디어 실로 타생이 있다고 집착한다. 지금 다투는 바는 바로 세상 사람이 보는 바 타생이 자성이 있는 것인지 없는 것인지를 다투니, 어찌 네가 저 견해로써 '타생'이 있다고 함으로써 내가 설한 바 '자성타생自性他生이 없음'을 힐난하는가?

**由於諸法見眞妄 故得諸法二種體** 유어제법견진망 고득제법이종체
**說見眞境卽眞諦 所見虛妄名俗諦** 설견진경즉진제 소견허망명속제
제법에 진과 망을 봄을 말미암아서 제법이 두 종류의 체를 얻으니
진실한 경계를 봄이 진제이고 보는 바가 허망함을 속제라고 명한다.

이는 이제二諦를 종합해 해석한다.

모든 법상法上에 대하여 제법의 진리를 보는 것은 곧 성스러운 지혜이다. 허망한 현상을 보는 것은 곧 범부의 지견知見이고, 전도된 마음이며 착란식錯亂識이다. 지혜로 보는 바가 진제眞諦가 되고 전도로 보는 바가 속제俗諦가 되니, 이것이 용수종에서 진과 속 이제의 뜻을 분별하는 내용이다.

위 글은 외적인 힐난을 통하여 말하되, 내가 지금 너와 제법이 자성이 있는지 없는지를 결택함에 있어서 제법이 있고 없음을 다툼이 아니다. 동등하게 설하며 이르되, 내가 너와 승의제의 일을 결택함은 세속제의 일을 다툼이 아니다. 저가 다시 무엇이 승의와 세속이 되는지를 묻는 연고로 지금 이제를 널리 해석하는 것이다.

**妄見亦許有二種 謂明利根有患根** 망견역허유이종 위명리근유환근
**有患諸根所生識 待善根識許爲倒** 유환제근소생신 대선근식허위도

無患六根所取義 卽是世間之所知 무환육근소취의 즉시세간지소지
唯由世間立爲實 餘卽世間立爲倒 유유세간립위실 여즉세간립위도
망견 또한 두 종류가 있음을 허락하니
명리근(明利根: 밝고 영리한 근)과 유환근(有患根: 병든 근기)을 말하며
유환근이 생한 바 식은 선근식善根識에 대하여 전도가 됨을 허락하고
무환육근이 취하는 바의 뜻은 곧 이 세간이 아는 바이고
오직 세간을 말미암아 실이 됨을 세우며 나머지는 세간에서 전도가 됨을 세운다.

이 두 게송은 바름과 전도의 두 가지 세속을 분별한다.

중관종의 청변파[76]는 세속제 중에서 경계에 바름(正)과 전도(倒)가 있고 마음은 다 바르다고 말한다. 경계가 작용이 있는 것은 바름이 되고 작용이 없는 것은 전도가 되니, 제2의 달과 같고 거울의 상과 같은 것이다. 월칭파[77]는 경계에 전도와 바름이 있고 마음 또한 전도와 바름이 있다고 말한다. 모두 작용이 있고, 작용은 각각 같지 않으나 체성이 없음은 같다. 이 두 송문은 바로 청변파에 대하여 설명한 것이다.

'망견妄見'은 진실을 보지 않는 견해, 곧 세속을 보는 견해를 이른다.

---

76 중관 자립파이고, 청변 논사 등이 법들에 자체적으로 성립하는 자상의 자립의 논거를 자종에서 승인하는 학파이다. 『현구론』이 대표적인 논서이다.

77 중관 귀류파이고, 개아와 법이 승의에서 존재하지 않고 세간의 언어 관습적 차원에서 존재하며 인아집을 제거하기 위해서는 반드시 법무아를 체득해야 함을 주장하는 학파이다. 월칭 논사의 『입중론석』이 대표적인 논서이다.

'명리근(明利根: 밝고 영리한 근기)'은 눈에 병이 나서 가림이 생기는 것이 없음을 이르고, '유환근(有患根: 병든 근기)'은 병이 나서 가려진 눈과 같음을 말한다. '선근善根'은 곧 명리근이다. 유환근이 보는 바는 명리근이 보는 바에 비하면 전도가 더욱 심하니 '전도 세속(倒世俗)'이라고 명한다. 명리근이 보는 바의 경계는 오직 무명 업장으로 덮인 착란함만 있을 뿐 현량으로 보는 전도의 인(가림 병의 장애 등)이 없으며, 세상 사람이 공동으로 앎이 되고, 유환근이 보는 바에 비교하여 정확함이 되어 전도 세속에 대하여 '바른 세속(正世俗)'이라고 설한다. 오직 곧 세속을 세워 전도 없는 진실을 삼는다. 그 나머지 유환근이 보는 바는 세상 사람이 또한 전도가 됨을 알며 도리로 관찰함을 기다리지 않는다.

**無知睡擾諸外道 如彼所計自性等** 무지수우제외도 여피소계자성등
**及計幻事陽焰等 此於世間亦非有** 급계환사양염등 차어세간역비유
**수면번뇌에 얽매인 모든 외도는 저가 계교하는 바의 자성 등과**
**환의 일과 아지랑이 등이 세간에 또한 있지 않음을 알지 못한다.**

이는 전도 세속의 예를 든 것이다.

무명번뇌가 교란하여 해치는 바를 입은 외도처럼 자성, 신아, 대자재, 범천, 비슈누천 등을 계교한다. 저 어리석은 사람들이 환상의 말에 대하여 실상의 말로 계교하는 것처럼 아지랑이를 물로 계교하고, 세상 사람이 공동으로 아는 허망한 일에 대하여 진실이 된다고 계교한다. 이는 비록 세간일지라도 있음을 허락하지 않으므로 전도 세속이라

고 명한다.

如有翳眼所緣事 不能害於無翳識 여유예안소연사 불능해어무예식
如是諸離淨智識 非能害於無垢慧 여시제리정지식 비능해어무구혜
병난 눈으로 인연하는 바의 일이 병 없는 식을 해할 수 없는 것과 같이
이 모든 청정한 지혜를 여읜 식은 미혹이 없는 지혜를 능히 해하지 못한다.

이는 비유로 앞의 힐난함에 답한 것이다.

병난 눈(翳眼)은 깨끗한 의자 위에 파리 등이 날아다닌다고 보는 것과 같다. 청정한 눈으로는 파리가 다님을 볼 수 없다. 병든 눈이 보는 바인 파리로써 힐난함을 막을 수 없다. 진리를 설하려면 응당 성인의 지혜로써 양量을 삼아야 한다. 세상 사람의 견해와 성인의 견해는 무지한 시골 사람과 대철학가와 같아서 서로 같이 논할 수 없다. 어찌 청정한 지혜가 없는 범부 육식이 보는 바로써 성인의 청정 지혜가 보는 바인 우주 진리에 대해 힐난할 수 있겠는가?

癡障性故名世俗 假法由彼現爲諦 치장성고명세속 가법유피현위제
能仁說名世俗諦 所有假法唯世俗 능인설명세속제 소유가법유세속
우치가 실성을 장애함을 세속이라 하고 가립된 법이 저로 인해 실성으로 생각되기에
능인이 세속제라고 설하며 모든 가립된 법은 오직 세속이다.

이는 따로 세속제를 해석한 것이다.

'세속世俗'이라는 것은 마치 구름이나 다래끼처럼 진실을 장애함을 말한다. 따라서 곧 우치愚癡가 세속이 되니, 능히 우주의 진리를 장애하기 때문이다. '본성에 장애가 된다(癡障性)'는 것은 우치가 능히 진실성을 장애함을 말한다. '가법假法'은 인연으로 생긴 법을 말한다. '저(彼)'는 무시로부터의 우치의 장애를 말한다. 업에 결박된 범부는 인연으로 생긴 거짓 법(因緣假法)에 대하여 우치의 장애로 말미암아 저를 보고 자성이 있다고 여기고, 그것이 거짓임을 알지 못하니 붓다께서 세속제世俗諦라고 설한다.

거울의 상과 아지랑이 또한 범부가 보는 바가 되나, 다만 범부도 또한 그것이 거짓이 됨을 아는 고로 제(諦: 진리)라고 말하지 않으며 다만 세속법이라고 명한다. 성인이 후에 지혜를 득한 후 또한 세속제를 보기도 하나, 그것이 환화와 같고 거짓으로 있는 것임을 아는 연고로 또한 제라 명하지 않고 오직 세속법이라고 설한다. 따라서 범부가 보는 바의 가법이나 성인이 보는 바의 가법을 모두 세속이라 명하는 것이다.

如眩翳力所遍計 見毛發等顚倒性 여현예력소변계 견모발등전도성
淨眼所見彼體性 乃是實體此亦爾 정안소견피체성 내시실체차역이

어지러운 눈병이 남과 같은 힘이 두루 계교하여 모발 등을 봄은 전도성이고
청정한 눈으로 보는 바 체성은 바로 실체이고 이는 또한 자연성이다.

이는 별도로 승의제를 해석한 것이다. 세간에서 해석하기 어려운 것으로 본다면 제법의 진실성보다 더한 것이 없다. 중생은 무시이래로 저를 보지 못하고 있기에 지금 중생을 위해 제법의 진실을 펴 설하고자 하지만, 봉사에게 해를 말하는 것과 같이 너무도 쉽게 오해를 불러일으킨다. 진여를 설하고 여래장을 설하여도 어떤 중생들은 다시 이에 대하여 집착을 내며 진실을 통달하지 못한다.

어떻게 승의제를 해석해야 하는가? 『유마힐경維摩詰經』의 제대보살과 성문이 각자 제법의 실성을 설함을 살펴보면, 문수보살께서 제법실성은 설할 수 없는 것이라고 말씀하셨고, 다음에 유마 거사에 이르러서 묵묵히 설함이 없으셨다.

모든 제법의 실성은 사람이 물을 마심에 차고 뜨거움을 스스로 아는 것처럼 설하여 보일 수 없는 것이다. 설할 수 없는 것을 설함은 이미 머리 위에 관을 얹음과 같아서 무언가를 더하는 것이 번거로운 일이 됨을 면하지 못하는데, 어찌 하물며 가지가지 상相으로써 설하는가? 그렇지만 불가설不可說 중에서 설할 바의 한 부분을 의지하여 차제로 수행함이 바야흐로 능히 언어를 여읜 실성을 자체로 증명할 수 있기에 여러 종류의 방편으로써 널리 설함이 필요하다.

붓다께서 모든 지혜가 있는 자는 비유로써 깨달음을 얻는다고 설하셨는 바, 지금 이 게송은 곧 비유로써 승의제를 해석하고 있다. 병나고 현기증으로 흐린 눈이 터럭 등을 봄은 두루 분별하며 전도하는 집착이 있다. 저 병든 눈이 보는 바의 터럭을 청정한 눈으로 본다면 체성은 본래 공하고, 아울러 저가 말하는 바인 터럭은 없다. 터럭의 체성뿐만이 아니라 이른바 장단과 흑백 등의 차별도 없다. 청정한 눈으로 보는 바는 저 모발이 없고, 근본을 좇은 이래 곧 털끝만큼의 체의 존재도 없으며, 저를 버려서 비로소 없다고 보는 것이 아니고, 또한 따로 기타 물건이 된다고 보는 것도 아니다. 이 승의제는 오히려 이와 같아서, 곧 세속제는 성인의 지혜 중에서 보건대 본래 존재하지 않음이 된다.

**若許世間是正量 世見眞實聖何爲** 약허세간시정량 세견진실성하위
**所修聖道復何用 愚人爲量亦非理** 소수성도부하용 우인위량역비리
**만약 세간이 정량이 됨을 허락하며 세간인이 진실을 보면 성인은 어찌 되는가?**
**닦는 바의 성도는 또한 무슨 소용인가? 어리석은 이가 양量을 삼음은 이치가 아니다.**

이 게송은 반대로 저가 응당 세간 현견現見으로써 양量을 삼지 못함을 힐난한다.

'양量'이라는 것은 착오가 없는 표준을 말한다. 세상 사람은 진실에 대해서 양을 삼지 못할 뿐만 아니라, 세간사 또한 다분히 양을 삼지 못한다. 사람은 배우는 바에 대해 수십 년을 연구하고도 여전히 정량正量을 삼지 못하는 자가 매우 많다. 또한 말은 옳지만 마음은 그르며, 웃음 속에 칼을 감추고 속임수의 혼란함을 받는 사람들 또한 매우 많은데 하물며 진리를 알 수 있으랴?

범부가 보는 바로는 우주의 진리를 진실로 보기가 어렵고, 오직 수행으로써 증오를 구할 수 있다. 만약 범부가 능히 진실을 본즉

이미 성불한 지가 오래된 것이고, 모름지기 다시 성과聖果를 구할 것이 없으며, 닦는 바의 성도聖道도 또한 쓸모없음을 이룬다. 어리석은 범부가 보는 바로써 표준을 삼으면 그것이 이치가 아님이 드러나게 된다.

**世間一切非正量 故眞實時無世難** 세간일체비정량 고진실시무세난
**若以世許除世義 卽說彼爲世妨難** 약이세허제세의 즉설피위세방난
세간의 일체는 정량이 아닌 연고로 진실한 때에 세속적인 힐난이 없으며 만약 세간으로 세간을 제하는 뜻을 허락하면 곧 저는 세간의 힐난이 된다.

이 게송은 저가 세간 현견을 어기고 힐난함에 대해 답을 한 것이다. 세간의 일체 육식六識은 진리를 관찰하는 바른 양(正量)이 아니다. 그러므로 진실을 관찰할 때에 세간 현견이 서로 어긋남으로써 힐난함을 삼는 것은 불가하다. 만약 세간에 공통으로 허락하는 이치로써 세간에서 공통으로 허락하는 뜻을 파한다면 곧 저 종파는 세간 상위相違의 힐난이 있다고 말할 수 있다. 비유하건대, 어떤 사람이 집에 있는 병을 도둑맞았는데, 다른 사람이 말하되 너의 병은 잃은 게 아니고 본래 없는 연고로 꿈속의 병과 같다고 하는 것이다. 즉 세간 현견으로써 병이 있음이 힐난함이 되는 것이다.

**世間僅殖少種子 便謂此兒是我生** 세간근식소종자 편위차아시아생
**亦覺此樹是我栽 故世亦無從他生** 역각차수시아재 고세역무종타생

세간에서는 겨우 작은 종자를 번식하고 문득 내 아들은 내가 낳았다고 말하고
또한 이 나무는 내가 심었다고 의식하기에 세간에는 타를 좇아 남(他生)이 없다.

이 게송은 저가 세간 또한 타생을 좇음에 집착하지 않는다고 함을 파한다.

세간인들은 겨우 씨를 심고서 이 큰 아이는 내가 낳은 것이라고 말한다. 또한 겨우 나무의 종자를 심고 이 나무는 내가 심었다고 말한다. 세상 사람들은 종자와 아이, 나무 종자와 큰 나무를 한 체體인 것으로 보기에 각기 자성이 있음을 집착하지 않는다.

由芽非離種爲他 故於芽時種無壞 유아비리종위타 고어아시종무괴
由其非有一性故 芽時不可云有種 유기비유일성고 아시불가운유종
싹이 종자를 여의지 않음으로 타가 되기에 싹인 때에 종자는 무너짐이 없으며
그는 한 자성에 있지 아니한 연고로 싹인 때에 종자가 있다고 말하지 않는다.

이는 계속 힐난함에 대한 답이다.

저가 힐난하여 말하되, 네가 인연으로 생긴다(緣生)고 허락함이 어찌 타생他生이 아니겠는가? 답하되, 내가 허락한 바의 인과는 인을 대하여 과를 말한 것이지 실로 인과가 없다. 싹과 종자가 각기 자성이

있지 아니하므로 싹이 이뤄지는 때에 종자 또한 무너지지 아니하며 고로 단변斷邊에 떨어진 것이 아니다. 싹과 종자가 실로 한 체성으로 있지 아니하기에, 싹이 이뤄지는 때 또한 종자가 오히려 존재한다고 말하지 않는 연고로 상변常邊에 떨어진 것이 아니다.

**若謂自相依緣生 謗彼卽壞諸法故** 약위자상의연생 방피즉괴제법고
**空性應是壞法因 然此非理故無性** 공성응시괴법인 연차비리고무성
자상이 연을 의지하여 생긴다고 말하면 저를 비방함이 곧 제법을 파괴하게 되기에
공성은 응당 법을 파괴하는 인이나 자상은 이치가 아니므로 자성은 없다.

이 아래 세 게송은 총합하여 그 자성이 타로부터 생긴다고 집착하는 허물을 드러낸다.

만약 반드시 자상自相이 있어서 비로소 인연으로 생김이 성립한다고 말하면, 모든 종宗은 공히 성인이 도를 깨달은(見道) 때에 곧 공성을 통달한 것을 허락함이고, 성인은 응당 법을 비방하고 공성은 응당 법을 파괴하는 인因이 되기에, 모든 법이 실로 있음으로써 관상하여 없게 하는 것이니, 이는 곧 그릇을 쳐서 깨뜨리는 것과 같다. 그러나 성인이 법을 비방한다고 설할 수 없기에, 제법은 결코 자성이 없는 것이다.

**設若觀察此諸法 離眞實性不可得** 설약관찰차제법 이진실성불가득

**是故不應妄觀察 世間所有名言諦** 시고불응망관찰 세간소유명언제

만약 이 모든 법을 관찰하여도 진실성을 떠나서는 얻을 것이 없으므로 응당 망령되이 관찰하지 않음이 세간의 모든 명언제이다.

명언제名言諦는 곧 세속제이니 이에 무시無始의 명언을 공통으로 허락함이며, 도리로써 관찰하여 안립安立함이 아니다. 만약 도리로써 관찰하면 다만 진실한 이치의 공성만 얻을 뿐 세속제는 얻을 수 없다. 얻을 수 없는 연고로 곧 세속제를 파함이며 세속제를 파한즉 단견에 떨어진다. 이런 연고로 도리로 관찰하여 세속제가 자성이 있는지 없는지를 마음으로 재단해 내지 못한다.

**於眞性時以何理 觀自他生皆非理** 어진성시이하리 관자타생개비리
**彼觀名言亦非理 汝所計生由何成** 피관명언역비리 여소계생유하성

진성인 때에 있어 어떤 이치로써 관하여도 자타의 생이 다 이치가 아니고
저의 관하는 명언 또한 이치가 아니니 네가 계교하는 바의 생김은 무엇으로 이뤄지는가?

진성眞性이 있고 없음을 결택할 때에 있어, 하나와 다름 등 어떠한 이치로써 관찰해도 자생과 타생이 자성의 인과가 있음을 모두 얻지 못한다. 승의 중에 얻지 못할 뿐만 아니라 곧 명언 중에서 이 같은 이치로써 관찰해도 자성의 생함이 있음을 또한 얻을 수 없다. 네가 계교하는 바의 자성이 있는 생은 무엇으로 성립하는가? 청변淸辨은

명언은 자성이 있고 승의는 자성이 없다고 말하는데, 이곳은 명언이 자성이 없음을 설함으로써 청변을 바로 파하고, 또한 일체의 실지 있는 일(實事)을 주장하는 학자를 파한다.

**如影像等法本空 觀待緣合非不有** 여영상등법본공 관대연합비불유
**於彼本空影像等 亦起見彼行相識** 어피본공영상등 역기견피행상식
영상과 같은 등의 법은 본래 공하고 관대하는 인연의 합은 있지 않음이 아니며
저 본래 공한 영상 등에 대하여 또한 저 행상을 보는 식을 일으킨다.

이 비유는 인연의 화합이 본래 안과 밖의 경계가 생김이 있고 반드시 자성이 있는 것은 아님을 나타낸다. 영상影像이 함께 공이 됨을 허락함과 같으며, 거울과 빛, 사람이 앞에 섬이 있어서 이 같은 인연이 화합한 즉 영상이 생하는 것이다.

저는 비록 상이 있지 않아도 능히 보는 자로 하여금 안식眼識이 생겨 일어나게 하고, 또 작용이 있어 거울을 보는 자로 하여금 거울에 의지해 얼굴을 다듬고 화장하게 한다.

'영상 등影像等'이라는 것은 아지랑이, 물속의 달, 꿈, 골짜기 메아리 등을 말한다. 또한 수소나 산소와 같으니, 수소와 산소는 물이 없지만 화합하면 곧 물이 생긴다. 볼록거울에는 불이 없지만 햇빛 아래에서 각도를 맞춰 비추면 곧 불이 생긴다. 나무를 비비는 중에는 불이 없어도 비비다 보면 또한 불이 생긴다. 비파 줄과 손가락은 소리가 없으나 화합하면 묘한 소리가 생긴다. 사람이 양귀비를 먹으면 환상을

보지만 소에게는 음식 재료로 아무 이상이 없다. 사람이 독을 먹으면 죽지만 공작이 먹으면 털이 더욱 광택이 난다. 다 제법이 자성이 없음을 보지만 인연이 화합하면 작용이 없지 않으니, 자성이 있음을 기다리지 않아도 인연으로 생김이 있다.

**如是一切法雖空 從空性中亦得生** 여시일체법수공 종공성중역득생
**二諦俱無自性故 彼等非斷亦非常** 이제구무자성고 피등비단역비상
이같이 일체법이 비록 공하나 공성 중을 좇아서 또한 생함을 얻고
이제가 모두 자성이 없는 연고로 저 등은 단절도 아니고 또한 항상 있음도 아니다.

이 게송은 법으로써 비유에 화답한다.

위에 보인 바의 모든 예와 같이, 모든 법이 비록 자성이 없어도 인연이 화합하는 때에 무자성無自性 중을 좇아서 또한 작용이 생기는 것이 있다. 인과가 승의제 및 세속제 중에 함께 자성이 없음을 말미암아서 인과가 하나의 자성이 아닌 연고로 항상 있음(常)이 아니다. 각기 자성이 있음이 아닌 연고로 단절됨이 아니다.

**由業非以自性滅 故無賴耶亦能生** 유업비이자성멸 고무뢰야역능생
**有業雖滅經久時 當知猶能生自果** 유업수멸경구시 당지유능생자과
업은 자성이 멸함을 쓰지 않음으로 인하여 아뢰야 또한 능히 생함이 없으며
업의 멸함이 오래 경과한 때에도 오직 능히 자체 과를 생함을 안다.

이 아래는 업의 과보의 자성이 공한 이치를 해석한다.

중생이 생함은 어디로부터 오고, 죽으면 어디로 향해 가며 무엇을 말미암아서 모든 업도의 차별이 있는 것인가가 인과 중에 가장 큰 문제가 된다. 외도는 업은 자신이 지음이 아니고 대자재 등이 짓는 것이라고 고집하거나 혹은 업은 항상 있는 것이며 반드시 과보를 받는다고 고집한다.

불법은 삼법인三法印으로써 외도와 구분하는 경계선이 된다. 제일법인第一法印은 곧 제행(유위법有爲法)이 무상하다는 것이다. 외도가 집착하는 바의 업은 조작이고 또한 과를 감수하는 작용이 있으니 유위법이다. 또 항상 있음(常)이라고 하나 이는 내도內道에서 허락하지 않는 바이기에 이곳에서 다툴 바가 아니다. 붓다의 제자들로서 말하자면 업은 유위법의 주요한 부분이고 유위법은 반드시 무상한 고로 업은 찰나도 머무르지 않는다고 함은 공동으로 허락한다. 그러나 업은 반드시 과보를 감수하니, 경에 이르되 가령 백천 겁이 지나도 지은 업은 없어지지 않고 인연이 만나는 때에 과보를 분명히 받는다고 한다. 붓다께서 과거세에 고기를 죽이는 것을 보고 한 번 좋아하는 생각을 내었기에 유리왕이 석가종족을 살해할 때 남은 업습의 힘으로써 머리가 아프셨던 것과 같은 사례 등이 많다.

업은 이미 머무르지 않고 또 반드시 과보를 감수하니 업을 지은 후와 보를 받기 전에 있어 어떤 물질이 업력을 지속시켜 없어지지 않게 하는가? 살바다부薩婆多部는 불상응행법不相應行法이 있어 색도 아니고 심도 아니며 능히 업력을 지속시켜 후에 과보를 받으며 실로 자성이 있어 명칭을 얻는 것이라고 말한다.

다른 종파는 불실법(不失法: 잃지 않는 법)이 있음을 말한다. 비유하면 채권과 같아 업자가 돈을 채무자에게 주고 기한이 되면 채권을 갖고 빚을 받는다. 원금과 이자를 잊지 않아 이 채권에 의뢰하니, 이 채권은 현금 이외의 물건이다. 불실법에 의지하여 반드시 과보가 있어 업을 갚아야 하니, 불실법은 업과業果 이외의 물건이다.

경부經部는 내심 상속內心相續이 있고 업력이 내심 상속에 훈습하기 때문에 이후에 능히 과보를 감수한다고 말한다. 유식唯識은 상속은 가짜이고 선화륜旋火輪과 같아 업을 가지고 잃지 않는다고 말할 수 없다고 하며, 반드시 체體의 아뢰야가 있어서 실로 있으며(實有), 무부무기無覆無記[78]하고, 끊어지지 않아(不斷) 능히 훈습을 받고 종자를 지녀 잃지 않는다고 말한다.

이 각 종파의 관점은 뒤로 갈수록 앞과 비교하여 점점 세밀해지나 모두 다 업을 지속시키는 법이 자성이 있다고 집착한다. 중관종中觀宗은 인연에는 이미 자성이 없고 업의 과보가 환과 같으며 실로 업을 지속시키는 법이 필요치 않고, 업이 비록 먼저 멸해도 후에 능히 과를 감수하는 것이 비유하면 자석이 능히 멀리 있는 철을 끌어들임과 같다고 설한다. 또한 멸滅함 역시 자성이 없으니 어찌 업이 실지로 멸한다고 집착하는가?

소승은 물질이 없음이 멸함이라고 말하고, 유식은 먼저 있고 뒤에 없음이 멸함이라고 말하며, 또 멸함은 삼유三有로 상을 삼는다고 말하니, 어찌 법 없음이 유위상有爲相이 되고, 어찌 법 없음이 유위가

---

78 선도 악도 아니고 수행에도 방해가 되지 않는 것, 또는 그러한 마음 상태.

되는가? 고로 실로 자성이 있는 멸하는 법은 없는 것이다. 『화엄경華嚴經』에 이르되 멸滅은 작용이 있나니 십이인연의 최후지最後支인 죽음(死)이 곧 멸이다. 죽음은 능히 어리석음과 근심, 슬픔, 고뇌 등을 끌어 일으키는 고로 멸은 작용이 없지 아니하며 유위법有爲法이다. 멸로써 힘이 존재하는 고로 연이 갖추어지지 않았을 시에 멸하며, 만약 과보를 받지 않고 대치를 일으키지 않으면 연을 갖춘 때에 여전히 힘이 있어 과를 감수한다. 업이 자성이 없기에 아뢰야 등 실법을 필요로 함이 없이도 유지하게 된다. 업이 자성이 없으나 작용은 있으므로 업이 멸한 후에 오히려 능히 과를 감수한다.

**如見夢中所緣境 愚夫覺後猶生貪** 여견몽중소연경 우부각후유생탐
**如是業滅無自性 從彼亦能有果生** 여시업멸무자성 종피역능유과생
꿈 가운데 반연하는 경계를 보고 어리석은 이는 깬 후 오히려 탐심을 내듯이
이같이 업이 멸함은 자성이 없으며 저를 좇아 또한 능히 과가 생김이 있다.

이는 업과의 성품이 공함을 나타내는 비유로 『전유경轉有經』에 나온다. 어리석은 이가 꿈에 묘한 색을 보고 깨어 탐심을 냄과 같음을 말한다. 꿈의 경계는 자성이 없는 것이고, 꿈에서 깨어나면 그 꿈의 경계는 이미 소멸해 버리는 것인데도 오히려 탐욕을 끄는 작용이 있다. 업은 자성이 없으며 비록 업을 지음이 이미 오래되어도 죽을 때 마음 가운데에 스스로 먼저 지은 업이 나타남이 있어 그 과보를

받는다.

**如境雖俱非有性 有翳唯見毛發相** 여경수구비유성 유예유견모발상
**而非見爲餘物相 當知已熟不更熟** 이비견위여물상 당지이숙불갱숙
**경계가 비록 함께 자성이 있지 않음은 눈병이 있어서 오직 모발의 상을 볼 뿐**
**기타 물상이 됨을 보지 못하는 것처럼 이미 성숙한 업은 다시 성숙하지 않는 줄 안다.**

이는 반복하여 힐난함에 답한다. 만약 저가 힐난하여 이르되, 만약 업이 자성이 없기에 멸함이 오히려 능히 과果를 감수感受한다고 말하면, 어찌 이미 과를 감수한 업과 과를 감수하지 못한 업이 모두 자성이 없는데 후자는 과를 감수하지 못하며 전자는 능히 과를 감수한다고 이르는가?

이에 저에 답하여 이르되, 거북이의 털, 토끼의 뿔, 병든 눈으로 보는 바의 모발은 모두 자성이 없으나, 병든 눈은 오직 모발만 보고 거북이의 털, 토끼의 뿔은 보지 못한다. 고로 이미 익음과 아직 익지 않은 업은 비록 모두 자성이 없으나 익지 않은 업이 능히 익을 수 있으며, 이미 익은 업은 다시 성숙하여 과를 감수하지 못한다.

**故見苦果由黑業 樂果唯從善業生** 고견고과유흑업 낙과유종선업생
**無善惡慧得解脫 亦遮思維諸業果** 무선악혜득해탈 역차사유제업과
**그래서 괴로움의 과를 봄은 흑업 때문이고 즐거움의 과는 오직 선업을**

좇아 남을 본다.
선악이 없는 지혜로 해탈을 얻으며 또한 모든 업과를 사유함을 막는다.

위에 서술한 이치를 말미암아서 업과는 없어지지 않을 뿐 아니라 또 문란함이 없다. 실로 자성이 없는 선악이 공한 지혜에 통달함을 말미암아 능히 해탈을 얻는다. 그런 연고로 모름지기 업과가 자성이 없음을 안다.

또 네가 묻는 바 과가 무슨 연유로 인하여 어지럽지 않은가 하는 것은 공성을 통달하고 일체 종지를 증오함이 아니면 붓다께서 묻기를 허락하지 않는다. 업과는 미세한 것으로서, 이에 부처님의 지혜 경계는 범부의 경계가 아니다. 만약 비량比量으로써 망령스럽게 추측하면 쉽게 연기를 파괴하거나 혹은 광란에 이르기에 묻기를 허락하지 않는다. 그러나 이 같은 인과 과가 법을 따름이 이와 같아서 사람이 두 눈과 한 입이 있음과 같은데, 어떤 연고로 두 눈과 한 입이 있는지는 모르나 두 눈과 한 입을 갖추고 있으므로 없다고 말할 수 없는 것과 같다.

**說有賴耶數取趣 及說唯有此諸蘊** 설유뢰야삭취취 급설유유차제온
**此是爲彼不能了 如上甚深義者說** 차시위피불능요 여상심심의자설

아뢰야 보특가라가 있다고 설하거나 오직 이 모든 온이 있다고 말하면 이것은 저가 통달하지 못한 것이며 방편으로 위의 깊은 뜻과 같이 설한다.

이는 거듭 힐난함에 답한다.

저가 힐난하여 이르되, 네가 실이 없는 아뢰야阿賴耶라고 말하는데, 붓다는 왜 아뢰야를 설하시는가?

답하되, 중생이 무시이래로 아상에 집착하여 아뢰야로써 저 집착하는 바의 아를 대신하며, 먼저 바깥 경계가 공함을 밝히고 다음으로 안 마음(內心)이 또한 공함을 밝히며, 그런 후에 붓다의 일체법 자성공自性空의 밀의를 밝힌다. 이러한 연고로 붓다께서 아뢰야를 설할 뿐만 아니라 또한 보특가라(삭취취數取趣)[79]가 있음도 설하시고, 무아無我와 오직 오온五蘊이 있음을 설하시며, 여래장如來藏[80] 등이 있음을 설하신다. 비유하면 어린이가 물건에 집착하여 놓지 않고 있는데 다른 물건으로 능히 속여서 빼앗을 수 있듯이, 붓다께서 중생의 아집을 제거하기 위해 방편으로 제법이 있음을 설함도 또한 이와 같다. 저 중생이 오히려 성숙하지 못하므로 만약 깊은 뜻의 공성을 설하면 저가 두려워하여 문에 들지 못하고 심지어 단견을 일으키므로, 먼저 방편으로 점차 인도함이 필요하나니, 이른바 쐐기로써 쐐기를 빼내는 비유가 이것이다.

**如佛雖離薩迦見 亦嘗說我及我所** 여불수리살가견 역상설아급아소
**如是諸法無自性 不了義經亦說有** 여시제법무자성 불요의경역설유

**부처님은 비록 살가야견을 여의었으나 또한 일찍이 아我와 아소를 설하**

79 중생. 범부. 이들은 집착하여 지옥·아귀·축생 등의 미혹한 윤회를 되풀이하므로 이와 같이 일컫는다.

80 중생의 청정한 본마음을 가리키는 말.

심과 같이
모든 법은 자성이 없으나 불요의경[81]에서 또한 있음을 설한다.

이는 다시 비유로써 붓다께서 때로는 방편으로 실이 아닌 법을 설함이 있음을 나타낸다. 붓다는 비록 아견我見이 없지만 항상 내가 과거에 어떻게 수행하였다고 말씀하시고, '나의 성문 제자' 등이라고 하신다. 이같이 붓다께서 비록 제법의 성품이 공함을 보아도, 때로는 어떤 종류의 근기에 대하여 제법이 있다고 설하신다. 근기가 성숙하지 못한 자로서는 심오한 요의了義의 가르침을 배우고 수행함을 감당하지 못하기 때문이다.

『법화경法華經』에 일체중생이 다 성불할 수 있다고 설하나, 먼저 여러 경에서는 다섯 가지 종류의 종성種姓이 있음을 설하거나 또는 중생이 결코 성불하지 못함이 있다고 설하기도 한다. 어찌하여 앞과 뒤가 이같이 위반되는가는 『법화경』의 빈궁한 아들(窮子)의 비유의 해석에 갖춰져 있다.

또 공종空宗은 가상의 보특가라가 있으며, 저를 의지하여 업을 짓고 과를 받으며, 업과가 결정되어 어지럽지 않고, 또한 능히 늘어나며, 짓지 않으면 받지 못하고, 이미 지었으면 잃지 않는다고 설한다. 오무간업과 같은 매우 중한 업은 현생에 반드시 받으며, 살생과 투도 같은 그 다음으로 중한 업은 여러 차례의 생에서 받는다. 매우 가벼운 업은 후생 중에서 인연 따라 보를 받음이 결정된다.

---

81 부처의 깨달음을 그대로 드러내지 않고, 일시적인 방편으로 설한 경經.

중생은 각기 정해진 업의 끄는 바를 따라 선취와 악취에 태어난다. 함께 같은 취에 태어나는 자는 끄는 힘(引力)이 결정함이 서로 같다. 그러나 여유 있음과 가득 참의 업의 차이에 따라 같은 취의 중생일지라도 각기 고와 낙이 다르다. 이 같은 업의 과보의 예는 널리 경에 설해져 있다.

**不見能取離所取 通達三有唯是識** 불견능취리소취 통달삼유유시식
**故此菩薩住般若 通達唯識眞實性** 고차보살주반야 통달유식진실성
능히 취함을 보지 않고 취하는 바 경계를 여의며 삼유가 오직 식인 줄 통달하면
이 보살은 반야에 머무르면서 유식의 진실성을 통달한다.

이 아래 세 개의 게송은 모두 유식종에서 나온다.

유식종이 말하되, 육지보살이 원만한 반야는 곧 유식의 진실성을 통달한 것이다. 유식의 진실성[82]은 곧 능히 취하는 식을 여의고 취할 바 경계가 없음이며, 취할 바 경계를 여의고 능히 취하는 마음이 없음이므로 삼계의 생사는 오직 식이 변화한 바이다.

**猶如因風鼓大海 便有無量波濤生** 유여인풍고대해 편유무량파도생
**從一切種阿賴耶 以自功能生唯識** 종일체종아뢰야 이자공능생유식

82 유식에서는 변계의 상이 자성이 없고 의타의 생함이 자성이 없어 승의에 자성이 없고 원성의 진실자성이 있다고 주장한다.

마치 바람이 바다에 불어 부딪힘으로 인하여 문득 무량한 파도가 생김이 있듯이
일체 종자 아뢰야식을 좇아서 자체 공능으로써 유식이 생겨난다.

바다에는 본래 파도가 없으나 무량한 파도가 생기는 공능功能이 있어 바람이 수면에 부딪쳐 움직이면 파도가 생긴다. 일체 종자를 채운 아뢰야식[83]을 좇아서 업풍業風[84]이 일어남으로 인하여 전칠식前七識이 생기는 것이 또한 이와 같다.

실이 없는(無實) 인연이 되는 바 경계인 7식[85]은 오직 자체 종자의 공능을 말미암아 생하지 경계를 의지하여 생김이 아닌 연고로 유식이라 설한다. 『해심밀경解深密經』, 『섭대승론攝大乘論』, 『능가경楞伽經』 등에서 함께 이와 같이 설한다.

是故依他起自性 是假有法所依因 시고의타기자성 시가유법소의인
無外所取而生起 實有及非戲論境 무외소취이생기 실유급비희론경
이런 연고로 의타기[86] 자성은 거짓으로 있는 법의 의지하는 바의 인이고 외적인 취하는 바 없이 생기하는 것으로 실로 있으며 희론 경계가 아니다.

---

83 종자를 보관한 저장식이고 식전변의 소의가 되며, 훈습을 받는 면에서 이숙식이라고 한다.

84 선악의 행위가 남기는 힘을 바람에 비유한 말.

85 말라식 혹은 사량식이라고 하며 아치, 아견, 아애, 아만의 심소와 상응한다.

86 타에 의지하여 과가 일어나는 자성. 인연소생으로 성립된 것.

의타기자성依他起自性은 실로 다른 체의 능취能取[87]와 소취所取가 없고 능취와 소취가 의지하는 바의 인연인 것처럼 나타난다. 바깥으로 취하는 바(所取)가 없이 스스로 능히 생기고, 체는 실로 있어 거짓으로 의지하는 바가 되는 연고로 희론 경계가 아니다. 언설과 희론으로써 인연하는 바가 아닌 연고이다.

無外境心有何喩 若謂如夢當思擇 무외경심유하유 약위여몽당사택
若時我說夢無心 爾時汝喩卽非有 약시아설몽무심 이시여유즉비유

바깥 경계가 없는 마음(無外境心)은 어떻게 비유할 수 있는가?
꿈의 비유와 같다고 말하나 승의이론으로 사유하고 결택해야 하며 이때 꿈은 자성의 마음이 없고 네가 비유한 것은 곧 있지 않다고 내가 말한다.

첫 구는 이 종파가 힐문하되, 네가 외경이 없고 안으로 마음이 있다고 설했는데, 이 경계가 없는 마음(無境心)은 무엇으로 비유할 수 있는가?

네가 답하여 설하되, 꿈에 산하대지를 봄과 같아 실로 그 경계가 없지만 마음이 생김이 있다.

또 내가 이르되, 꿈 가운데의 마음이 있고 없고는 오히려 사유하고 결택함에 해당한다. 만약 꿈의 경계가 있지 않다면 꿈속의 마음 또한 있지 않다고 말할 수 있다. 꿈의 마음이 없는 연고로 네가 이른 바

87 대상을 인식하는 주관. 집착하는 주관.

경계가 없는 마음은 곧 동등한 비유가 아니다.

若以覺時憶念夢 證有意者境亦爾 약이각시억념몽 증유의자경역이
如汝憶念是我見 如是外境亦應有 여여억념시아견 여시외경역응유
만약 깨었을 때 꿈을 기억함으로써 의식이 있는 자의 경계 또한 그러함을 증명한다면
네가 기억하는 것이 아견과 같음이니 이같이 외경은 응당 있는 것이다.

네가 만약 구제하여 이르되, 깨었을 때 꿈을 기억하므로, 내가 꿈에 산하대지를 보았다고 이르면 꿈 가운데 의식이 있음을 증명하는 것이다.

내(중관파)가 말하되, 네가 기억하는 바인 꿈에 본 산하대지가 또한 응당 있는 것이다. 꿈에서 깨어난 후에 기억하는 바와 같기 때문이다. 만약 꿈속의 경계가 있다면 너의 꿈속의 마음은 곧 경계가 없는 마음이 아니다.

設曰睡中無眼識 故色非有唯意識 설왈수중무안식 고색비유유의식
執彼行相以爲外 如於夢中此亦爾 집피행상이위외 여어몽중차역이
수면 중에 안식이 없는 연고로 색은 있지 않고 오직 의식이라고 한다면
저 행상行相을 가져서 바깥을 삼는 것이 꿈속에서 깬 후와 같이 이것 또한 그러하다.

설사 네가 구제해 이르되, 꿈속에 안식眼識이 없음은 공통으로 허락

하는 연고로 보는 바의 색은 있지 않다. 오직 의식을 말미암아서 저 스스로의 영상에 집착하여 외경으로 삼는다. 꿈속에서도 이와 같아서, 깨어날 때에 의식을 말미암아 외경이 있다고 집착함이 또한 이와 같다.

如汝外境夢不生 如是意識亦不生 여여외경몽불생 여시의식역불생
眼與眼境生眼識 三法一切皆虛妄 안여안경생안식 삼법일체개허망
餘耳等三亦不生 如於夢中覺亦爾 여이등삼역불생 여어몽중각역이
諸法皆妄心非有 行境無故根亦無 제법개망심비유 행경무고근역무

너의 외경은 꿈 중에 생김이 아님과 같고 이같이 의식 또한 생김이 아니며
눈과 눈의 경계가 안식을 생하는 삼법이 일체가 다 허망하여
나머지 이耳 등의 삼법 또한 남이 없다. 꿈에서 깨어서도 또한 그러하여
모든 법이 다 망심이고 있지 않아서 행의 경계가 없는 연고로 근 또한 없다.

중관종이 이르되, 네가 설함과 같이 식 외의 경계는 꿈 가운데 생기는 것이 아니다. 법진法塵이 없는 연고로 꿈속의 의식은 또한 응당 생함이 아니다. 꿈속에 근根, 경境, 식識 세 가지는 다 허망하고 관대觀對하여 거짓으로 세운(假立) 것이다. 관대하여 보는 바의 경계는 능견식能見識이 있음을 설하고, 또 능견식을 관대하여 보는 바의 경계가 있음을 설한다. 꿈속에서 이와 같고 깨어날 때 또한 이와 같다. 인연하는 바의 경계가 없는 연고로 근根 또한 없으며, 근과 경계가

없는 연고로 식 또한 없어서 근, 경, 식 모든 법이 다 허망한 관대가립觀對假立이다.

**此中猶如已覺位 乃至未覺三皆有** 차중유여이각위 내지미각삼개유
**如已覺後三非有 癡睡盡後亦如是** 여이각후삼비유 치수진후역여시
**이 가운데 이미 각성한 계위와 같고 깨닫지 못하면 셋이 다 있고 이미 깨달은 후에는 셋이 있지 않으니 무명의 수면이 다한 후에도 또한 이와 같다.**

이미 깨달은 계위와 같이 무명의 어리석은 수면 중에는 근, 경, 식 세 가지가 다 각성하여 있음이 된다. 마찬가지로 꿈속에서 각성하지 않은 때에 근, 경, 식 세 가지가 또한 다 있다. 수면에서 깨어난 후에 꿈속의 근, 경, 식 세 가지가 다 없어지는 것처럼, 무명의 꿈을 깨면 세 가지 또한 없다. 따라서 모든 법은 다 허망하다고 말한다.

**由有翳根所生識 由翳力故見毛等** 유유예근소생식 유예력고견모등
**觀待彼識二俱實 待明見境二俱妄** 관대피식이구실 대명견경이구망
**병난 근이 있음으로써 생한 바 식이 병난 힘 때문에 터럭 등을 보며 저 식을 관대하면 둘이 함께 실유하며, 밝음을 대하며 견과 경계가 둘이 함께 허망하다.**

이는 거듭 구제함을 파한다. 저가 구제하여 이르되, 꿈의 비유를 버리고 병든 눈으로써 비유를 삼는다. 병난 눈으로 터럭과 파리 등을

보는 것처럼, 응당 경계는 없고 식은 있는 것이다.

이에 저를 파해 이르되, 병난 눈으로 터럭과 파리 등을 봄은 병든 힘(翳力)을 말미암아서 이 같은 식이 생한 것이지, 식의 힘을 말미암음이 아니다. 저 병든 눈을 관대하면 보는 바 터럭과 파리는 경계와 식을 함께 실을 삼는다. 병든 눈이 없음을 관대하면 보는 바의 터럭과 파리는 경계와 식이 다 허망함을 안다.

**若無所知而有心 則於發處眼相隨** 약무소지이유심 즉어발처안상수
**無翳亦應起發心 然不如是故非有** 무예역응기발심 연불여시고비유
**병난 눈을 아는 바가 없고 자성이 있는 안식에 모발이 생김에 따라 보며**
**병 없는 자의 청정한 안식이 또 응당 모발을 보나 이 둘이 같지 않은 연고로 식의 자상이 있지 않다.**

이것은 나아가 저가 본래 바깥 경계가 없고 마음이 있다고 계교함을 파하고 있다. 첫 구는 저의 계교를 중첩하고, 뒤의 두 구는 과실을 드러내며, 제4구는 맺어 파한다.

네가 계교함과 같이 소지所知의 경계가 없이도 마음이 생함이 있다면, 곧 병난 눈으로 터럭을 보는 곳에 대하여 병 없는 눈으로 그곳을 따라 관하게 하면 또한 응당 모발을 보는 식을 일으키는 모순이 있다. 그러나 모발이 있는 곳에 대하여 청정한 눈은 모발을 봄이 없는 연고로 외경이 없는 마음은 있지 아니하다.

若謂淨見識功能 未成熟故識不生 약위정견식공능 미성숙고식불생
非是由離所知法 彼能非有此不成 비시유리소지법 피능비유차불성

만약 청정한 견의 식과 공능이 성숙하지 않아서 모발을 본 식이 생하지 않으며
이것은 대상 경계의 법을 여읨 때문이 아니라고 말하면 저의 공능이 성숙함이 없기에 이로써 식이 생김도 이루지 못한다.

위 세 구는 저가 구제함을 보이고, 아래 한 구는 파하여 구제한다.

네가 구제하여 이르되, 청정한 눈은 모발을 보는 착란식의 공능이 미성숙함을 말미암은 연고로 모발을 보는 식이 생하지 아니하는 것이지, 보는 바 모발의 경계가 없음을 인함이 아니다.

이에 저를 파하여 이르되, 네가 이른바 저의 자성이 공하지 않는 공능은 나도 오히려 있음을 허락하지 아니하는데 어찌 저로써 인을 삼는가? 이는 능히 식이 생기는 관점을 세우는 것도 완전히 이루지 못하는 과실이 있다. 이것이 소위 공능은 곧 유식에서 종자를 설한 것이다.

已生功能則非有 未生體中亦無能 이생공능즉비유 미생체중역무능
非離能別有所別 或石女兒亦有彼 비리능별유소별 혹석녀아역유피

이미 생겼으면 공능이 있지 아니하고
또한 생기지 않은 체의 가운데에 공능이 없으며
능히 구별함을 여의고 구별되는 바가 있거나
혹은 석녀의 아이 또한 저에 있음도 아니다.

이는 삼세 동안 그 공능을 추구해도 얻을 수 없음이다. 네가 설한 바가 식을 생하는 공능을 말한다면, 만일 식이 이미 생겼으면 공능이 무슨 소용이리오? 그러므로 공능은 있지 않다. 만약 식이 생기지 아니하면 식의 체(識體) 역시 생하지 않고 이 식을 생하는 공능 또한 없다. 사람이 자식이 있으면 바야흐로 능히 자기 자식의 부모가 된다고 말하는 것과 같다.

이 식이 있음이 필요하면 곧 능히 구별하는 것이 필요하며, 이것이 이 식을 생하는 공능이다. 능히 구별할 수 있는 식이 없으면 곧 구별되는 바의 공능도 없다. 만약 능히 구별을 여읜 구별되는 바가 있음을 허락한다면, 또한 응당 석녀石女가 아이를 낳는 공능을 허락해야 하는데, 둘은 모두 구경에는 없는 것이기 때문이다.

**若想當生而說者 旣無功能無當生** 약상당생이설자 기무공능무당생

**만약 당래 생을 생각하여 식이 있다고 설한다면 이미 공능이 없으면 당래 식의 생김도 없다.**

위의 문구는 저의 구제함을 중첩하며 아래 구는 그 과실을 나타낸다.

저가 구제하여 이르되, 비록 식이 아직 생기지 않았어도 식이 생김이 당연한 연고로 식을 생기게 하는 공능이라고 호칭한다고 하며, 밥을 지음에 익지 않아도 끓는 쌀이라고 말하지 않고 밥을 짓는다고 말하며, 베를 짜되 완성되지 않아도 실을 짠다고 말하지 않고 베를 짠다고 말한다. 이는 마땅히 밥이 되고 베가 되기 때문이다.

이로써 저를 파하여 이르되, 쌀과 실이 있음으로써 마땅히 밥과

베가 이뤄지는 연고로 밥과 베를 가설假說할 수 있다. 네가 설하는 바의 공능은 오히려 성립하지 않지만 어떤 물건을 의지하여 말하면 저 물건이 마땅히 식을 생기게 함이 있는가? 만약 밥과 베가 거짓으로 있어서 바로 비유로 삼을 수 있다고 말하고 또한 밥과 베가 실로 있다고 말하면 곧 비유 역시 성립되지 않는다. 나는 너의 식이 있지 않다고 말하고, 너는 공능이 있으면 능히 식을 생한다고 말한다. 나는 너의 식識이 있지 않다고 말하고, 너는 능히 식을 생기게 하는 공능이 있다고 말한다. 나는 너의 공능이 있지 않다고 말하고, 너는 말하길 마땅히 식을 생기게 하므로 공능이 있다고 한다. 식을 말할 때 공능으로 증명을 삼고 공능을 말할 때 또 식으로 증거를 삼으나, 두 가지의 인이 함께 가장 적합함을 이루지 못하므로 고르게 능히 성립할 수 없는 것이다.

**若互相依而成者 諸善士說卽不成** 약호상의이성자 제선사설즉불성

**만약 상호 의지하여 식이 성립한다는 것은 모든 보살이 곧 이루지 못한다고 설한다.**

만약 네가 능생能生의 공능을 대대待對하여 생기는 바의 식이 있고, 생기는 바의 식을 대대하여 능생의 공능이 있다고 말하면 두 가지의 상호 관대觀待가 성립된다. 용수와 제바 같은 보살들은 상호 관대하여 이뤄진 것은 곧 자성이 성립되지 않는다고 말한다. 네가 설한 바 성립함(成)은 내가 설한 바 성립하지 않음(不成)이고, 너와 내가 설함이 서로 부합한다면 다시 논쟁할 곳(處)이 없다.

若滅功能成熟生 從他功能亦生他 약멸공능성숙생 종타공능역생타

만약 이미 멸한 식의 공능이 성숙하여 생긴다면
다른 공능을 좇아서 또한 다른 것이 생겨난다.

이는 과거식過去識의 공능을 파하는 것인데, 위의 구는 저의 계교를 중첩하고 아래 구는 저의 과실을 드러낸다.

만약 네가 종자와 현행이 훈습하여 생기는 이치로 전식前識이 멸한 후에 훈습하여 이루는 공능이 있어 이 공능이 성숙하여 능히 후식後識을 생한다고 말한다면, 여전히 타를 좇아 타가 생김이다. 이는 안식이 멸한 공능이 또한 응당 이식耳識을 생기게 하고, 장씨張氏의 3식이 멸한즉 응당 이씨李氏의 4식이 생기게 한다고 함과 같다.

諸有相續互異故 一切應從一切生 제유상속호이고 일체응종일체생

모든 상속이 있는 것은 서로 다른 연고로 일체는 응당 일체를 좇아 생긴다.

이는 거듭 구제함을 파함이다.

상속이 있는 자는 상속에 대해 이름을 세운다. 한 꾸러미 구슬과 같은 것을 일상속一相續이라고 명하는데, 이 가운데 하나하나의 구슬이 상속이 있다고 설한다.

저가 구제하여 이르되, 이미 멸한 안식眼識의 공능과 안식은 동일한 상속인 고로 전식이 멸하면 능히 후식을 낸다. 안식과 이식은 장씨의 3식과 이씨의 4식이며 한 상속이 아닌 연고로 이(此)가 멸하여 저(彼)를

생기게 할 수 없다.

저를 파해 이르되, 비록 너의 전식과 후식이 동일한 상속임을 허락해도, 전념과 후념의 마음이 바로 한 알 한 알의 구슬과 같아서 각각 서로 다르며, 전식이 후식을 생함은 여전히 타를 좇아 타가 생김이니, 앞에서 타생이 나타낸 바의 일체가 일체를 생하는 등 과실이 있게 된다.

**彼諸刹那雖互異 相續無異故無過** 피제찰나수호이 상속무이고무과
**此待成立仍不成 相續不異非理故** 차대성립잉불성 상속불이비리고

저 모든 찰나가 각기 다르고 상속이 다름이 없는 연고로 과실이 없다.
이 관대로 성립함은 여전히 성립하지 못하니
상속이 다름이 없음은 이치가 아니기 때문이다.

위 두 구는 저의 구제함을 드러낸 것이고, 아래 두 구는 파함이다.

저가 구제해 이르되, 일상속 중에 모든 찰나의 생각 생각의 마음이 비록 서로 다르더라도 상속은 하나이고 다른 성품이 없는 연고로 타를 좇아 생기는 과실이 없다.

이에 저를 파해 이르되, 이른바 상속은 오히려 관대하여 성립하고 저로써 인이 되니 여전히 너의 종宗이 성립될 수 없다. 상속과 상속 있음이 각기 체가 있고 응당 구슬을 꿴 것 같아서, 구슬이 없어도 노끈은 있듯이 '상속 있음'을 여의어도 응당 '상속'은 있고, 독립적으로 얻는다. 현금現今에 생각 생각이 각기 다른 마음을 여의고 독립적으로 상속하는 마음은 없는 연고로 네가 이른 바의 상속은 응당 생각 생각의

마음과 다름이 없음을 허락한다. 만약 생각 생각의 마음과 다름이 없음을 허락하면 곧 한 상속인의 전 찰나의 체가 후 찰나의 체와 다르며 타생의 허물을 면하지 못하므로 이치가 아니다.

**如依慈氏近密法 由是他故非一續** 여의자씨근밀법 유시타고비일속
**所有自相各異法 是一相續不應理** 소유자상각이법 시일상속부응리
**자씨와 근밀의 법을 의지함과 같아서 타를 말미암은 연고로 한 상속이 아니고**
**모든 자상의 각기 다른 법이 한 상속이라 함은 이치에 맞지 않다.**

이는 비유로써 일상속一相續을 이루지 못함을 나타낸다. 자씨慈氏와 근밀近密은 이름인데, 장삼이사張三李四를 말함과 같다. 자씨에게 있는 색온色蘊과 근밀에게 있는 색온이 의지하는 바가 같지 않은 연고로 일상속이 아니다. 이같이 네가 전념의식과 후념의식이 자상自相이 각기 다르고 동일한 때가 아님을 계교하여 일상속이라고 말함은 도리어 맞지 않다.

**能生眼識自功能 從此無間有識生** 능생안식자공능 종차무간유식생
**卽此內識依功能 妄執名爲色根眼** 즉차내식의공능 망집명위색근안
**능히 안식을 내는 자체 공능은 이 무간을 좇아서 식의 생김이 있고**
**곧 이 내면 의식이 공능을 의지하여 망녕되게 집착함을 색근안이라고 이름한다.**

이하 세 편의 게송은 유식이 거듭 저의 종宗을 편 것인데, 이 게송은 식을 여읨이 없는 근根을 나타낸 것이다.

아뢰야식 중에 안식을 내는 공능이 있다. 이 공능의 성숙에 의지하면 한 찰나에 안식이 생하여 일어나는데, 곧 이 안 마음(內心)의 식이 일어나는 때에 의지하는 바의 공능에 대하여 알지 못하는 자는 망령되이 집착하여 청정색(淨色)을 체의 안근으로 삼는데, 실로 식을 여읨이 없는 안근이 된다. 눈과 귀 또한 이와 같다.

此中從根所生識 無外所取由自種 차중종근소생식 무외소취유자종
變似青等愚不了 凡夫執爲外所取 변사청등우불요 범부집위외소취
如夢實無餘外色 由功能熟生彼心 여몽실무여외색 유공능숙생피심
如是於此醒覺位 雖無外境意得有 여시어차성각위 수무외경의득유

이 가운데 근을 좇아 생긴 바 식은 바깥으로 취한 바 없이 자종自種을 말미암아
청 등의 색으로 변함을 우치자는 알지 못하며 범부는 집착하여 바깥으로 취한 바를 삼으니
꿈에 실로 나머지 바깥 색이 없음과 같이 공능의 성숙을 말미암아 저 마음이 생기고
이같이 이에 깨어난 분상에 있어서 비록 외경의 자체는 없으나 뜻은 얻음이 있다.

이 두 게송은 식을 떠난 경계는 없음을 나타낸다. 이 가운데 유식종에 대하여 말한다.

안근을 좇아 생긴 바의 식은 바깥 경계(處境)가 없다. 다만 자체 종자를 말미암아 청황적백, 방원장단 등의 상으로 변하나, 어리석은 이는 유식이 변한 바인 줄 모르고 집착하여 바깥 경계로 삼는다. 마치 꿈속에 실로 산하대지가 없으나 공능의 성숙을 말미암아 산하대지를 보는 것과 같은 마음이 생김과 같다. 이같이 잠에서 깨어날 때 비록 바깥 경계는 없으나 의식은 외경의 현현과 유사한 것이 있음을 얻는다.

이는 위의 글에서 여러 방면으로 힐난하여 저가 반복하여 구제함을 설했으나 성공하지 못했기에 너는 우리 유식종의 뜻에 통달하지 못했다고 말하며, 거듭 주장을 설하여 편다. 첫 번째는 근이 없이 식이 생김을 나타내고, 두 번째는 경계 없이 또한 식이 생김을 나타낸다.

**如於夢中無眼根 有似青等意心生** 여어몽중무안근 유사청등의심생
**無眼唯由自種熟 此間盲人何不生** 무안유유자종숙 차간맹인하불생

**꿈 가운데에 안근이 없고 청색 등과 같은 뜻의 마음이 생겨남이 있어서 눈 없이 오직 자종이 성숙함 때문이라면 이 사이에 맹인은 어찌 안식이 생기지 않는가?**

이 아래 4송은 저 펴는 바의 뜻을 거듭 파한다. 위 3구는 저의 계교를 중첩하고, 제4구는 저를 힐난한다. 꿈속에 안근이 없는 것 같으나 다만 자종自種이 성숙함을 말미암은 연고로 청색 등 바깥 경계의 의식이 생기는 것과 같다. 여기서 깨어날 때 맹인은 또한 안근이 없는데 어찌 안식을 내지 못하는가?

若如汝說夢乃有 第六能熟醒非有 약여여설몽내유 제육능숙성비유
如此無第六成熟 說夢亦無何非理 여차무제육성숙 설몽역무하비리
만일 네가 꿈속에 있고 제6의식 공능이 성숙한 것이 깬 때에 없다고 말하면
이같이 제6 공능 성숙이 없음이 꿈속에 또한 없다고 말하면 어찌 이치가 아닌 것인가?

위의 구는 저 쪽의 구제를 중첩하고 아래 한 구는 힐난함이다.

네가 잠을 잘 때 안근이 없으나 제6의식 공능의 성숙이 있는 연고로 꿈에 보이는 외경이 있으며, 맹인은 안근이 없고 깨어날 때 또한 제6의식 공능의 성숙이 없는 연고로 바깥 경계를 보지 못한다고 말한다. 만약 깨어날 때에 제6의식 공능의 성숙이 없으면 어찌하여 잠잘 때 제6의식 공능의 성숙이 있겠는가? 이미 함께 원인이 없음과 같아서 나는 잠잘 때 또한 제6의식 공능의 성숙이 없다고 말하는데, 이 또한 어찌 불가할 것인가? 만약 꿈속에 있으면 깨었을 때 또한 응당 있는 것이다.

如說無眼非此因 亦說夢中睡非因 여설무안비차인 역설몽중수비인
是故夢中亦應許 彼法眼爲妄識因 시고몽중역응허 피법안위망식인
설함과 같이 눈이 없음이 이 원인이 아니며
또한 꿈속에 수면력이 인이 아니라고 설하는데
이런 연고로 꿈 가운데 또한 응당 허락하면
저 법과 안근이 허망한 식의 인이 된다.

위의 구절은 저의 계교이고 아래 삼구는 파함이다.

네가 능히 깰 때 눈이 없으며 이것이 제6의식 공능 성숙의 인이 아니고 꿈 가운데 수면력이 이에 제6의식 공능 성숙의 인이라고 말하는데, 어찌하여 수면이 능히 제6의식 공능 성숙의 인이 되는가? 만약 네가 이를 설명하지 못하면 수면이 곧 저의 성숙의 원인이 아닌 것이 된다. 만약 네가 인이 없이 수면이 꿈 가운데 의식의 인이 된다고 말하면 어찌 저 꿈 가운데 보는 바의 산하대지 등 법과 안근이 허망의식의 인이 됨을 허락하지 않는가? 또한 허망한 근根과 경境이 꿈속의 망령된 식識의 인因이 됨을 허락할 수 있다.

**隨此如如而答辯 卽見彼彼等同宗** 수차여여이답변 즉견피피등동종
**如是能除此妄諍 諸佛未說有實法** 여시능제차망쟁 제불미설유실법
**이를 따라 여여하게 답변하고 곧 저것을 보는 저것 등은 같은 종이며 이같이 이 망령된 다툼을 제거하니 모든 붓다께서 실법이 있음을 설하지 않는다.**

이는 총결하여 그 그릇됨을 꾸짖는 것이다. 이 유식종의 사람이 이렇게 저렇게 답변함을 따라서 저가 예로 드는 일체 원인과 비유가 저 세운 바의 종과 같이 균등하게 대대함으로 성립하는가를 총결하여 살펴본다.

유식종은 실로 있는 법을 설하고 공종은 일체의 실법을 허락하지 않기에, 공종에서는 결코 극성인極成因의 비유로 얻을 것이 없다. 따라서 예로 드는 인因의 비유로 고루 성립하지 않는다. 원인과 비유가

없는 연고로 세운 바 종宗은 결코 이룰 수 없기에 경계 없는 오직 마음뿐이라는 망령된 논쟁을 마땅히 그치게 된다.

또한 오직 공종만이 일체법이 실이 아님을 설한 것이 아니라, 모든 부처님 또한 실로 있는 법(有實法)을 설하지 않으셨고, 붓다께서 삼계가 오직 식이라고 설하심은 십이인연의 무명이 행을 인연하고 행은 식을 인연함을 의거하기 때문이다. 식으로써 삼계생사의 원인을 삼는 연고로 삼계유식이라 설하였을 뿐, 유식이 실법이라고 설하지 않으신 것이다.

**諸瑜伽師依師教 所見大地骨充滿** 제유가사의사교 소견대지골충만
**見彼三法亦無生 說是顚倒作意故** 견피삼법역무생 설시전도작의고

모든 유가사가 스승의 가르침을 의지하고 대지에 백골이 충만한 무상법을 보며
저 삼법三法도 생함이 없음을 보는데, 전도로 지어진 것이기 때문이라고 설한다.

이는 거듭 구제함을 파한다.

저가 구제해 이르되, 모든 부처님 제자들은 스승의 가르침을 의지하여 부정관不淨觀을 수행하고 관이 이루어진 때에는 곧 대지에 백골이 충만함을 본다. 이 보는 바의 백골은 바깥 경계가 있지 않고 부정관은 있으니, 경계가 없고 마음이 있음을 본다.

이에 저를 파해 이르되, 저 부정관을 닦는 모든 유가사와 모든 백골과 그 근경식根境識 3법은 다 자성이 없는데, 관상(定) 가운데

안식이 없기 때문이다. 저가 능히 보는 안식은 다 거짓인 줄 마땅히 안다. 안식이 거짓인 연고로 안근 또한 가짜이며, 근식이 거짓인 연고로 보는 바의 경계 또한 거짓이다. 붓다께서 또한 부정관은 전도된 작의作意라고 설하신 연고로 경계를 여윈 실유하는 내식內識이 있는 것이 아니다.

**如汝根識所見境 如是不淨心見境** 여여근식소견경 여시부정심견경
**餘觀彼境亦應見 彼定亦應不虛妄** 여관피경역응견 피정역응불허망
**너의 근식이 보는 바의 경계는 이같이 부정한 마음으로 경계를 봄이고 다른 이가 저 경계를 관하여 백골을 보면 저 정定은 또한 응당 허망함이 아니다.**

이 게송은 반대로 힐난한다. 네가 부정관식不淨觀識이 실로 있다고 설하면, 기타 부정관을 닦지 않는 사람이 부정관식이 보는 바의 백골의 경계를 관함에, 또한 응당 백골을 보면 함께 경계는 없고 식이 있음을 허락함이 된다. 너의 몸의 근식이 보는 바의 경계와 같이 한 사람이 능히 보면 다른 사람도 능히 본다. 그러나 부정관을 닦지 않는 자는 실로 백골을 보지 못하므로 네가 설한 바는 이치에 맞지 않다. 또 네가 저 부정관식이 실로 있다고 말하면 저 정定은 응당 허망하지 않으니 또한 붓다께서 부정관은 전도 작의의 가르침이라고 말씀하심에도 어긋난다.

**如同有翳諸眼根 鬼見膿河心亦爾** 여동유예제안근 귀견농하심역이

눈병이 있는 모든 안근과 같아서 귀신이 강물을 고름으로 보는 마음 또한 그러하다.

이 유類는 나머지 비유를 파한다.

유식종의 사람이 또 말하되, 붓다께서 일찍이 비유를 들어 이르시되, 사람이 맑은 물로 보는 것을 귀신은 고름 개울로 보며, 물고기가 집으로 보는 것을 천인은 유리로 보며, 공의 삼매를 익히는 자는 공으로 보니, 같은 경계라도 마음 따라 보는 바가 같지 않다. 곧 경계는 없고 마음이 있음을 알게 된다.

붓다께서 이 비유 중에 오직 경계가 실이 아니라고 설하고 저를 보는 마음이 실로 있다고 설하지 아니하신다. 그래서 저를 파하여 이르되, 동일한 경계 위에서 업력으로 인하여 업도의 보는 바가 같지 않다. 전에 모발의 경계가 없음을 설함과 같아서 병남의 힘으로 말미암아 병난 눈으로 털이 있음을 본다. 귀신이 고름 개울을 봄은 마음에 실로 있음이 아니며, 또한 병난 눈으로 터럭을 봄과 같아서 마음이 실로 있는 것이 아니다.

**總如所知非有故 應知內識亦非有** 총여소지비유고 응지내식역비유

총결하면 외경 소지법의 자성이 있지 아니한 연고로, 응당 안의 식도 또한 자성이 있지 않음을 안다.

이 두 구는 총합하여 파한다.

'아는 바(所知)'는 경계를 말한다. 만약 마음이 있다고 말하면 경계

또한 응당 있다. 만약 경계가 없다고 말하면 마음 또한 응당 없으니, 둘이 차별이 없는 연고이다.

若離所取無能取 而有二空依他事 약리소취무능취 이유이공의타사
此有由何能證知 未知云有亦非理 차유유하능증지 미지운유역비리

만약 취하는 바를 여의고 능취가 없으며 둘이 공한 의타사가 있다고 하면
이 있음은 무엇을 말미암아 증명하여 아는가? 알지 못하여 있다고 말함 또한 이치가 아니다.

이 아래는 의타기성[88]이 실로 있음을 파한다. 위 두 구는 저의 계교를 중첩하고, 다음 두 구는 저 원인을 반박한다.

만약 네가 이체異體의 능취와 소취가 없고 2취가 공한 의타기성이 있다고 말하면, 이미 능취와 소취가 없는데 이 의타기성이 무엇을 인하여 그 있음을 증명해 아는가? 만약 알지 못하면서 있다고 말하면 이는 옳은 이치가 아니다.

彼自領受不得成 若由後念而成立 피자령수부득성 약유후념이성립
立未成故所宣說 此尚未成非能立 입미성고소선설 차상미성비능립

저 자기 식이 자체를 받아들임을 이루지 못하며 만약 후의 억념을 말미암아 자증분自證分이 성립한다고 하면

88 마음과 심소, 변하여 나타나는 바가 여러 인연이 모아져서 생긴 바로 환과 같으며, 있는 것 같지만 있지 않고 범부를 미혹하게 하는 것을 말한다.

성립이 이뤄지지 않기에 펴 설하는 바이니 억념은 오히려 자증분의 능립能立이 아니다.

이는 자증분自證分[89]을 파함이다. 유식종 학자는 2취는 이미 거짓이고 반드시 다른 것에 의지하여 일을 일으키는 것(의타기사依他起事)이 필요하니, 2취 분별의 의지하는 바가 된다고 여긴다. 마치 병이 거짓이고 반드시 진흙이 의지가 되니 허공을 의지하고 가립假立하여 병을 삼지 못하는 것과 같다. 노끈을 뱀으로 여기는 것이 거짓임을 알지만 실지로 필히 노끈을 의지하여 착각을 일으키니, 노끈이 없는 곳에서는 뱀의 착각을 일으키지 못한다.

저가 능취와 소취를 설하지 않고 서로 관대觀待하여 거짓으로 있음을 말미암아서, 스스로 2취가 공한 의타기의 말을 여읜 자성인 내심에 집착하여 2취가 의지하는 바로 삼는다. 그러나 이미 말을 여읜 자성을 이르면 무슨 연유로 앎이 있는가? 앞의 게송에서 논박한 바와 같아서, 유식종에서 해석하여 말하되 곧 자심自心을 말미암아서 있음을 안다.

만약 다른 마음을 말미암아 앎이 있으면 이는 곧 다함이 없다. 고로 이르되, 이 마음은 스스로 능히 증명하여 아나니, 이 스스로 아는 마음을 자증분이라 이름하며 곧 식의 체이다. 그러므로 이 첫 구에 저를 파하여 이르되, 저 자증분은 자체를 받아들이지 못하고 작용이 자체에 전달되지 못하니, 비유하자면 칼은 스스로를 베지 못하고 손가락은 스스로에게 닿을 수 없으며 불은 스스로를 태우지

89 식의 자체분으로 자각함을 증명하여 아는 작용을 한다.

못하고 등불은 스스로는 비추지 못하니, 따라서 마음 또한 스스로 반연하지 못하는 것이다. 마음이 스스로 반연하지 못하면 어떻게 스스로 자체自體를 보겠는가?

제2구는 저의 구제를 중첩한 것이다. 유식종에서 구제하여 이르되, 뒤를 말미암아서 능히 앞의 아我가 일찍이 본 경계를 기억하고 자증분이 있음을 정한다. 만약 앞에서 경과하지 않았다면 경계는 반드시 기억하지 못한다. 만약 지금 내가 어제 본 모종의 경계를 기억한다면, 어제 그것을 볼 때에는 반드시 일찍이 "내가 모 경계를 보았다"는 마음이 있다. 경계를 보는 자가 마음이 되고 이 마음이 또한 다른 마음의 받아들임이 된다면 이는 곧 무궁하다. 그래서 저의 경계를 보는 마음은 자체가 자체를 영납領納하며(받아들이며) 이는 곧 허물이 없다고 한다. 『성유식론成唯識論』, 『인명론因明論』에서 고루 이같이 해석하고 있다.

이에 저를 파하여 이르되, 네가 이른바 후념後念이라는 것은 실로 있는 것인가, 아닌가? 후념이 거짓으로 있다고 이르면, 이미 유식에서 허락하는 바가 아니고 또한 실로 있는 자증분을 증명하여 이르지 못한다. 만약 실로 있으면 또 우리가 허락함이 아니다. 따라서 만약 후념으로써 인을 삼고 이루지 못한 자증분을 성립하면, 펴서 설한 바의 후념의 인이 극성極成이 아닌 연고로 족히 능립인能立因이 되지 못한다.

**縱許成立有自證 憶彼之念亦非理** 종허성립유자증 억피지념역비리
**他故如未知身生 此因亦破諸差別** 타고여미지신생 차인역파제차별

**비록 자증분이 있음이 성립한다 해도 저를 기억하는 생각이 또한 이치가 아니며**
**타체이기에 타의 몸이 생긴 것을 알지 못함과 같고 이 인因(이론) 또한 모든 차별을 파한다.**

이는 후념後念을 파하면서 또한 곧 자증自證을 파한 것이다.

너의 자증은 후념을 의지하여 인을 삼아서 세운 것인데, 후념이 성립하지 않기에 자증이 성립하지 않는다. 지금 네가 자증이 이미 성립한다고 허락하나 자증으로써 인을 삼아서 후념을 내면 이 또한 이치가 아니다. 자증분은 저 후념과 다른 체(異體)이기 때문이다. 설령 자증분이 능히 후념을 생生함을 허락해도 이미 아는 자에 대하여 능히 후념을 이끌어 내어 알지 못하는 자에 대하여 응당 또한 능히 저 생각을 이끌어 내니, 그 이체가 되는 것은 같은 연고이다. 그러나 자씨慈氏가 아는 바를 현량으로 보고 근밀近密이 기억하지 못하니, 너의 설함은 이치가 아니다.

'모든 차별(諸差別)'이라는 것은 이런 종류의 변계 집착과 이른바 능히 생하는 인, 인과법, 일상속一相續 등을 말함이다. '이 인(此因)'이라는 것은 '시타고是他故'의 인을 말함인데, 곧 이것은 이체 연고의 인으로써 능히 위의 나열한 모든 계교를 통틀어 파한다.

**由離能領受境識 此他性念非我許** 유리능령수경식 차타성념비아허
**故能憶念是我見 此復是依世言說** 고능억념시아견 차부시의세언설

**능히 경계를 받아들임을 여읜 식인 이 타성의 생각이 내가 허락함이**

아니기 때문에
능히 억념함은 이것이 곧 아소견이고 이는 다시 세간의 언설을 의지한 것이다.

이는 반복하여 힐난함을 답한다.

유식종 사람이 힐난하여 이르되, 네가 자증이 이끌어 낸 후념을 허락하지 않으면 너의 중관념中觀念의 심소心所는 어떻게 생기는 것인가?

이에 답해 이르되, 관대하여 거짓으로 생한다. 앞에 경계를 보는 마음으로 인하여 후념을 이끌고, 후념에 인연한 연고로 앞의 경계를 봄을 알며, 둘이 서로 관대하여 있는 것이다. 따라서 나는 경계를 받아들이는 식에게 타성(이체) 후념을 여의는 것이 있음을 허락하지 않으며, 아견지념我見之念의 심소를 억념하는 것이 거짓으로 있음을 허락한다. 이것은 세간 언설을 의지하여 억념이 있음을 허락한 것이지 자성의 후념이 있음을 허락한 것이 아니다.

**是故自證且非有 汝依他起由何知** 시고자증차비유 여의타기유하지
**作者作業作非一 故彼自證不應理** 작자작업작비일 고피자증불응리
이런 연고로 자증은 또 있지 않고, 너희 종의 의타기가 자성이 있음을 무엇을 말미암아 아는가?
짓는 자와 짓는 업과 작용이 하나가 아닌 연고로 저 자증분은 이치가 아니다.

너는 자증분을 말미암아 의타기依他起가 있음을 알고, 또 후념을 말미암아 자증분이 있음을 증명한다고 말한다. 지금에 후념은 이미 성립되지 않는즉 자증분은 오히려 또한 있지 아니하니, 무엇을 말미암아 의타기가 있음을 아는가? 만약 자증분을 말미암아 스스로 있음을 안다고 말하면 도리에 맞지 않고 능지, 소지 및 작용의 3자는 응당 하나가 아니니, 능히 지음(能作)과 짓는 바(所作)와 작용作用이 응당 하나가 아님과 같다.

**若旣不生復無知 謂有依他起自性** 약기불생부무지 위유의타기자성
**石女兒亦何害汝 由何謂此不應有** 석녀아역하해여 유하위차불응유
만약 이미 남이 없고 다시 앎이 없는데 의타기 자성이 있다고 말하면
석녀의 아이가 또한 어찌 너를 해칠 것이며
무엇 때문에 아이가 응당 있지 않다고 말하는가?

총결하여 의타기를 파한다.

위의 글에 이미 자생, 타생을 파한 연고로 의타기는 생김이 아니다. 이는 또한 자증분을 파한 연고로 의타기가 인因이 없음을 능히 알 수 있다. 이미 능히 생함이 아니고 또 능히 앎이 아니어서 네가 굳이 의타기가 있다고 하면 이는 이치가 없이 망령된 집착과 같고, 이는 마치 네가 석녀石女가 아이가 실로 있다고 주장하는 것이니, 무슨 연고로 네가 석녀가 아이가 있지 않다고 하겠는가?

**若時都無依他起 云何得有世俗因** 약시도무의타기 운하득유세속인

**如他由著實物故 世間建立皆破壞** 여타유착실물고 세간건립개파괴
**出離龍猛論師道 更無寂滅正方便** 출리용맹논사도 갱무적멸정방편
**彼失世俗及眞諦 失此不能得解脫** 피실세속급진제 실차불능득해탈

어느 때든 모두 의타기가 없는데 어찌 세속 원인이 실로 있음을 성립시키겠는가?
저가 실로 있는 사물로 애착함을 말미암은 연고로 세간 건립이 다 무너진다.
용수 논사의 중관의 도를 여의고는 다시 열반의 바른 방편도를 얻을 수 없으니
저는 세속제와 진제를 잃음이고 이를 잃고는 해탈을 얻지 못한다.

이 두 게송은 저 세속제를 파하는 과실을 드러낸다.

유식종은 실로 의타기성이 있음이 필요하며, 비로소 세속의 가유의 법(假法)으로 세운 명언名言의 소의所依가 있음을 말한다. 현금에 이미 실이 없는 의타기인데 유식종은 세속제의 무엇으로써 인을 삼아 세운 것인가? 이러한 연고로 저 유식종은 실로 있는 내면식(內識)의 의타기성에 집착함을 말미암아 일체 세간이 공히 허락하는 명언으로 안립한 가법을 이루는 것이 다 성립하지 못하므로 세속제를 파함이 적합하다.

용수 논사는 승의무자성으로써 세속에 인과가 있음으로 이제를 안립하고 번뇌를 끊고 해탈을 증오하는 바른 방편을 삼는다. 현금에 유식종 학자는 용수의 바른 법에서 벗어나 이미 속제를 잃고 또한 진제를 잃었는데 무엇으로 해탈을 얻겠는가?

由名言諦爲方便 勝義諦是方便生 유명언제위방편 승의제시방편생
不知分別此二諦 由邪分別入歧途 부지분별차이제 유사분별입기도
명언제를 말미암아서 방편을 삼으니 승의제는 방편으로 생긴 바의 과이며
이 이제를 분별할 줄 모르면 삿된 분별을 말미암아 사도에 들게 된다.

위 두 구는 자체로 세속제를 안립하는 이치를 해석하고, 아래 두 구는 유식종의 과실을 나타낸다.

승의제에서 비록 일체가 무자성이지만, 연기를 통달하면 바야흐로 능히 성품이 공함을 통달하고, 또한 세속제의 명언을 방편으로 삼아 곧 능히 승의제를 통달하는 고로 명언제名言諦는 방편이 되고 승의제는 방편이 생生한 과果가 된다. 유식종은 이 이제의 이치를 바르게 분별하지 못하고 마음이 실로 있고 경계가 온전히 없다는 삿된 분별에 집착하여 정도를 벗어나서 갈림길에 들어간다.

如汝所計依他事 我不許有彼世俗 여여소계의타사 아불허유피세속
果故此等雖非有 我依世間說爲有 과고차등수비유 아의세간설위유
네가 계교하는 바의 의타사에 대해 나는 저의 세속이 있음을 허락하지 않고
과를 증하기에 이런 등은 있지 않으나 나는 세간을 의지해 있음이 됨을 설한다.

이는 저가 거듭 힐난함을 파하는 것으로 자종自宗이 세운 바 세속제가

유식종과 다름을 나타낸다. 유식종은 저 종이 성립하지 못함이 이미 파破해진 것을 보고 이에 나아가 중관종을 힐난하며 이르되, 우리의 의타기성이 성립하지 못하면 너희의 세속제도 또한 응당 이뤄지지 못한다고 한다.

이런 연고로 저에 답하되, 너희 유식종이 자성의 의타기가 실로 있음을 계교하는 바처럼, 나는 이 같은 세속제가 있음을 허락하지 아니한다. 내가 설하는 바의 이러한 세속제는 비록 자성이 없으나, 중생의 무시이래의 습기와 견해가 있어 명언을 없애지 않고 해탈과를 이루는 연고로 나는 세간을 의지하여 또한 있음이 된다고 설한다.

**如斷諸蘊入寂滅 諸阿羅漢皆非有** 여단제온입적멸 제아라한개비유
**若於世間亦皆無 則我依世不說有** 약어세간역개무 즉아의세불설유

**모든 온을 끊고 열반에 든 모든 아라한이 세속 제법이 있음이 아니니 만일 세간에 또한 다 없으면 곧 내가 세간을 의지하여 있다고 설하지 않는다.**

내가 세속이 있다고 설한 것은 오직 세간을 의지하여 설함이 있음을 나타낸 것이다. 만약 세간이 다 아라한과 같아서 이미 모든 오온을 끊고 적멸한 열반에 들어간다면 세간에 현량으로 보는 일체 상이 없으니, 곧 내가 없는 세간에 의지하여 또한 세속제가 있음을 설하지 않는다.

**若世於汝無妨害 當待世間而破此** 약세어여무방해 당대세간이파차

**汝可先與世間諍 後有力者我當依** 여가선여세간쟁 후유력자아당의

만약 세간이 네게 방해가 없으면 마땅히 세간을 상대하여 이를 파하고 네가 먼저 세간과 논쟁하고 뒤에 힘 있는 세간에 나는 마땅히 의지한다.

이는 저가 세속을 파하고 세간과 서로 어김을 범하였으나 우리 중관은 범하지 않았음을 나타낸 것이다.

중관은 의타기가 자성이 없다고 말하고 승의가 있음을 관대觀待하여 설하며, 세속과 관계되지 않기에 결단코 세간과 서로 어기는 과실이 없다. 만약 너희 유식종이 세간을 관대하여 세속제를 파하면 곧 세간과 어긋나는 과실을 범한 것이다. 만약 네가 세간과 서로 어긋나는 것을 범하지 않는다면 마땅히 세간을 의지하여 세속제를 파할 수 있다. 내가 무시이래로 바로 이 세속제를 파하지 못해서 생사에 윤회한다. 따라서 네가 먼저 세간과 논쟁을 시도하고 최후에 만약 네가 능히 승리하는 역량이 있으면 내가 마땅히 너를 좇아 바로 이 세속제 파함을 구할 것이다. 그러나 네가 세간과 서로 어긋남을 범하는 연고로 내가 결단코 너를 좇지 않으며, 너는 나의 세속제를 파하지도 못한다.

**現前菩薩已現證 通達三有唯是識** 현전보살이현증 통달삼유유시식
**是破常我作者故 彼知作者唯是心** 시파상아작자고 피지작자유시심

현전지의 보살이 이미 현량으로 증오하고 삼유가 오직 이 식임을 통달하며
항상 있는 아가 만유의 작자가 됨을 파하는 연고로 저는 세간의 작자가 오직 마음인 줄을 안다.

이는『화엄경』의 뜻과 통하는 것으로 우리 종宗이 교를 어기는 과실이 없음을 나타낸다.

『화엄경』에서 현전지보살現前地菩薩이 삼계가 유식임을 통달한 자라고 설함은 외도가 집착하는 바인 '상아常我'가 지은 것을 파하는 것이며, 저 육지보살이 지은 것이 '오직(唯)' 이 '마음(心)'임을 앎을 설한 것이다. '유唯'는 외도가 집착하는 바인 항상 있는 '아' 등을 간별함이고 바깥 경계를 간별함은 아니다.

故爲增長智者慧 遍智曾於楞伽經 고위증장지자혜 변지증어능가경
以摧外道高山峰 此語金剛解彼義 이최외도고산봉 차어금강해피의
各如彼彼諸論中 外道說數取趣等 각여피피제론중 외도설수취취등
佛見彼等非作者 說作世者唯是心 불견피등비작자 설작세자유시심

고로 지혜자의 지혜를 증장하기 위해 정변지불께서 일찍『능가경』에서 외도악견의 높은 아만 산의 봉우리를 부수고 이 언어의 금강으로 유식의 뜻을 해석하며
각기 저들의 모든 논 중에 외도가 보특가라 등을 설함과 같이
붓다께서 저 등이 작자가 아님을 보고 세간을 짓는 자는 오직 마음이라고 설한다.

이것은『능가경楞伽經』으로써『화엄경』에 설한 바 오직 마음이라 한 것이 외도가 지은 것(作者)을 파하는 것임을 증명하는 것이다.

『능가경』에서 이르되, "나머지 보특가라는 종종 온蘊, 상속相續, 연緣, 진塵, 자성自性, 자재自在 등을 취해 말하고, 우리는 오직 이

마음만 설한다"라고 하고, 나머지는 외도 등이라고 말한다. 붓다께서는 저들이 집착하는 바 일체 세간을 만드는 인은 다 세간의 지은 것이 아니고 오직 마음이 세간의 지은 것이 된다고 설하신다.

이 사이의 제2송은 『능가경』 게송문의 뜻을 인용한 것이다. '고산의 봉우리(高山峰)'는 외도의 사견 집착을 비유하고 '금강金剛'은 불어佛語를 비유한다. 금강저金剛杵가 능히 큰 산을 부수는 연고이다. 이 『능가경』 송문은 또한 저 『화엄경』의 뜻을 해석할 수 있는데, 이미 『화엄경』에서 설한 바 '유심唯心'이라는 것을 해석하는 것에 더해 지혜를 늘려주는 고로, 다시 붓다께서 『능가경』의 설한 바를 인용하여 『화엄경』에서 설한 유심을 증명함으로써 외도가 지은 바를 파하는 것이지 외색外色을 파함이 아니다.

**如覺眞理說名佛 如是唯心最主要** 여각진리설명불 여시유심최주요
**經說世間唯是心 故此破色非經義** 경설세간유시심 고차파색비경의

**진리를 깨달음은 붓다라 명한다고 말하고 이같이 오직 마음이 가장 중요하며**
**경에 세간이 오직 마음임을 설하는 연고로 색을 파하는 것은 경의 뜻이 아니다.**

이는 유심이라는 말에 글을 생략함이 있어, 세간에서 '유심이 가장 주요함'을 설함을 구족함이 있어 그로써 지은 것이 됨을 해석한 것이다. 유심이라고 설하는 것은 '가장 중요함(最主要)'의 세 글자를 생략하고 말하는 것이다. 비유하면 불佛은 '깨달음(覺悟)'의 뜻이고, '진리를

깨달은' 자를 '불佛'이라 명하며, 불佛을 설함은 장차 '진리眞理' 두 글자를 생략하고 가는 것과 같다. 그러므로 유식종은 여기서 설한 바 '유심'이 외색을 파함이 되나, 경의 뜻은 아니다.

**若知此等唯有心 故破離心外色者** 약지차등유유심 고파리심외색자
**何故如來於彼經 復說心從癡業生** 하고여래어피경 부설심종치업생
만약 이런 등이 오직 마음임을 아는 연고로 마음을 여읜 밖의 색을 파하는 것인데
무슨 연고로 여래가 저 경에 다시 마음이 우치한 업을 좇아 난다고 설하는가?

이는 반대로 저를 힐난한 것이다.

만약 네가 설함과 같다면: 붓다가 일체법이 오직 마음이 있음을 아는 연고로 유심이라고 설한 것이 마음을 여읜 바깥 색(外色)을 파한 것이라면 어떤 연고로 여래가 『화엄경』에서 마음이 우치(癡) 및 업業을 좇아 남을 다시 설하는가? 6지가 12인연을 설하는 것처럼 무명無明이 행을 연하고, 행은 식을 연하는 등을 설하면서 어찌 오직 식지識支만을 설하지 않는가? 아울러 그 나머지 십일지는 어떠한 쓰임인가를 설함이 필요한가? 또 식은 반드시 무명, 행 등 전도인연顚倒因緣을 대대하여 생하고 연이 없으면 생하지 않는 고로 또한 마땅히 자성이 있지 아니함을 안다.

**有情世間器世間 種種差別由心立** 유정세간기세간 종종차별유심립

**經說衆生從業生 心已斷者業非有** 경설중생종업생 심이단자업비유

유정세간과 기세간의 가지가지의 차별이 마음을 말미암아 세워지고 경에 중생이 업을 좇아 생한다고 설하며 마음이 이미 끊어진 자는 업이 있지 않다.

이는 유심이 주요한 뜻임을 해석한다.

『보적경寶積經』에 설하되, "유정의 업력을 따라 때에 응하여 흑산黑山을 일으키니 지옥과 천궁에 검림劍林과 보배나무(寶林)가 있음과 같다." 이는 곧 세간의 가지가지 차이가 마음으로써 주가 된다는 뜻이고 또한 곧 마음은 짓는 자(作者)이 된다는 뜻이다. 따라서 붓다가 유심이라고 설함은 마음을 여읜 짓는 자를 파함이고, 마음을 여읜 색법色法을 파함이 아니다. 비유하면 두 왕이 왕위를 다툼은 이긴 자가 오직 국왕을 쫓아내고 자신이 인민을 통치하고자 함이지 국내의 인민을 가려서 쫓아내고자 함이 아닌 것과 같다. 짓는 자의 지위는 왕위와 같음을 비유하고, 마음 밖의 나머지 일체법은 인민과 같음을 비유한다.

**若謂雖許有色法 然非如心爲作者** 약위수허유색법 연비여심위작자
**則遮離心餘作者 非是遮遣此色法** 즉차리심여작자 비시차견차색법

만약 비록 색법이 있음을 허락하나 마음이 지은 것이 됨과 같지 않다고 말하면
곧 마음을 여읜 나머지 지은 자를 막아 보냄이고 이 색법을 막아 보냄이 아니다.

이는 저가 계교를 옮긴 것을 파한 것이다: 경전이 비록 색법이 있음을 허락해도 색이 마음과 같이 능히 짓는 것(作者)이 됨을 허락하지 않는 연고로 오직 마음이라고 설하며, 뜻은 여전히 색을 간별한다.

위 두 구는 저들의 계교를 중첩하고 아래 두 구는 파하며 이른다: 네가 이른 바와 같이 곧 '유唯' 자의 뜻은 여전히 마음을 여의는 색법이 지은 것이 아님을 막는 데에 있지, 이 마음을 여읜 색법이 없는 것이라고 말함을 막는 것이 아니다.

**若謂安住世間理 世間五蘊皆是有** 약위안주세간리 세간오온개시유
**若許現起眞實智 行者五蘊皆非有** 약허현기진실지 행자오온개비유

만약 세간에 안주하는 이치로써 세간의 오온이 다 있는 것이라고 말하지만
진실지혜를 현량으로 일으킨 것을 허락한다면 행자의 오온은 다 있는 것이 아니다.

이는 색과 마음이 함께 있고 함께 없음이 가히 경계가 없고 오직 마음임을 설할 수 없음을 총결하는 것이다. 세간의 이치로 곧 오온색심은 다 있으나, 진실한 지혜를 현량으로 일으킨 자가 보는 바로는 오온색심이 다 없다.

**無色不應執有心 有心不應執無色** 무색불응집유심 유심불응집무색
**般若經中佛俱遮 彼等對法俱說有** 반야경중불구차 피등대법구설유

색이 없음에 마음이 있다고 집착하지 않고 마음 있음에 색이 없다고 집착하지 못하며
『반야경』 중에 붓다께서 함께 공함으로 막고 저 등 대법장(구사론)에 함께 있다고 설한다.

이는 교증을 인용한 것이다. 만약 무색無色을 설하면 마음 또한 응당 없다. 『반야경般若經』에서 붓다께서 색과 마음이 함께 자성이 공하다고 설한 연고이다. 만약 마음이 있다고 말하면 색 또한 응당 있으니 『구사俱舍』, 『집론集論』 등에서 오온이 다 있다고 설하기 때문이다.

**二諦次第縱破壞 汝物已遮終不成** 이제차제종파괴 여물이차종불성
**由是次第知諸法 眞實不生世間生** 유시차제지제법 진실불생세간생
이제二諦 차제를 설사 파해도 너의 사물은 이미 파해 마침내 성립하지 못하며
이 차제로 말미암아 제법의 진실한 뜻은 본래불생이고 세간명언 중에 생함이 있음을 안다.

위 두 구는 저의 집착이 그름을 총합하여 정리한 것이고, 아래 두 구는 이 종(此宗)을 총합하여 성립시킨 것이다.

'너의 사물(汝物)'은 네가 집착하는 바의 식을 말하고, 네가 집착하는 바의 식은 이미 내가 파한 것이 되니 마침내 성립하지 못한다. 네가 비록 이제가 파해짐을 근심하지 않고 가지가지 계교 집착으로써 구제

한 것 또한 수고함뿐이다. 위에서 추론하여 관찰하는 이치로 말미암아 이로써 우리 종이 성립되니 제법이 곧 승의제의 일체가 생함이 없음이고, 세속제의 일체가 생함임을 안다.

**經說外境悉非有 唯心變爲種種事** 경설외경실비유 유심변위종종사
**是於貪著妙色者 爲遮色故非了義** 시어탐착묘색자 위차색고비요의

**경에 바깥 경계가 다 있음이 아니고 오직 마음이 변하여 가지가지 일이 됨을 설하며**
**이는 묘한 색을 탐착하는 자에게 색을 파하기 위한 방편설법일 뿐 요의는 아니다.**

이 아래 4송은 경에 유식은 불요의교不了義教라고 말한 것을 해석한다.

유식종 사람이 만약 힐난하여 이르되, 『능가경』에 이르되, 바깥 경계는 다 있지 않으며 마음이 가지가지 상으로 변하고 몸이 수용受用하는 곳과 같은 고로 내가 유심이라고 설한다. 이는 바깥 경계가 없음이고 오직 마음이 변한 것이며, 네가 설함은 『능가』 성교聖教와 더불어 서로 어긋남이 나타난다고 밝혀 말한다.

저가 이름에 답하되, 곧 『능가경』 중에 다시 송이 있어 이르되, 병든 자에게 의사가 갖가지 약을 주듯이 중생을 대하여 부처 역시 유심을 설한 것이다. 즉 저 경이 역시 이미 스스로 유심의 가르침을 설한 것은 중생을 대치하여 근기를 따라 가르침을 베풀고 방편으로 설한 것이지 요의교가 아니다.

묘색妙色에 탐착하는 유정에 대하여 저 탐착을 다스리기 위하여 색이 있지 않다고 설하고, 저 탐착하는 바의 색의 경계를 파하는 고로 유심을 설하니, 실로 색 경계가 없고 오직 실다운 마음이 있음을 설하는 것이 아니다.

**佛說此是不了義 此非了義理亦成** 불설차시불요의 차비요의리역성
**如是行相諸餘經 此教亦顯不了義** 여시행상제여경 차교역현불요의

부처님이 유식교의가 불요의라 설하고 이 요의가 아님의 이치로 증명함 또한 성립하며
이 같은 행상인 모든 나머지 경에서 이 교법이 또한 불요의설임을 나타내 보인다.

교教를 의지하여 유식이 불요의임을 이미 증명하고 이치를 의지해서도 그러하니, 그 이치는 다음 게송에 설한 바와 같다. 이로써 나머지 이와 더불어 서로 유사한 경을 예로 든다. 『해심밀경解深密經』에 설한 바와 같이 아타나식阿陀那識[90]은 매우 깊고 세밀하며 일체의 종자는 폭포수 같아 내가 범부에게 열어 펴지 않으니, 저가 분별하여 아我가 된다고 잡착함을 염려한 것이다. 또 삼성三性, 삼무성三無性 등이 다 『능가』의 가르침을 말미암아서 이는 불요의不了義임을 나타낸다고 말한다.

---

90 제8식의 다른 이름으로, 집지식執持識이라고도 번역한다.

佛說所知若非有 則亦易除諸能知 불설소지약비유 즉역이제제능지
由無所知卽遮知 是故佛先遮所知 유무소지즉차지 시고불선차소지
붓다께서 소지가 또한 있지 않다고 말하여 곧 또한 쉽게 모든 능지를 제거하게 하며
소지가 없음을 말미암아 곧 능지를 파하니 이에 붓다가 먼저 소지를 막아 파한다.

이는 그 이치를 해석한다. 붓다께서 소지경所知境이 없다고 설하시니 중생이 만약 경계가 없음을 통달하고 이를 의지하여 수행을 장구히 하면 능히 스스로 깨달을 수 있으니, 이미 외경이 없으면 어찌 내심이 있음을 얻겠는가?

붓다가 소지경이 없음을 설한 때는 곧 능지能知의 마음을 파한 뜻을 함유함을 말미암은 연고로 오직 경계를 파하는 자는 불요의 가르침임을 알고 성품의 공함이 곧 이 요의임을 함께 설한다.

如是了知教規已 凡經所說非眞義 여시요지교규이 범경소설비진의
應知不了而解釋 說空性者是了義 응지불요이해석 설공성자시요의
이같이 교법의 법규를 요지하여 무릇 경에 설한 바는 진의가 아니며 응당 불요의 해석이고 공성을 설하는 것이 요의인 줄 알 것이다.

요의了義와 불요의不了義의 차별을 총결한다. 이미 불교의 법규가 이 같음을 알고 응당 모든 경이 세속제에 치우쳐 설한 것임을 아는 것이 불요의이고, 일체법이 자성이 공한 것을 설함은 요의 가르침이다.

**計從共生亦非理 俱犯已說衆過故** 계종공생역비리 구범이설중과고
**此非世間非眞實 各生未成況共生** 차비세간비진실 각생미성황공생

함께 생함을 좇아 계교함도 이치가 아니고 함께 이미 설함이 많은 과실을 범한 때문이며
이는 세간명언도 아니고 진실도 아니며 자타가 각기 생함도 이루지 못하는데 하물며 공생인가?

세 번째는 공생共生을 파한다. 인도 니건자尼乾子 외도 등이 공생을 계교하여 집착하는데, 니건자는 9구句로써 우주, 명命과 명이 아닌 것, 법(선업)과 법이 아닌 것(악업) 등을 해석한다.

명命은 명근命根을 의미한다. 이는 중생(有情)의 본체가 되며 상주 상속하고 전후 세에 통하며, 대략 수론數論이 말하는 신아神我와 같다. 중생은 명근을 좇아 생生함이 자생自生이 된다. 또 선업과 악업, 부모 등 원인을 말미암아 곧 능히 생하는 연고로 타생他生이다.

무정계無情界는 싹이 종자를 좇아 남과 같은 것이 자생이고, 물과 흙과 햇빛을 좇음이 타생이니, 따라서 유정과 무정의 일체법이 다 자타 두 가지 인因이 공동으로 생한다. 다만 자생을 좇으면 항상 생함 및 인과가 구별이 없는 등의 과실이 있고, 다만 타생을 좇으면 일체가 일체를 생하는 과실이 있는데, 공생은 응당 두 과실이 없다.

이에 저를 파하여 이르되, 너의 공생은 자생의 한 부분을 좇으면 자생의 여러 과실이 있고, 타생의 한 부분을 좇으면 타생의 과실이 있다. 위에서 자생, 타생의 모든 과실을 설했으니 모두 너의 공생이 범한 바가 된다. 다시 세간에서 현량으로 보면 한 알 모래에서 기름이

나오지 않고 천만 개의 모래 중에서도 또한 기름이 나오지 않으니, 곧 각각이 생할 수 없는 것을 보면 합하여도 생할 수가 없다. 네가 자타 각기 생함이 없으나 합한즉 능히 생한다고 말하면 이미 진실에서 어긋난 것이고, 또한 세간에서도 어긋난 것이어서 이제를 함께 허락하지 않는다. 자생, 타생이 각각 이루지 못하는데 어찌 하물며 자타 공생이겠는가?

**若計無因而有生 一切恒從一切生** 약계무인이유생 일체항종일체생
**世間爲求果實故 不應多門收集種** 세간위구과실고 불응다문수집종

만약 인이 없이 자연으로 생함이 있다고 계교하면 일체가 항상 일체를 좇아 생하고
세간에서 과일을 구하기 위한 연고로 응당 여러 곳에서 종자를 수집하지 않는다.

네 번째는 무인생無因生을 파한다.

원인이 없이 생함을 계교하는 것은 인도의 단견외도와 같으며 순세외도順世外道가 전세 후세가 없다고 주장함은 보는 바가 아닌 때문이다. 저가 일체법이 오직 4대 미진을 말미암아 조성되었다고 주장함은 현대에 이른바 원자와 같으나, 저가 다시 그를 모아서 지수화풍 4대 종류를 삼는다. 4대 변화는 곧 능히 마음을 일으키는 작용이 있다. 비유하면 술과 같아서 오직 물과 쌀, 누룩과 불로 익힘을 말미암아 변화해서 곧 사람을 취하게 하고 마음이 들뜨고 멍해지는 등의 현상이 발생하는 것 등은 자연적인 것이고 원인이 없다.

저로써 업보가 있음을 허락하지 않으니 업보는 보는 바가 아닌 연고이다. 또 현량으로 보아 무정계에 가지가지 차이가 있는 것도 또한 인이 없는 것이다. 과일은 둥글게 빚지 않아도 둥글고, 잎사귀는 앞을 자르지 않아도 뾰족하며, 꽃은 물들이지 않아도 붉고, 눈은 씻지 않아도 흰 것과 같다. 이 때문에 저가 조물주인 신아가 있음을 허락하지 않음은 현견으로 볼 때 유정 무정의 일체가 조작의 인이 없는 연고이다. 총결하면 인이 있어 생함을 허락하지 않고 인이 있음으로써 반드시 자생, 타생, 공생 등 과실이 있는 연고이다. 자연을 집착함으로 인하여 인因이 없이 생기며, 이렇기에 저 모든 과실을 여윈다고 여긴다.

이 종파의 견해는 가장 조잡하고 그 과실 또한 거칠어 쉽게 볼 수 있다. 경론 중에 이런 견해를 파함이 많은데 『유가사지론瑜伽師地論』의 유심유사지有尋有伺地 또한 널리 파하였고, 여기서는 다만 간략히 종합하여 그 과실을 드러내었다. 첫 구는 그 계교를 말하고, 다음 구는 그 과실을 종합해 드러내며, 뒤의 두 구는 세간 현견에 나아가 파한 것이다.

불법에서 제법이 인이 있다고 설한 것에는 두 종류의 이치가 있다. 첫째는 제법이 무상하고 찰나도 머무르지 않으며, 만약 인과가 없으면 앞의 법이 멸한 후에 뒤의 법이 생기지 않으니 모든 법이 응당 단멸을 이룬다는 것이다.

둘째는 제법이 다르니 각기 인이 있음이 정해져 있으며, 만약 인이 없으면 응당 다름이 없다는 것이다. 인이 있는 연고로 오이를 심어 오이를 얻고 팥을 심어 팥을 얻으며, 선은 낙의 보를 받고 악은 고통의 과보를 감수하며 유정 무정의 세계의 가지가지 다름을 이룬다.

만약 제법이 각각 인이 없으면 곧 결정된 인이 필요 없으니, 한 인에 응당 일체 과가 나고 일체 인에 응당 한 과가 생기니, 총결하면 곧 일체 인이 일체 과를 낼 수 있다. 또한 인이 없을 때 또한 응당 과가 있으니 씨앗이 없는 땅에 응당 열매가 있으며, 곧 한 종류의 과가 응당 곳곳에 항상 생기고 시방삼세에 충만하니, 오직 이 한 법에서 모든 법이 어떻게 이뤄질 수 있는가? 이미 인이 필요하지 않음에도 과果가 있을 수 있는즉 세간인은 금년에 또한 다시 곡식 종자를 보관할 필요가 없고 내년에 밭에 자연히 벼가 생길 것이니, 이런 이치가 있을 수 있겠는가?

**衆生無因應無取 猶如空花色與香** 중생무인응무취 유여공화색여향
**繁華世間有可取 知世有因如自心** 번화세간유가취 지세유인여자심

**중생이 인이 없음에 응당 취함도 없고 마치 허공 꽃의 색과 향 같으며 번다한 세간에 취할 것이 있으면 세간에 인이 있으며 자기 마음이 생기는 것임을 안다.**

이는 다름(差別)으로써 인이 있음을 증명한다. '취取함'이라는 것은 차별상을 취하게 됨을 말하고, 변화는 다름이 많음을 말한다.

중생이 만약 인이 없으면 응당 차별상을 볼 수 있는 게 없으니, 공중의 꽃에 인이 없고 빛깔과 향기의 다름을 볼 수 없는 것과 같다. 지금 현량으로 보면 가난하고 부유하거나 괴로움과 즐거움, 지혜로움과 어리석음, 어짊과 불초함 등 중생이 여러 면에서 다름을 볼 수 있고, 날고 헤엄치는 동물과 식물의 종류의 차이 역시 무량하다. 공의

종자가 둥글면 콩의 낱알도 둥글며 보리의 종자가 길면 보리에 낱알도 기니, 인이 같지 않음을 말미암아 다름을 보게 된다.

세간에 이미 다름이 있기에 응당 인이 있음을 안다. 자심自心과 같은 것은 곧 저 외도의 자심으로써 비유를 삼아 파한다. 네가 인因이 없는 마음에 집착하고 이로 인하여 종파의 지견을 일으킨다. 네가 마음을 들고 생각을 움직임에 인이 없지 않은데, 어찌하여 일체 인이 없다고 설하는가?

**汝論所說大種性 汝心所緣且非有** 여론소설대종성 여심소연차비유
**汝意對此尚愚暗 何能正知於他世** 여의대차상우암 하능정지어타세

너희 순세파의 논에 설한 바의 4대종과 너의 마음의 인연하는 바 또한 있지 않으며
너의 뜻이 이를 대함에 오히려 우매한데 어찌 능히 타세의 유무에 대해 바로 알겠는가?

이는 저가 4대종뿐임에 집착함을 파하고, 나아가 타세간他世間의 집착이 없음을 파하며, 저가 4대종이 실로 자성이 있다고 말하는 것에 대하여는 앞에서 모든 법이 자성이 있음을 파할 때에 이미 파해 마쳤다. 네가 있다고 집착함인 저것은 실제 있지 않다. 저는 너의 마음의 능히 연하는 바가 되고 네가 그에 대해 오히려 우매하여 저가 인연으로 생겨 자성이 없고 무상함을 통달하지 못하는데, 하물며 성인 천안통의 경계인 가장 미세한 타세他世를 네가 어찌 능히 판단하겠는가?

또한 네가 타세에 없다고 설함은 보지 못하여 없다고 하는 것인가? 견見이 없음이 됨을 없다고 설함인가? 타세가 만약 없으면 네가 곧 현실로 보지 못하고, 타세가 공함으로써 무위법이 되고 현량現量의 연한 바가 되지 않기 때문이다. 만약 공이 능히 현량경이 되면 허공 또한 유위를 이룬다. 만약 네가 비량比量으로써 타세가 없음을 이루면 너 또한 비량을 허락하지 않음이니 오직 현량을 허락하여 능립을 삼아야 한다. 네가 이미 현량, 비량 2량이 모두 타세가 없음을 알게 됨을 따라서 없게 되어 타세가 없다고 말하면, 너의 보지 못함을 의지하여 설하는 것이다. 네가 보지 못하는 바를 없음이 된다고 설하는데, 만약 다른 사람이 보면 응당 있음이 된다고 할 수 있는데, 너 한사람의 견見은 무엇이 능히 표준이 될 수 있겠는가?

만약 이르되, 타세가 결정됨이 없고 내가 본 적이 없으니, 석녀의 아이 같다 설하고, 붓다는 일체지인一切智人이 아니라 옷 입고 밥 먹고 말하며 길을 가기에 나 같은 일체 범부와 동일하다고 말한다면, 이것은 이치에 어긋나는 것이다. 또한 이르되, 붓다가 붓다 스스로 일체지인이라고 말하지 않았기에 과거 어떤 선인 등이라 함과 같다. 이것은 아라한 또는 일체지도 없고, 해탈도 없으며, 해탈도도 없는 등이라고 설함과 같으니, 이것도 같이 파한다.

**破他世時汝自體 於所知性成倒見** 파타세시여자체 어소지성성도견
**由具彼見同依身 如計大種有性時** 유구피견동의신 여계대종유성시

타세를 파할 때 너의 자체는 아는 바의 본성에 대해 전도된 견해를 이루고

저 사견을 갖춤이 유루 몸을 의지함과 같음을 말미암아 대종을 계교하여 자성이 있다고 말함과 같다.

여기서는 저 대종大種을 계교함이 전도견顚倒見임을 활용하여 저가 타세 또한 전도견이 됨을 파함의 예로 삼았다. 소지성所知性은 우주만유를 말한다. 양量에 이르되, 네가 타세를 파할 때의 견해가 소지성에 있어서 전도견(종宗)이고, 저 견해가 의지하는 몸과 같음을 갖춘 연고(인因)로써 대종이 있다고 계교하는 경우(유喩)의 견과 같다. 대종에 자성이 있다고 계교하는 자는 너 자신이고 타세를 파하는 것도 너 자신이다. 네가 대종이 자성이 있다고 계교하는 것은 이미 전도견이고, 네가 타세를 파함도 또한 응당 전도견이며, 하나가 이미 나머지를 믿지 않으면 또한 믿을 수 없다.

**大種非有前已說 由前總破自他生** 대종비유전이설 유전총파자타생
**共生及從無因生 故無未說諸大種** 공생급종무인생 고무미설제대종
**대종이 있지 않음은 전에 이미 설했고 앞에서 자생, 타생, 공생, 무인생을 총합하여 파하였기에 모든 대종을 설하지 않음은 없다.**

이는 대종을 계교함이 전도된 견해인 이치임을 해석한다. 전에 총합하여 자성이 생함이 있음을 파하고 이미 자성이 일체법에 없음을 설했다. 대종이 일체법 안에 있어 또한 자성이 없다. 이미 대종이 자성이 없음을 이루었는데, 현금에 자성이 있는 대종을 집착하는 연고로 전도된 견해이며 다시 설명할 필요가 없다.

由無自他共無因 故說諸法離自性 유무자타공무인 고설제법리자성
世有厚癡同稠雲 故諸境性顚倒現 세유후치동조운 고제경성전도현
자, 타, 공, 무인이 없음을 말미암아서 제법이 자성을 여읨을 설하고
세간의 두터운 우치가 있어서 빽빽한 구름과 같기에 모든 경계의 자성이
실로 있음으로 전도되어 나타난다.

위 두 구는 제법이 자성이 없이 생함을 총결하여 자성이 생김은 4종의 생生 중에 반드시 그 하나에 머무르나, 이제 4종의 생함이 이루어지지 못하므로 모든 법에는 자성이 없다. 아래 두 구는 거듭 힐난함에 답한다. 힐난하여 이르되, 제법에 자성이 없음인데 무엇 때문에 중생이 자성이 있다고 집착하는가? 답: 무시이래 농후한 우치의 힘으로 인해서 두터운 구름에 덮인 것과 같아 하늘의 참된 모습을 보지 못하는 연고로 모든 경계가 자성이 있다고 하는 전도가 나타난다.

如由翳力倒執發 二月雀翎蜂蠅等 여유예력도집발 이월작령봉승등
如是無智由癡過 以種種慧觀有爲 여시무지유치과 이종종혜관유위
병난 힘의 전도로 터럭을 집착하고
제2의 달, 까치 깃털의 눈, 벌, 파리 등의 환영을 봄은
이 같은 지혜 없는 우치의 과환의 힘 때문에
가지가지 삿된 혜로써 유위법의 자성이 있다고 본다.

이는 비유를 든 것이다. 병난 힘이란 무명력無明力의 비유이다. 병난 눈으로 혹 터럭을 보고, 제2의 달을 보며, 둥근 공작 깃털의

눈 같은 것을 보고, 흑점이 벌이나 파리 같음을 보며, 혹은 허공 꽃이 떨어짐을 봄이 다 있지 않음이나 있다고 보는 등은 모두 자성이 없음에도 자성이 있음으로 보는 비유이다. 지혜가 없는 범부가 무명 우치의 과환으로써 가지가지 삿된 혜慧로 유위 연기법을 관찰하고 자성이 없는 중에 자성이 있음으로 봄이 또한 이와 같은 것이다.

說癡起業無癡滅 唯使無智者了達 설치기업무치멸 유사무지자요달
慧日破除諸冥暗 智者達空卽解脫 혜일파제제명암 지자달공즉해탈
우치로 업을 일으키고 우치가 없으면 멸함을 오직 지혜 없는 자가 통달하도록 오직 설하고
지혜의 해가 모든 어둠을 제거하며 지혜자가 공성을 통달하면 해탈한다.

이는 거듭 힐난함을 답함이다. 묻고 말하며 이르되, 네가 인연생이 곧 무자성이라고 설하는데 어찌 붓다께서 12인연을 설하고 오직 중생들에게 무아를 통달하라고 하는가? 답하되, 그렇지 않다. 붓다가 무명이 행을 연하는 등 유전의 이치를 설하고 또 무명이 멸하는 연고로 행이 멸하는 등 환멸의 이치를 설하였으니, 둔근에게는 능히 아집을 파하게 하고 이근에게는 곧 이를 말미암아 자성이 공함을 깨닫게 하여, 본성이 공한 혜로써 무명 어둠을 파하고 해탈을 얻게 한다. "우치로 업을 일으킴"이 무명이 행을 연함을 말하고, "우치가 없으므로 멸함"은 무명이 없는즉 행이 멸함을 말한다.

若謂諸法眞實無 則彼應如石女兒 약위제법진실무 즉피응여석녀아

**於名言中亦非有 故彼定應自性有** 어명언중역비유 고피정응자성유

**모든 법이 진실 중에 자성이 없다고 말하면 곧 저는 응당 석녀의 아이와 같으며**
**명언 중에 또한 자체가 있지 않을 것이며, 따라서 저는 꼭 응당 승의 중에 자성이 있다.**

이는 외도가 반문하여 힐난함이다. 만약 모든 법이 곧 승의 중에 없고 세속에 응하여 또한 없다고 말함은, 석녀의 아이가 없음은 승의 중에 없고 세속 중에도 또한 자체가 없는 것이다. 그러나 모든 법은 명언 중에 있고 석녀의 아이와 같지 않으며, 따라서 저 모든 법은 반드시 승의 중에 자성이 있다.

**有眩翳者所見境 彼毛發等皆不生** 유현예자소견경 피모발등개불생
**汝且與彼而辯諍 後責無明眩翳者** 여차여피이변쟁 후책무명현예자
**눈병 난 자의 보는 바의 경계인 저 모발 등이 다 생김이 아니며**
**네가 또 저와 더불어 논쟁하고서 뒤에 무명의 눈병 난 자를 질책해야 한다.**

이는 저의 힐난함에 답한다. 자성이 없는 법을 말하고 있음은 필시 없음이고, 석녀의 아이 등과 같으며, 있음이 종국에 없음이 아니면 세간에서 모든 법을 공동으로 허락함과 같은 것이다. 비유하면 현기증이 있는 자의 보는 모발의 경계는 석녀의 아이와 같이 실로 있음이 아니고, 어지러운 눈병 난 자가 오직 모발을 보고 석녀의 아이는

보지 못한다. 네가 먼저 눈병 난 자에게 묻되, 어찌 오직 터럭만 보고 석녀의 아이는 보지 못하는지 물은 후에, 다시 무명의 눈병에 미혹된 중생이 어찌하여 오직 산하대지만 보고 석녀의 아이는 보지 못하는지를 질책할 수 있는가. 네가 만약 눈병 난 자를 힐난할 수 없음을 안즉 세속이 있는 자는 꼭 자성이 있는 것이 아닌 것임을 안다.

**若見夢境尋香城 陽焰幻事影像等** 약견몽경심향성 양염환사영상등
**同石女兒非有性 汝見不見應非理** 동석녀아비유성 여견불견응비리

**만약 꿈 경계 중에 건달바성과 아지랑이, 허황된 일, 그림자 등을 봄은 석녀의 아이와 같아 자성이 있지 않고 네가 무엇을 보든 응당 이치가 아니다.**

이는 저의 자체식의 보는 바에 나아가 힐난한다. 만약 너의 꿈 가운데 너의 친척 혹은 신기루를 보고, 누각과 성곽이 있음을 보며 혹은 환사에 코끼리, 말 등을 보고 혹은 거울 앞에서 자신의 상을 보는 등 이 보이는 모든 물건이 이미 석녀의 아이와 같이 남이 없고 자성이 없는데, 어찌 너는 석녀의 아이를 보지 못하고 오직 너의 친속을 보고 오직 너 자신의 그림자만 보는가? 이는 오직 너 자신의 수준에 머물러 있는 것이다.

**此於眞實雖不生 然不同於石女兒** 차어진실수불생 연부동어석녀아
**非是世間所見境 故汝所言不決定** 비시세간소견경 고여소언불결정

이는 진실의 중에 비록 생함이 없으나 석녀의 아이가 세간의 보는 바의 경계가 아닌 것과는 같지 않고 너의 말하는 바의 이치로 결정됨은 아니다.

이것은 진실로는 없고 세속으로는 있음을 결론짓는다. 이 우주만유는 진실이 비록 자성이 없이 생김이나 세간의 보는 바의 경계이며, 석녀의 아이와 같지 않아서 네가 진실로 없다고 말한 것은 명언도 또한 없고 이치로 결정됨도 아니다. 진실에서 없는 것은 명언 중에 있거나 혹은 없는데, 없는 것은 석녀의 아이 등이고 있는 것은 인연으로 나는 법이다.

如石女兒自性生 眞實世間俱非有 여석녀아자성생 진실세간구비유
如是諸法自性生 世間眞實皆悉無 여시제법자성생 세간진실개실무
마치 석녀의 아이의 자성이 생김은 진실과 세간에 모두 있지 않고 이같이 모든 법이 자성이 생겨남은 진실과 세간에 다 없다.

이것은 반대로 저 모든 법이 자성이 있어 생함이 이제에 함께 없음을 파함이다. 네가 설한 바의 모든 법이 자성에서 생기고 진실은 없는 연고로 세간 또한 없다. 또한 석녀의 아이가 자성으로 생겨나서 진실에는 없기에 세간에도 또한 없다.

故佛宣說一切法 本寂靜離自性生 고불선설일체법 본적정리자성생
復是自性般涅槃 以是知生恒非有 부시자성반열반 이시지생항비유

고로 붓다가 일체법을 펴 설함에 본래 적정하여 자성으로 생함을 여읜 성품이고
다시 자성 반열반이고 이로써 생함이 항시 있지 않음을 안다.

이는 불어佛語를 인용하여 본래 남이 없음을 결론 내리고 적정자는 섞여 물드는 것이 없음을 말한다. 붓다가 모든 법이 자성이 없이 생함을 설한 연고로 본래 적정이고 자성열반이며, 따라서 모든 법이 결단코 자성이 생함이 아닌 줄 안다.

如說甁等眞實無 世間共許亦容有 여설병등진실무 세간공허역용유
應一切法皆如是 故不同於石女兒 응일체법개여시 고부동어석녀인
병 등이 진실로는 없는 것이며 세간이 공동으로 허락하고 용납함이 있음을 말하며
응당 일체법이 다 이와 같아서 석녀의 아이와 같지 않다.

앞에서 승의로는 없고 세속은 있음을 허락함을 해석함은 일반을 대하여 말한 것이다. 현금에 오로지 소승인을 대하여 설한 것이고, 병과 옷 등의 물건이 소승 또한 진실로는 없고 명언으로 있음을 허락하는 고로 일체법 또한 진실로 없고 명언으로 있으며, 석녀의 아이가 진실로 없고 명언 또한 없음과 같지 않다.

諸法非是無因生 非由自在等因生 제법비시무인생 비유자재등인생
非自他生非共生 故知唯是依緣生 비자타생비공생 고지유시의연생

모든 법이 인이 없이 남이 아니고 자재 등 원인을 말미암아 남이 아니며 자와 타로 생함도 공통으로 생함도 아니며, 따라서 오직 연을 의지하여 생함인 줄 안다.

이는 인연으로 생함을 총결하여 귀납한다. 모든 법은 자생, 타생, 공생, 무인생이 아니고 다시 대자재천 등을 말미암은 삿된 원인의 생도 아니며, 대자재가 만약 먼저 능히 중생을 제도했다면 금시 어찌 저가 중생을 만든 것을 보지 못하는가? 중생이 만일 저를 말미암아 지어졌다면 스스로 지은 업은 곧 쓸모가 없다. 중생이 대자재를 말미암아 지은 바이면 대자재는 다시 누구를 말미암아 만들어졌는가? 만약 다시 대자재를 짓는 자가 있으면 그를 말미암아 제조된 바는 곧 자재함이 아닐 것이다. 또 능히 지으면 다시 능히 지음이 있고 이 같은즉 무궁하다. 만약 대자재가 남이 지음을 기다리지 않으면 중생 또한 대자재가 지음을 기다리지 않는다. 따라서 이 같은 사인邪因은 있지 않다. 월칭 논사 또한 세간에 현실로 봄이 없는 생은 허락하지 않으며 응당 인연화합으로 자성이 없는 생을 허락한다고 설한다.

**由說諸法依緣生 非諸分別能觀察** 유설제법의연생 비제분별능관찰
**是故以此緣起理 能破一切惡見網** 시고이차연기리 능파일체악견망

모든 법이 인연을 의지하여 생긴다고 설함을 말미암고 모든 분별로 능히 관찰함을 허락하지 않기에
이 연기의 이치로써 능히 일체 악한 견해의 미혹의 그물을 파한다.

이 아래의 다섯 게송은 인연생을 통달한 공덕을 해석하며 가장 큰 공덕은 곧 삿된 분별이 없는 것이 된다. 인연생임을 알고 자성이 없음을 알며, 곧 자타와 일이一異의 분별로 능히 관찰할 바가 아니기에 능히 상견, 단견 등 악견의 그물을 파한다.

**有性乃生諸分別 已觀自性咸非有** 유성내생제분별 이관자성함비유
**無性彼等卽不生 譬如無薪則無火** 무성피등즉불생 비여무신즉무화
자성이 있으면 모든 분별이 생기고 이미 자성이 다 있지 않음을 관하며 자성이 없음에 저 등이 곧 생함이 아니니 마치 땔감이 없으면 곧 불이 없음과 같다.

이 게송은 분별이 생하지 않음을 이룸을 해석한다. 자성이 있음으로써 비로소 자생, 타생, 공생, 무인생, 사인邪因생 등 삿된 분별이 일어난다. 연기의 이치로써 관찰하여 이미 일체법이 다 자성이 없음을 알고, 자성이 없기에 저런 등의 분별이 의지하는 바의 기초는 곧 근본을 베어 버려 분별이 생기지 않으며, 땔감이 없으면 불이 나지 않음과 같다. 땔감의 비유는 자성을 집착함이며, 불은 모든 자타 등의 분별을 비유한다.

**異生皆被分別縛 能滅分別卽解脫** 이생개피분별박 능멸분별즉해탈
**智者說滅諸分別 卽是觀察所得果** 지자설멸제분별 즉시관찰소득과
이생범부가 다 분별의 속박됨을 입기에 능히 분별을 멸하면 곧 해탈이고 지자는 모든 분별식을 소멸한즉 증관정리의 관찰로 얻은 바의 과라고

말한다.

이는 나아가 분별을 멸한 이익을 나타낸다. 중생이 삿된 분별의 모든 법을 집착함을 말미암아서 비로소 탐심, 진심을 일으키고 생사에 윤회한다. 분별이 끈이 되어 능히 중생을 얽어맨다. 능히 분별을 멸하면 곧 번뇌가 없고 해탈을 얻는다. 용수 등 지상地上보살은 인연으로 생김을 관찰함으로써 모든 분별을 멸한다고 설한다. 곧 증오證悟하고자 하는 바의 과가 인연으로 생하는 이치를 설한다.

**論中觀察非好諍 爲解脫故顯眞理** 논중관찰비호쟁 위해탈고현진리
**若有解釋眞實義 他宗破壞亦無咎** 약유해석진실의 타종파괴역무구
논 중에 관찰함은 논쟁을 좋아함이 아니라 해탈을 위한 연고로 진리를 나타내며,
만약 진실한 뜻을 해석함을 말미암아 타종의 편집견이 파해짐은 또한 허물이 없다.

이는 다시 논을 짓는 이유를 진일보하여 나타낸다. 『중론』 27품에서 하나와 다름(一異)으로써 세간, 출세간 모든 법을 관찰함에 다 자성이 없음을 밝혔는데, 이 뜻은 모든 법이 실로 있다고 집착하는 견해를 파함에 있고, 저 법을 파함이 아니다. 대비심으로써 중생이 해탈을 얻도록 돕기 위해 진리를 나타내 보인 것이고, 자기의 지혜 변재를 나타내기 위하거나 논쟁을 좋아해서가 아니다. 혹은 말하되, 네가 비록 스스로 논쟁을 좋아함이 아니라고 말하지만, 타종을 파하고

자기 종을 알리는 것이 어찌 논쟁을 좋아함이 아닌가? 이에 답하여 말하되, 저의 삿된 집착으로써 진리의 장애가 되면 진리를 나타내기 위해 넝쿨이 길을 막음에 제거하지 않을 수 없는 것처럼 타종을 파함도 논쟁을 좋아하는 허물이 없다.

**若於自見起愛者 及嗔他見卽分別** 약어자견기애자 급진타견즉분별
**是故若能除貪嗔 觀察速當得解脫** 시고약능제탐진 관찰속당득해탈
만약 자기 소견에 애착을 일으키고 타의 견해가 분별이라고 화내며 이런 연고로 만약 능히 탐진을 제거하면 관찰로 속히 해탈을 얻음에 이른다.

이는 자체종(自宗)이 망령된 분별이 아님을 나타낸다. 허망분별이란 것은 자기 견해를 애착함을 말미암아서 '이는 내가 배운 바이고 나의 스승이 전수해 준 것'이라 하며 굳게 가져 놓지 않음이고, 저는 내가 배우는 바가 아니고 나와 어긋나는 연고로 곧 저에 대해 진심을 일으키고 입으로 비방하고 제외시키는 것이다. 이미 견해를 이룸이 심중에 있고 이것이 옳은 이치인지 그른 이치인지 판단하지 않고서 허망한 전도로 계교하고 집착함을 이룬다. 만약 능히 문호의 견해를 제거하면 자종에 탐이 없고 타종에 화냄이 없으며, 곧 능히 마음을 평정하게 하여 기가 안정되며, 오직 진리에 의거하여 관찰한다. 이로 인하여 비로소 능히 속히 진리를 보고 번뇌를 끊어 해탈을 얻게 된다. "피비피생기종타彼非彼生豈從他" 등에서 이곳에 이르기까지 법아집을 파하는 뜻이다.

**慧見煩惱諸過患 皆從薩迦耶見生** 혜견번뇌제과환 개종살가야견생
**由了知我是彼境 故瑜伽師先破我** 유요지아시피경 고유가사선파아
**지혜로 번뇌의 모든 과환이 다 살가야견을 좇아 생한 것을 보고 "아"가 저 경계임을 통달하며 그래서 유가사는 먼저 아를 파한다.**

이 아래는 인무아를 결택한다. 이 한 게송은 무슨 연고로 "아"를 파하는가를 나타낸다. 살가야견은 초지 중에 해석한 것과 같고 곧 아견이다. 6지보살은 지혜가 있기에 탐진치만 등 번뇌 및 그가 이끌어낸 생사 중의 3고·8고·무량제고의 과환을 보고, 이것이 모두 아견으로 인해 일어난 줄 안다. 아我가 있음으로 인하여 자타를 분별하고 낙을 좇고 고를 피하며, 자기를 이롭게 하고 남에게 손해를 준다. 만약 아집이 없으면 곧 온 세상이 다 아라한을 이룰 것이다. 이미 아집이 얽맴의 원인이 됨을 안즉 해탈을 구하고자 함에 응당 이로써 손쓸 곳인 대치對治의 목표를 삼는다. 그러나 이 아집은 이미 색법이 아니고, 쳐서 파함이 불가함은 단지를 부수는 것과 같고, 또한 뽑아 내지 못함은 도려내고 침을 찌름과 같다. 아집은 오롯이 자기 마음인데, 자심을 어떻게 제거할 수 있겠는가? 이러하기에 반드시 아집이 어떻게 생겼는지를 관찰한 후에 능히 대치하는 법을 알 수 있다. 사람은 음식이 필요하기에 식사를 잘 해야 하고, 음식을 끊으면 자연히 생존하지 못함을 안다. 아집을 기르는 것은 곧 그 인연되는 바의 "아"이고, "아"는 저 아집이 인연하는 바의 경계가 되고 저의 의지하는 바이다. 만약 능히 아를 파한다면 그 의지하는 바가 무너져 아집은 곧 멸한다. 따라서 수행인은 제일 먼저 아를 파해야 한다. 그러나 붓다 또한

구경에 아가 없다고 설하지 않으시고 오직 아가 실로 있는 것이 아니라고 설한다. 아가 만약 실로 있으면 아집은 곧 대치할 방법이 없고 해탈 또한 결단코 얻을 수 없다. 만약 구경을 결택함에는 실로 집착하는 바의 아가 없음을 알고 곧 반드시 능히 해탈을 얻는 것을 안다.

外計受者常法我 無德無作非作者 외계수자상법아 무덕무작비작자
依彼少分差別義 諸外道類成多派 의피소분차별의 제외도류성다파

외도가 받는 자는 항상하는 법의 "아"이고, 덕 없고 지음 없음, 작자도 아님을 계교하고
저 조금의 차별의 뜻을 의지하며 모든 외도의 종류가 많은 파벌을 이룬다.

이 아래는 아집이 인연하는 바의 경계를 결택한다. 이 게송부터 아래 5송은 오온五蘊의 아我가 아집의 경계가 됨을 파하고 여의는 것이다. 인도 외도 중에 단견외도를 제한 밖에 모두 업과가 삼세에 통함을 허락한다. 단견외도는 아와 오온이 함께 생존하고 없어진다 함은 색온이 곧 아인 것을 설함과 같다. 기타 외도는 다 오온을 여읜 아를 계교한다. 색신이 생함에 함께 오지 못하고 죽음에 함께 가지 못하며, 사람이 죽음을 현실로 본즉 몸체가 소멸하는 연고로 색온이 삼세에 통하지 못한다. 수 등 4온은 경계를 대한즉 생하고, 연을 만나지 않은즉 나지 않으며, 이미 상주함이 아니어서 또한 삼세에 통할 수 없다. 따라서 반드시 오온을 여읜 아가 있고, 몸은 여관이 되고 생함을 좇아 생함에 이르도록 업을 짓고 과보를 받는 생이 된다.

이 한 게송은 모든 외도의 계교 집착을 벗어난다. 가장 기본인 것은 수론외도가 되는데, 그 계교 집착은 법무아를 결택할 때에 이미 기술하였다. 위 글은 주로 자성을 파하는 데 중점이 있고, 이곳은 신아를 파하는 데 중점이 있으며, 다시 그 계교하는 바의 신아를 벗어난다. 저가 계교하는 바의 신아는 다섯 가지 조건이 있다. 첫째는 받는 자로서 능히 고와 낙을 향수하고, 둘째는 상주하는 업으로서 능히 삼세에 통하고 상주하여 변치 않는다. 셋째는 희우암 3덕이 없고, 넷째는 지음이 없어서 일체 처에 두루한다. 다섯째는 작자가 아니니 업을 짓지 않기 때문이다. 그 외에 승론외도는 아가 덕이 있고 작자라고 계교하는 등 모든 파벌의 외도가 계교하는 바인 신아의 조건은 비록 조금 차별이 있지만 오온을 여의고 상주 자재함이 있다고 하는 점은 대체로 서로 같다.

**如石女兒不生故 彼所計我皆非有** 여석녀아불생고 피소계아개비유
**此亦非是我執依 不許世俗中有此** 차역비시아집의 불허세속중유차

석녀의 아이는 생함이 아닌 연고로 그가 계교하는 "아"는 모두 있지 않으며
이는 또한 아집의 의지함이 아니고 세속 중에 이것이 있음을 허락하지 않는다.

이 한 게송은 항상 있는 아我를 파한다. 저 모든 외도의 계교하는 바인 항상 있는 아는 다 실지로 있는 것이 아니고, 생기는 것이 아닌 연고로 석녀와 같다. 만약 항상 있음이면 응당 생김이 아니며, 또

생긴 것이면 무상하다. 하물며 이곳에 계교하는 바인 오온을 여읜 아는 어떠하겠는가? 비록 그것이 있어도 중생아집의 의지할 바가 아니니, 세간에서도 이런 등의 황당한 조건의 아를 구족하여 있음을 허락하지 않기 때문이다.

由於彼彼諸論中 外道所計我差別 유어피피제론중 외도소계아차별
自許不生因盡破 故彼差別皆非有 자허불생인진파 고피차별개비유

저 수론 등 종파의 외도 논 중에 외도가 계교하는 바의 아가 차별되기 때문에
그가 스스로 불생인이 석녀아와 같음을 허락함을 말미암아 그 자성실유의 계교를 파하므로 곧 저 차별이 다 있지 않다.

이는 받는 자 등의 차별을 나아가 파한다. 저 각 가풍의 외도 논 중에, 계교하는 바의 아는 수자受者와 비非수자, 작자와 비非작자 등 가지가지 차별이 있고, 저가 공동으로 허락하는 것은 항상 있음이며, 항상 있는즉 생生이 아님을 허락하여 "생김이 아닌 연고"를 인因으로 삼아 능히 일체의 차별을 다 파하므로 모두 이루어질 수 없다. 아我가 있음에 곧 차별이 있음이고, 아我가 생겨남이 아니므로 토끼 뿔과 같은데 어찌 그 장단과 흑백을 논함을 좇는가?

是故離蘊無異我 離蘊無我可取故 시고리온무이아 이온무아가취고
不許爲世我執依 不了亦起我見故 불허위세아집의 불요역기아견고

그래서 온을 여읜 다른 아가 없고 오온을 여읜 아를 취할 것이 없는 연고로
세간이 아집의 의지가 됨을 허락하지 않음을 알지 못해 또 아견을 일으키는 연고이다.

이는 곧 세간의 현실 견해로 파한다. "아"가 만약 색온이면 곧 형상으로 볼 수 있고, "아"가 만약 수受 등이면 곧 경험할 수 있다. 만약 색심의 밖에서 아를 구하려 하면 곧 얻을 수 없다. 이로써 네가 집착하는 바인 오온을 여읜 다른 체의 "아"는 없다. 세상 사람이 신아神我의 가지가지 조건을 알지 못하고 또한 아집을 일으키니, 신아가 세상 사람의 아집이 의지하는 바가 아님을 알 수 있다.

有生傍生經多劫 彼亦未見常不生 유생방생경다겁 피역미견상불생
然猶見彼有我執 故離五蘊全無我 연유견피유아집 고리오온전무아
방생에 나서 여러 겁을 지냄이 있고 저가 또한 항상 생함이 없음을 보지 못해도
오히려 저가 아집이 있음을 보며, 따라서 오온을 여의면 온전히 무아이다.

이는 반복해서 구제함을 파하고 있다. 저가 혹 구제하여 이르되, 세상 사람이 타생을 말미암아 일찍이 신아를 앎이 습관이 되었기에 신아를 인연하여 아에 집착한다. 이는 저를 파하여 이르되, 벌레인 개미 등도 또한 죽음을 두려워하므로 방생 등도 아집이 있음을 알

수 있다. 저들이 매우 어리석은데 어찌 일찍이 상주하여 생함이 없는 신아를 보겠는가? 만약 타생에 일찍이 습관이 들어 방생 중에 많은 겁을 유랑함을 겪은 것이라면, 일찍 습관된 것 또한 응당 이미 잊었는데 어찌 다시 아가 있음을 집착하는가? 아집은 온을 여윈 아를 인연하지 않음을 알 수 있다.

**由離諸蘊無我故 我見所緣唯是蘊** 유리제온무아고 아견소연유시온
**有計我見依五蘊 有者唯計依一心** 유계아견의오온 유자유계의일심
모든 온을 여의고 아가 없음을 말미암은 연고로 아견의 인연한 바는 오직 온이고
혹자는 오온을 의지하여 아견이 생김을 계교하고 어떤 이는 한 마음(식온)이 아라고 계교한다.

이 아래는 오온에 즉한 아를 파함이다. 불제자는 다 실지 아가 있음을 허락하지 않고 또한 아집이 온을 여읜 경계를 연하여 일어남을 허락하지 않는다. 오직 독자부는 아견이 불가설의 실법을 연함을 설하고 그 법은 상·무상을 설할 수 없는데, 모든 온과 하나인가 다름인가 설하지 못하는 연고로 가히 설할 수 없다. 그 나머지 모든 소승은 아견이 오온을 의지하여 일어남을 많이 설한다. 어떤 때는 높고 험한 곳에서 떨어지려고 함에 확연히 놀라서 말하되, "내가 상해를 받을 것인가?"라고 함은 곧 색온을 집착하여 아를 삼은 것이다. 어떤 때는 내가 능히 감각, 구상, 계획하고, 자기는 지혜가 있다고 말한다면 곧 집수 등의 온으로 아를 삼는다. 『아함』에 이르되, "모든 사문,

바라문이 일으키는 바의 아견은 모두 오직 5취온을 본다"라고 하며, 저는 곧 이를 인용하여 오온이 아라고 증명한다. 후에 색온이 삼세, 삼계에 통하지 않음을 보며, 또 몸의 4지를 끊을 때 아我는 둘을 나눠지지 않고, 손가락을 태울 때 '아'가 태워지지 않으며, 따라서 색온은 아가 아니다. 마음이 능히 업을 짓고 생사의 주가 되므로 오직 마음이 '아'가 됨을 허락한다.

경을 인용하여 이르되, 능히 마음을 조복하면 천상에 나고, 아를 조복하면 선취에 나고, 천계가 곧 선취며 마음이 아견의 인연하는 바임을 증명한다. 유부, 경부, 유식 및 중관종의 청변학파는 모두 아가 실법을 인연함을 잡아서 일어남을 허락한다. 수受 등 4온 중에 앞의 셋은 어느 때는 끊기며 다시 자재하지 못하는 연고로 심소가 아我임을 허락하지 않으며, 오직 심왕이 아가 의지하는 바임을 허락한다. 또 식온 중에 전5식은 항상 끊김이 있는 연고로 의식이 아가 의지하는 바임을 허락한다. 유식종에서 제7식이 있음을 설하나 제8식을 연하여 아를 삼는다. 청변은 제6식이 항상 찰나에 상속한다고 말하며 전후 세 업감의 의지하는 바가 되고 아집의 인연되는 바가 된다. 무릇 이는 모두 곧 오온의 '아'이다. 이는 계교를 낸즉 오온아 모두의 계교이며, 크게 구별하면 둘이니 하나는 곧 오온이 '아'이고, 다른 하나는 곧 한마음이 '아'가 된다.

**若謂五蘊卽是我 由蘊多故我應多** 약위오온즉시아 유온다고아응다
**其我復應成實物 我見緣物應非倒** 기아부응성실물 아견연물응비도
**오온이 곧 '아'라고 말하면 온이 많음을 말미암아 '아' 또한 응당 많고**

그 '아'가 다시 응당 실지 물건을 이루며 아견이 실물을 인연함에 이 아집은 전도가 아닐 것이다.

이는 오온의 아를 파한다. 첫째는 아가 곧 오온이고 온은 다섯 가지가 있기에 아는 응당 다섯 개를 이룰 것이니 이치에 매우 맞지 않다. 둘째는 소승이 오온이 실로 있다고 허락하고 아 또한 응당 실로 있음을 이룬다. 그러나 저 두 종파의 불제자는 모두 아가 실로 있다고 허락하지 않기에 이치에 맞지 않다. 셋째는 아가 만약 실로 있으면 아견은 응당 전도가 아닌데, 실유자의 견해에 있어서는 실유가 되는 연고이다. 아견이 만약 전도가 아니면 아견을 인하여 탐진 등을 일으킴은 또한 응당 전도가 아닌 것이고, 이런 연고로 큰 과실을 이룬다. 한마음을 계교하여 아를 삼는 것 또한 이 세 과실을 범한다. 첫째는 마음이 많은 찰나가 있고 아도 응당 많음을 이루며, 둘째는 마음이 실로 있다고 계교함으로 또한 응당 실로 있음이며, 셋째는 아가 실물을 인연하면 응당 전도가 아님을 고집하여 끊어 제거할 수가 없다.

般涅槃時我定斷 般涅槃前諸刹那 반열반시아정단 반열반전제찰나
生滅無作故無果 他所造業餘受果 생멸무작고무과 타소조업여수과

열반에 이른 때 아집은 반드시 끊어지고, 열반에 들기 전의 모든 찰나에 오온이 생멸무상한 본성으로 지음이 없는 연고로 업이 없고 과가 없으며 그가 지은 업은 기타 사람이 과를 받는다.

다시 온에 즉한 과실을 낸다. 아라한이 열반에 들 때에 몸을 없애고 지혜가 멸하여 오온이 이미 끊어지고, 먼저는 실로 있음이나 뒤에는 끊어져 없으며 응당 단견을 이룬다. 또한 범부의 오온은 찰나에 생멸하고 아 또한 응당 찰나에 생멸하며, 아는 실체가 있고 곧 앞의 아와 뒤의 아의 체가 응당 각기 다르고 이로 인하여 앞의 아가 짓는 일은 후의 아가 응당 기억하지 못하며 응당 숙명통이 없다. 또 앞의 아가 멸하고 업의 작자가 이미 멸하였기에 응당 후의 아가 과보를 받지 않는다. 또 앞의 아가 업을 짓고 뒤의 아를 말미암아 과보를 받으며, 또한 이 사람이 업을 지음에 다른 사람이 과보를 받게 되니 모두 다른 체인 연고이다.

**實一相續無過者 前已觀察說其失** 실일상속무과자 전이관찰설기실
**故蘊與心皆非我 世有邊等無記故** 고온여심개비아 세유변등무기고

실로 한 상속에 과실이 없다고 함은 앞에서 이미 관찰하여 그 과실을 설한 연고로
오온과 마음이 다 아가 아니며 세계가 끝이 있는지 등의 의문은 무기無記일 뿐이다.

앞의 구절은 구제함이고, 다음 구는 이미 파함을 나타내며 3구는 그릇됨을 결론짓고, 4구는 십사무기十四無記의 과실을 제거한다. 저가 구제하여 이르되, 앞과 뒤의 아我는 한 상속인 연고로 이쪽이 짓고 저가 받는 과실은 없다. 이에 답해 이르되, 자성이 없음은 하나의 상속을 가설함을 허락하고 자성이 있는 상속은 이루지 못하며, 앞에

무아를 결택할 때 이미 설한 바와 같이 오온은 아가 아니며 마음 또한 아가 아니다. 또 만약 아와 오온이 하나라고 설하면 십사무기는 응당 있지 않다. 십사무기란 응당 기억하고 구별함이 없는 14가지의 일들을 말한다. 즉 세계가 끝이 있는가 없는가? 또한 끝이 있기도 하고 없기도 한가? 끝이 있지 않기도 하고 끝이 없지 않기도 한가? 세계는 항상한가 무상한가? 또한 항상하기도 하고 무상하기도 한가? 항상하지 않기도 하고 무상하지 않기도 한가? 붓다는 멸도 후에 있는가 없는가? 또한 있기도 하고 없기도 한가? 있지 않기도 하고 없지 않기도 한가? 아와 몸은 하나인가 다른 체인가? 등으로서, 이 14가지 물음을 외도가 붓다께 여쭈니 붓다는 답하지 않으셨다. 그 묻는 바의 세계는 뜻이 신아에 있고 신아는 본래 없는데, 무엇으로 인하여 항상과 무상을 설하는가? 저 말에 직접적으로 답하자면, 너의 신아는 본래 없는데 무슨 이유로 항상과 무상을 설하는가? 저 또한 곧 단견에 떨어진다. 그래서 붓다께서 답하지 않으시고 그로 하여금 스스로 그릇된 집착을 알게 하여 참괴심을 내게 하고, 근기가 성숙하면 비로소 무아를 설하신다.

아는 실유實有가 아닌 연고로 실유와 오온이 하나인가 다른가를 설할 수 없는 아我이다. 출세간 법 중에 실로 여래가 있다고 집착함 또한 전도이고, 『중론·관여래품』에 해석한 바와 같이 여래가 열반에 들어간 후에 실로 있는가 없는가는 네가 설할 수 없다. 그러나 근기가 성숙한 자는 무아의 뜻을 설할 수 있는데, 용군龍軍 논사가 국왕의 물음에 답함과 같다. 국왕이 용군에게 묻되, '아는 항상한가 무상한가?' 용군이 국왕에게 돌려 묻되, '대왕의 궁궐 중에 귤나무의 열매가 신가

단가?' 왕이 '나의 궁에는 귤나무가 없는데 어찌 시고 단 것을 말하겠는가?'라고 답했다. 논사가 이에 답하여 이르되, '본래 아가 없는데, 어찌 상과 무상을 설하는가?' 왕이 이 인연으로 깨달음을 얻었다. 따라서 붓다께서 이 열네 가지 물음에 답하지 않으신 것은 그 물음이 이치에 맞지 않고 그 근기에 다시 답할 게 없기 때문이다. 『사백론』에 이르되, 이 붓다가 이 같은 14가지 물음에 답하지 않음은 일체지가 아닌 것을 말하는 것이니, 이 열네 물음에 답이 필요 없고, 붓다가 답하지 않음으로써 바로 족히 일체지를 보게 된다. 이 같은 십사무기는 소승이 공통으로 허락하는 것이다. 정량부 중에는 비구가 만약 이 14구를 설하면 곧 응당 쫓아내고 구금시켰다고 한다. 현금에 만약 온이 곧 아라고 말한즉 곧 수기하지 못함이 아니다.

**若汝瑜伽見無我 爾時定見無諸法** 약여유가견무아 이시정견무제법
**若謂爾時離常我 則汝心蘊非是我** 약위이시리상아 즉여심온비시아

만약 너 유가사가 무아를 보면 이때 꼭 모든 법이 없음을 보고 만약 이때 항상 있는 아를 여의면 곧 네가 말하는 마음과 오온은 아가 아니다.

소승이 수행하여 진실한 견도見道를 수행하는 것을 허락할 때에, 고제의 4상四相 중에서 법무아를 본다. 만약 오온이 아라면 응당 오온이 없음을 본다. 그러나 만일 네가 오온이 자성이 있음을 허락하여 오온이 없음을 보면 이는 단견이다. 만약 견도의 보는 바가 무아라면, 이에 외도가 집착하는 바의 항상 있는 아가 없음을 볼 뿐, 오온이 없음을

봄이 아니다. 즉 아집의 인연하는 바의 경계도 응당 항상 있는 아일 뿐, 오온 혹은 식온이 아니다.

汝宗瑜伽見無我 不達色等眞實義 여종유가견무아 부달색등진실의
緣色轉故生貪等 以未達彼本性故 연색전고생탐등 이미달피본성고
너희 종파의 유가사가 무아를 보는 것은 색 등의 진실한 뜻을 통달하지 못하여
색을 인연하여 유전하여 탐심 등이 생기고 저 본성을 통달하지 못했기 때문이다.

만약 네가 허락한 바의 수행인이 견도를 증오했다면 "항상 있는 아"가 없음을 보아 곧 색 등과 관련이 없음을 알지만, 색 등의 진실성을 통달하지 못하기 때문에 여전히 색 등을 인연하여 번뇌를 일으킨다. 그러나 진실로 도를 보았을 때에는 응당 번뇌를 일으키지 아니하기에 그것은 바른 이치가 아니다.

若謂佛說蘊是我 故計諸蘊爲我者 약위불설온시아 고계제온위아자
彼唯破除離蘊我 餘經說色非我故 피유파제리온아 여경설색비아고
由餘經說色非我 受想諸行皆非我 유여경설색비아 수상제행개비아
說識亦非是我故 略標非許蘊爲我 설신역비시아고 약표비허온위아
만약 붓다께서 온이 아라고 설한 연고로 제 온이 아가 된다고 계교한다면
저는 오직 온을 여읜 아를 파하여 제하기 위함이고 다른 경에서는 색은 아가 아니라고 설한 연고며

다른 경에서 색온이 아가 아니고 수상 제행이 다 아가 아니라고 설함을 말미암아
식 또한 아가 아니라고 설하기에 간략히 온이 아님을 허락하지 않음을 표시한다.

위 두 구는 소승이 경을 인용하여 힐난함을 중첩하고, 후의 6구는 통달함을 해석한다. 『아함』에 이르되, 모든 사문이나 바라문에게 있는 바의 아집은 모두 오취온五取蘊을 인연하여 일어남을 안다. 저는 이를 인용하여 붓다께서 오온이 아라고 설함을 논증한다. 오온이 아가 아니라고 설함은 경을 어긴 과실이 있음에 어떻게 회통하는가? 이에 해석해 이르되, 붓다께서 아집이 오온을 인연하여 일어남을 설하심에 오직 외도가 온을 여의고 있다고 계교하며 집착함을 파하기 위함이다. 다른 곳에서 경에 다시 색이 아가 아니고 수가 아가 아님을 말하니, 붓다께서 아집은 온을 의지하여 일어남을 설하심을 보며, 아가 곧 오온임을 허락함이 아니다. 위의 글은 다만 간략히 표시하였는데, 총합해서 말하면 아집은 온을 의지하여 일어남을 말할 뿐 추가로 간별하지 아니하며, 다른 곳에서 널리 해석한다.

經說諸蘊是我時 是諸蘊聚非蘊體 경설제온시아시 시제온취비온체
非依非調非證者 由彼無故亦非聚 비의비조비증자 유피무고역비취
경에 모든 온이 아라고 설한 때에 이 모든 온취가 '아'이고 온체가 아가 아니며
의지, 조복, 증명이 아니며 저 없음을 말미암은 연고로 또한 오온취도

아니다.

이 한 게송은 놓아 파함인데, 첫 구는 놓음이고 다음 구는 뺏음이며, 말미의 두 구는 온취蘊聚가 또한 아가 아님을 나아가 파하고 있다. 비록 경에 모든 온이 아임을 설함을 놓아 허락하고 또한 오직 응당 제온 화합의 모임인 거짓 체로써 아를 삼음을 가리켜도 하나하나의 온 자체를 설함이 아니니, 위에서 모든 과실을 설하였기 때문이다. 그리고 경에 또 설하되, 아 자체가 귀의가 되고 능히 아를 조복한즉 선취에 나며, 아가 선악을 짓고 아가 증명하는 자가 된다. 네가 실로 의지하는 바가 있고 조복하는 바와 증명한 자가 있다고 계교하는 것은 저 온취가 체가 없고 오직 가화합이며 실로 있음이 아닌 연고이니, 오온의 무더기는 아가 아니다.

**爾時支聚應名車 以車與我相等故** 이시지취응명차 이차여아상등고
**經說依止諸蘊立 故唯蘊聚非是我** 경설의지제온립 고유온취비시아
이때 지분의 모임이 응당 차車라 이름하고 차와 아가 서로 같은 연고로 경에 모든 온을 의지하여 아를 세우니 오직 온의 무더기일 뿐 아가 아니다.

위 두 구는 반복하여 구제함을 파한다. 저가 만약 구제하여 이르되, 모든 온의 모임이 곧 실지 아(實我)를 증명하는 것이 된다. 이에 저를 힐난하여 이르되, 만약 온을 모은즉 아를 이루고, 차車의 지분을 쌓아 바퀴, 축, 끌채, 비녀장 등을 한곳에 모아 맞추면 응당 곧 차(수레)가

됨과 같음은 두 상相이 같기 때문이다. 아래 두 구는 자체 종파를 나타내는 것으로, 경에 아는 오온을 의지한다고 설하며 응당 오직 오온 무더기를 의지하여 아가 된다고 가설됨을 허락하나, 오온이 곧 아는 아니며, 의지하는 바가 능히 의지하는 주체가 되지 못하기 때문이다.

**若謂是形色乃有 汝應唯說色是我** 약위시형색내유 여응유설색시아
**心等諸聚應非我 彼等非有形狀故** 심등제취응비아 피등비유형상고

**만약 형색이 있는 것이라고 설하면 너는 응당 오직 색이 아라고 말할 것이고**
**마음 등 모든 무더기는 응당 아가 아니며 저 등은 형상이 있지 않기 때문이다.**

처음 네 자는 저의 구제함을 중첩한 것이고 아래는 파함이다. 만약 무더기가 차가 아니고 수레의 형상이 차라고 말하면, 오온의 무더기는 아가 아니고 무더기의 형상이 아니며, 형상은 색온이 있음이 필요한데, 네가 오직 색온이 아라고 설하면 나머지 모든 온은 다 아가 아니니, 저 나머지 온은 형상이 없기 때문이다.

**取者取一不應理 業與作者亦應一** 취자취일불응리 업여작자역응일
**若謂有業無作者 不然離作者無業** 약위유업무작자 불연리작자무업

**취하는 자가 하나를 취함은 이치가 아니고 업과 작자 또한 응당 하나인 때문이며**

만약 업이 있고 작자가 없다고 말하면 그렇지 못하니, 작자를 여의고는 업이 없다.

네가 아가 업을 짓고 능히 모든 온을 취한다고 허락함에, 아는 능히 취함이 되고 온은 취하는 바가 된다. 아와 온이 하나이고 취하는 자와 취하는 바가 하나가 되면 작자와 지은 바 업이 응당 하나가 되고, 도자기공과 도자기가 또한 하나가 되는 것이니, 인과가 곧 혼란해 진다. 또 능히 짓는 아가 없고 오직 짓는 바인 업만 있음은 허락하지 않으며, 짓는 자를 여의고 지을 바 업은 없기 때문이다. 업과 작자는 오직 서로 관대하고, 거짓 이름이 업이 되고 거짓 이름이 작자이니, 하나가 무너지면 함께 무너지게 된다.

佛說依於地水火 風識空等六種界 불설의어지수화 풍식공등육종계
及依眼等六觸處 假名安立以爲我 급의안등육촉처 가명안립이위아
說依心心所立我 故非彼等卽是我 설의심심소립아 고비피등즉시아
彼等積聚亦非我 故彼非是我執境 피등적취역비아 고피비시아집경

붓다가 지, 수, 화, 풍, 식, 공 등 6종계를 의지하고
안 등 6촉처를 의지하여 가명으로 설립하여 아를 삼는다고 설하신다.
심과 심소를 의지하여 아를 세운 연고로 저 계界 등은 곧 아가 아니고
저 등을 모은 것 또한 아가 아니며, 따라서 저 등은 아집경이 아니라고
설한다.

이는 자종이 가립의 아를 허락하고 온에 즉한 아를 파함을 냄이다.

『보적경·부자상견회』에 이르되, 업을 짓고 과보를 받는 아는 6계, 6촉처 및 18의 근행 등 가명을 의지하여 안립한다. 심과 심소를 의지하여 안립하여 아를 삼으니, 심과 심소 하나하나의 법이 곧 아가 아니며, 또한 심과 심소의 모임이 곧 아가 아닌 연고로 심과 심소가 또한 총합하고 또한 별개인 것이 다 아집의 연하는 바의 경계가 아님을 설한다.

**證無我時斷常我 不許此是我執依** 증무아시단상아 불허차시아집의
**故云了知無我義 永斷我執最希有** 고운요지무아의 영단아집최희유

무아를 증한 때에 항상 있는 아가 단절되고 이것이 구생아집의 소의경임을 허락하지 않으며
따라서 무아의 뜻을 통달함이 영원히 아집을 끊는 가장 희유함이 된다.

만약 네가 항상 있는 아가 아집의 의지가 됨을 허락하지 않고, 또 도를 보는 때에 항상 있는 아를 끊은즉 오온을 의지하여 일으킨 아집을 끊는다고 하면, 이는 진실로 본래 있지 아니한 그릇된 이론이다.

**見自室壁有蛇居 云此無象除其怖** 견자실벽유사거 운차무상제기포
**倘此亦能除蛇畏 噫嘻誠爲他所笑** 당차역능제사외 희희성위타소소

자신의 실내에 뱀이 살고 있음을 보고 이곳에 코끼리가 없는 줄 알면 그 두려움이 없고
만약 이로써 능히 뱀의 두려움을 제거한다면 아! 참으로 그는 웃음거리가 된다.

이 비유는 웃음거리가 됨을 나타낸다. 실내에 뱀이 있다고 두려워하다가 실내에 뱀이 없음을 알면 곧 능히 두려움이 제거된다. 만일 다만 모양이 없음을 설한다면 어찌 저 뱀을 두려워하는 생각을 제거한다고 할 수 있는가? 만약 모양이 없다고 말하여 뱀을 두려워하는 마음을 없애고자 한다면 이는 진실로 세상 사람이 웃을 일이다. 뱀은 오온을 의지하여 아에 집착함을 비유하고, 상은 항상 있는 아에 의해 아를 집착함을 비유하여, 오온에 의지하는 아집을 제거하고 온을 여읜 항상 있는 아를 끊어 제거하고자 한다면, 약이 병에 대치하지 못함과 같은 것이니 웃음거리가 될 뿐이다.

**於諸蘊中無有我 我中亦非有諸蘊** 어제온중무유아 아중역비유제온
**若有異性乃有此 無異故此唯分別** 약유이성내유차 무이고차유분별
모든 온 중에 아가 없고 아 가운데 또한 모든 온이 없으며
다른 체성이 있으면 이것이 있지만 다른 자성이 없는 연고로 이는 오직 분별이다.

이 한 게송은 서로 의지함을 파함이다. 만약 아가 오온을 의지하여 있다고 말하면 아가 응당 온 가운데 있고 사람이 장막 안에 있음과 같으며, 오온이 아를 의지하여 있으면 응당 오온이 아 가운데 있어서 만일 그릇 가운데 있으면 아와 온은 응당 각각 다른 체로 있음을 보게 된다. 현금에 온 중에 아가 없고 아 중에 온이 없으며 찾아도 마침내 얻을 수 없다. 만약 각기 다른 체성이 있으면 이는 서로 의지하는 일이 있음이기에 찻잔이 차상을 의지함과 같으며, 현금에 다른 체가

없는 연고로 서로 의지한다고 말함은 오직 허망한 분별이다.

**我非有色由我無 是故全無具有義** 아비유색유아무 시고전무구유의
**異如有樂亦如色 我色俱無一異性** 이여유낙역여색 아색구무일이성
**아가 색이 있지 아니함은 아가 없기 때문이고 그렇기에 온전히 갖추었다는 뜻이 없으며**
**다른 체로 낙이 있는 것 같고 색과 같지만 아와 색은 함께 하나이거나 다른 체성이 없다.**

이는 상속을 파한다. 만약 아에 색온 등이 있어 온에 즉함이 되는 것이라고 말함은 이 또한 그렇지 않다. 아가 오히려 또한 있지 않은데, 저는 어찌 능히 타법인 오온 등을 갖출 수 있겠는가? 또 설사 아가 능히 오온이 있음을 허락한다 해도 사람이 낙이 있음과 같은 있음이 되는가? 사람이 좋은 얼굴색이 있다고 함과 같음의 있음인가? 사람이 낙이 있으면 곧 아와 오온은 다른 체이고, 사람이 좋은 얼굴색이 있을 것 같으면 곧 아와 온은 한 체이다. 아와 온이 한 체이고 다른 체임을 함께 설할 수 없으며, 위에 이미 파함과 같아서 아가 온이 있음이 온에 즉함이 된다고 설할 수 없다.

**我非有色色非我 色中無我我無色** 아비유색색비아 색중무아아무색
**當知四相通諸蘊 是爲二十種我見** 당지사상통제온 시위이십종아견
**由證無我金剛杵 摧我見山同壞者** 유증무아금강저 최아견산동괴자
**謂依薩迦耶見山 所有如是衆高峰** 위의살가야견산 소유여시중고봉

아는 색이 있음이 아니고 색은 아가 아니며 색 중에 아가 없고 아에 색이 없으며
마땅히 4상[91]이 모든 온에 통함을 알면 이는 이십 종의 아견이 된다.
무아를 증오한 금강저를 말미암아 아견 산을 부수고 함께 무너지는 것이
살가야견을 의지한 산이며 모든 이와 같은 많은 높은 봉우리를 말한다.

이는 아집의 수를 총결한다. 아我가 색色이 있음이 아니라는 것은 온이 아에 속하지 않음을 말한다. 색이 아가 아닌 것은 온이 아와 한 체가 아님을 말한다. 색 중에 아가 없다는 것은 아가 온을 의지하지 않음을 말한다. 아가 색이 없다는 것은 온이 아를 의지함이 아님을 말한다. 이같이 4상이 오온에 통하는 연고로 이십 종의 아견이 있다. 이는 오직 세간 사람들이 설하는 것이며, 만약 외도가 설하는 오온 아를 여읨을 더하고 응당 이십오 종의 아견이 있다. 무명지無明地 위에 아견의 산이 날로 증장한다. 아견의 산을 의거하여 이 이십 종의 높은 봉우리가 나뉘어 나온다. 도를 보는 때에 무아를 증오함을 말미암아서 금강지金剛智의 방망이로써 아견의 산을 부수고 이십 견見의 많은 고봉도 또한 동시에 부숴 파한다.

**有計不可說一異 常無常等實有我** 유계불가설일이 상무상등실유아
**復是六識之所識 亦是我執所緣事** 부시육식지소식 역시아집소연사

---

91 색이 아님, 아에 색이 있음, 색이 아에 속함, 아가 색 중에 있음.

**같고 다름, 항상 있고 무상한 등이 불가설이라고 계교함이 있으나 실로 자성이 있는 아가 있으며**
**다시 6식의 인식하는 바 법이며 또한 아집의 인연하는 바의 일이 된다.**

이는 독자부犢子部 등의 계교에서 나온다. 저는 아가 실로 있다고 계교하고, 불가설의 상·무상 등과 또한 불가설의 온과 더불어 하나이고 다른 체임을 계교한다. 전5식 또한 아집을 일으킴을 허락하는 연고로 저는 6식이 함께 연을 구족하는 경계이고, 또한 곧 아집이 인연하는 바의 경계임을 말한다.

**不許心色不可說 實物皆非不可說** 불허심색불가설 실물개비불가설
**若謂我是實有物 如心應非不可說** 약위아시실유물 여심응비불가설
**마음과 색이 설하지 못함을 허락하지 않고 일체 실지 있는 물건은 다 설하지 못함이 아니며**
**만일 아가 실로 있는 물건이라 말하면 심식은 응당 설하지 못함이 아닌 것과 같다.**

이 한 게송은 아가 실로 있고 응당 가히 설하지 못함이 아니라고 함을 파함이며, 『구사론·파아품』 주석 중에 널리 파한 글이 있는데, 여기서는 단지 간략히 파한다. 네가 응당 가히 설하지 못함이 아니라고 계교하고, 실로 있음을 허락하는 연고로 너는 색과 심 등이 실임을 허락하고 색과 심 등이 설하지 못함으로 허락하지 않으며, 아가 실로 있음이 응당 또한 설하지 못함이 아님을 허락한 것이니, 마음 등과

같다고 비유한다.

如汝謂甁非實物 則與色等不可說 여여위병비실물 즉여색등불가설
我與諸蘊旣叵說 故不應計自性有 아여제온기파설 고불응계자성유
네가 물병이 실물이 아니라고 말하면 곧 색 등 지분의 한 체, 다른 체를 가히 설할 수 없으며
아와 모든 온이 일성, 다른 성을 이미 설할 수 없는 가유이면 곧 자성이 실로 있음을 계교하지 못한다.

이 게송은 아가 거짓으로 있음을 세운다. 네가 계교하는 아는 자성이 있지 않고, 오온과 더불어 하나인지 다른 것인지 설하지 못하며, 병과 같이 색 등과 더불어 하나인지 다른 것인지 설하지 못함을 네가 허락하며, 또한 실로 있지 않음을 허락한다.

汝識不許與自異 而許異於色等法 여식불허여자이 이허이어색등법
實法唯見彼二相 離實法故我非有 실법유견피이상 이실법고아비유
너의 식은 자체와 더불어 다름을 허락하지 않고 색 등의 법과 다름을 허락하며
실법은 오직 저 두 가지 상을 보고 실법을 여윈 연고로 아의 자성이 있지 아니하다.

너는 식온이 실법이고 자체와 더불어 다르지 않으며 곧 이것이 온에 즉함을 허락한다. 또한 색 등의 법과 달라 곧 온을 여윈 것임을

허락한다. 실법은 오직 온에 즉하거나 온을 여읜 두 가지 상이 있다. 네가 집착하는 바의 아는 온에 즉하고 온을 여읨이며, 위 글에서 함께 이미 파하였으며, 실법의 두 상을 여읜 연고로 아는 있지 않다.

**故我執依非實法 不離五蘊不卽蘊** 고아집의비실법 불리오온부즉온
**非諸蘊依非有蘊 此依諸蘊得成立** 비제온의비유온 차의제온득성립
**곧 아집은 실법이 아님을 의지하고 오온을 여의지 않으며 온에 즉하지 않고**
**아는 모든 온의 소의가 아니며 또 아의 자성이 온이 있지 아니하며**
**이는 모든 온의 인연을 모아 가립하여 성립하게 된다.**

자종을 결론 맺는다. 위로 말미암아 이미 모든 계교를 파했고 따라서 아집의 의지하는 바는 반드시 실법이 아니고 온을 여읨이 아니며, 온에 즉함도 아니고 온을 의지함도 아니며, 온이 의지하는 바도 아니고 능히 모든 온이 있지 아니함을 안다. 오직 모든 온이 모인 무더기를 의지하는 가유假有의 아가 아집이 의지하는 바가 된다.

**如車不許異支分 亦非不異非有支** 여차불허이지분 역비불이비유지
**不依支分非支依 非唯積聚復非形** 불의지분비지의 비유적취부비형
**수레가 지분과 다른 체가 있음을 허락하지 않고 또한 다르지 않고 한 성품인 것도 아니며**
**자성이 지분을 의지하지 않으며 지분이 수레에 의지하는 바가 아니고**
**지분을 쌓아 모음이 아니며 또한 지체의 형상도 수레가 아니다.**

이는 수레의 비유로써 7상을 추론하여도 이를 얻을 수 없음을 밝힌다. 수레를 아에 비유하고, 수레의 부속품인 차궤와 바퀴, 축 등은 오온에 비유하며, 차체, 차바퀴, 차축 등을 거짓으로 세워서 수레를 삼는다. 1. 수레가 부품과 다른 것을 허락하지 않음은 온을 여읜 아를 허락하지 않음을 비유하니, 차체 바퀴 축을 여의고 수레는 성립할 수 없는 연고이다. 2. 다른 체가 아님이 아닌 것은 차의 바퀴, 축 등이 또한 완전히 하나가 아님을 말하고, 아와 온이 하나임을 허락하지 않음을 비유한다. 수레와 바퀴 축이 하나이면 차체가 응당 많음을 이루고 이치에 맞지 않는다. 3. 지분이 있지 않는 것은 수레가 바퀴와 축 등이 있지 않고 수레가 바퀴와 축이 있음이 실로 있는 게 아님을 말한다. 실아實我가 능히 오온에 있지 아니함을 비유한다. 4. 부품 지분을 의지하지 않는 것은 실로 수레가 바퀴와 축을 의지함이 없음을 말함이며, 실아가 오온을 의지하지 않음을 비유한다. 5. 부품이 의지함이 아닌 것은 실로 수레가 있어 바퀴와 축의 의지하는 바가 되지 않음을 말하며 실아가 오온의 의지하는 바가 됨이 없음을 비유한다. 6. 쌓고 모으는 것이 아닌 것은 바퀴와 축을 종횡으로 한곳에 쌓아서 문득 차체가 된 것이 아님을 말하며, 오온을 모아 두어 실아가 생긴 것이 아님을 비유한다. 7. 형상이 아닌 것은 바퀴와 축을 쌓아서 이 같은 형상이 있고 실지 수레가 된 것이 아님이며, 오온이 화합한 형상이 문득 실아가 됨이 아님을 비유한다. 이 7상相 중에 앞의 5상은 전에 이미 파해 마쳤고, 뒤의 2상은 전에 오직 간략히 파하였으니, 아래에 널리 해석한다.

**若謂積聚卽是車 散支堆積車應有** 약위적취즉시차 산지퇴적차응유
**由離有支則無支 唯形爲車亦非理** 유리유지즉무지 유형위차역비리
만약 쌓아 모은 것이 수레라고 하면 낱개의 부품이 쌓여 수레가 응당 있고
부품이 조립된 것을 여의면 곧 부품이 없어지며 오직 그 형상이 수레가 됨은 이치가 아니다.

위 세 구는 쌓아 모음을 파한 것이고, 아래 한 구는 형상을 파한다. 첫 구는 저의 계교를 중첩하고, 다음 구는 이치가 아님을 나타낸다. 제3구는 지분이 실로 있음이라고 계교함을 파한다. 만약 바퀴와 축을 쌓아 모은 것을 곧 수레라 하면 수레의 몸통, 바퀴, 축 등 부품이 산만하게 쌓여 응당 곧 수레가 되나 실은 그렇지 못하는 연고로 응당 쌓아 모음으로써 수레라고 명하지 못한다. 저가 더 나아가 계교하여 이르되, 난립하게 모은 바퀴와 축 등이 비록 수레라고 말하지 못하나 수레의 부품이며, 수레는 비록 없으나 수레의 부품은 있다. 이는 저에 답하여 이르되, 만약 오히려 수레가 없으면 어떻게 수레의 부품을 얻음이 있고, 사람이 없는데 어떻게 사람의 사지 등이 있겠는가? 주객의 있음이 상대로 서니 만약 지분을 설하면 반드시 온전한 체가 있다. 만약 평생 수레를 본 적이 없으면 수레의 그림도 보지 못하고, 또 사람이 수레의 모양에 대한 설명을 듣지 못하면 그가 바퀴와 축 등을 보아도 반드시 수레의 부품임을 알지 못하며, 오직 바퀴가 둥근 것만 알고, 축은 긴 막대기이고, 각자 다른 하나의 물건이 될 뿐 수레와 더불어 아무런 관계가 없다. 지분이 있다는 것은 곧 온전한 체이고

능히 지분이 있음을 말하기 때문이다. 수레가 없음을 말미암은즉 또 지분이 없는 연고로 오직 지분이 모아져서 수레가 된다고 계교함은 도리가 아니다. 오직 형상이 수레가 됨이 이치가 아님을 총결하여 그 그릇됨을 나타내었으니, 다음에 이어 널리 해석한다.

汝形各支先已有 造成車時仍如舊 여형각지선이유 조성차시잉여구
如散支中無有車 車於現在亦非有 여산지중무유차 차어현재역비유

네 형상에 각 지분이 먼저 이미 있었고 수레를 맞춰도 여전히 옛날과 같아서
각각의 지분 중에 수레가 없고 수레가 현재에 또한 있지 않다.

만약 형상이 수레가 된다고 허락하면 이 형상은 각각 지분의 형상이 되는가? 지분을 모아 둔 형상이 됨인가? 각각 지분의 형상이라는 것은 지분의 원형이 되는가? 쌓아둔 후의 새로운 형상이 되는가? 만약 이 형상이 쌓아두기 전의 각각 지분의 원형을 허락한즉 이 게송의 파하는 바이고, 네가 계교하는 바인 수레의 형상이 됨은 또 쌓아두기 전에 이미 각각 지분 중에 있음이고 먼저 응당 볼 수 있어야 한다. 그러나 수레를 이루지 못한 때에 바퀴는 오직 바퀴 형상이고 수레의 형상이 없으며, 축은 오직 축의 형상일 뿐 수레의 형상이 없다. 이같이 하나하나 지분에 모두 수레의 형상이 없다. 수레를 맞춰 만든 때에 각각 지분의 형상은 여전히 전과 같아서 너의 이 수레 형상은 어디를 좇아 얻었는가? 따라서 이 수레는 있는 것이 아닌 줄 알게 된다.

**若謂現在車成時 輪等別有異形者** 약위현재차성시 윤등별유이형자
**此應可取然非有 是故唯形非是車** 차응가취연비유 시고유형비시차
만약 현재 수레가 완성된 때에 바퀴 등 별도로 다른 형체가 있다고 말하는 것은
이는 응당 취하여도 있는 게 아닌 연고로 오직 형상일 뿐 수레가 아니다.

이는 더 나아가며 계교함을 파하며, 쌓아 모음을 의지한 후에 각각 지분의 새로운 모양인 수레가 있다. 위 두 구는 저의 계교를 중첩하고, 제3구는 과실을 내며, 제4구는 결론지어 파한다. 만약 수레가 이뤄진 때에 곧 바퀴와 축 등이 모아진 때 생긴 형상과, 모으지 않은 때의 각각 지분의 형상이 다름이 있다고 말하면, 곧 이 새로운 형상으로써 수레가 된다는 것은 또한 이 다른 체의 형상을 응당 보게 됨이 있다. 그러나 이 모아둔 지분은 낱개의 지분과 더불어 실로 다른 체의 형상은 얻을 수 없다. 이미 실지 수레의 형상을 가히 얻을 게 없는 연고로 형상으로써 수레가 됨을 설할 수 없다.

**由汝積聚無所有 彼形應非依支聚** 유여적취무소유 피형응비의지취
**故以無所有爲依 此中云何能有形** 고이무소유위의 차중운하능유형
네가 없는 바를 모아 쌓음으로써 그 형상이 응당 지분의 모음인 가립을 의지함이 아니기에
있지 아니한 바로써 의지를 삼는데 이 가운데 어찌 능히 형상이 있겠는가?

이는 지분 모음의 형상으로 수레가 됨을 파한다. 만약 네가 이

형상이 바퀴와 축 등의 모음에 의지함을 허락한다면 각각의 바퀴와 축을 의지하지 않는 자는 또한 과실이 있다. 네가 허락한 모음이 곧 거짓된 법, 있는 바 없음, 얻지 못함, 실로 체성이 없음으로 모아진 수레를 허락한 것이 된다. 수레가 만약 실로 있으면 의지하는 바의 형상은 또한 응당 실로 있으며, 실로 있는 형상은 응당 거짓으로 있는 모음을 의지하지 않는다. 또한 모아진 것은 거짓이고 저를 의지한 형상 또한 거짓이며 형상을 의지한 수레는 더욱 응당 거짓이므로, 현금에 거짓 법을 모음을 의지하여 형상이 있고 이 형상을 의지하여 실로 수레가 있다고 말함은 불가하다.

**如汝許此假立義 如是依於不實因** 여여허차가립의 여시의어불실인
**能生自性不實果 當知一切生皆爾** 능생자성불실과 당지일체생개이
**네가 이 가립의 뜻을 허락하고 이같이 실답지 않은 인에 의지하며 능히 자성이 실답지 않은 과를 냄이니 일체 생함이 다 그런 줄을 마땅히 안다.**

이는 저를 의지하여 더 나아가 계교하여 자기 종의 인과를 가상으로 세운 뜻을 내었다. 위에서 이미 만약 형상이 실로 있으면 응당 거짓 있음의 모음이 아니라고 말함을 파했다. 저가 더욱 계교하여 말하되, 내가 만약 이 형상이 거짓이라고 허락하면 응당 거짓으로 모음을 의지하여 있다. 이곳에서 저에 답하여 이르되, 만약 거짓 모음을 의지함을 허락하면 거짓 수레 형상이 있고, 이 거짓 모양을 의지하면 거짓 수레가 있음인데 이는 곧 내가 허락하는 바와 같다. 자성이 없고

진실치 못한 거짓 인을 의지하면 자성이 없고 진실이 아닌 거짓 결과가 생겨서 일체법이 다 거짓이고, 곧 일체 형상이 다 있음을 허락함이 되므로 일체법이 생기는 인과는 다 이같이 성립한다.

**有謂色等如是住 便起瓶覺亦非理** 유위색등여시주 편기병각역비리
**由無生故無色等 故彼不應卽是形** 유무생고무색등 고피불응즉시형
색 등이 이같이 머무르며 문득 물병의 인식을 낸다고 함은 또한 이치가 아니며
남이 없음 때문에 색 등이 없는 연고로 저는 응당 곧 형상이 아니다.

이는 소승에 대하여 저가 극미極微를 의지하여 형상이 있다고 계교함을 파한다. 어떤 이가 이렇게 이른다고 함은 소승인이 말함을 가리킨다. 저가 이르되, 색 등 4대 극미로 머문다. 도자기공이 짓는 바는 형상에 안주함에 문득 능히 사람으로 하여금 병이란 앎을 일으키게 한다. 중생이 이 형상을 봄으로써 문득 이것이 병임을 안다. 만약 깨져서 조각이 되면 곧 병이라고 하지 못한다. 이른바 병은 곧 쌓아 모은 형상을 가리킴을 보게 된다. 이는 저를 파해 이르되, 앞에 자성이 생기는 것을 파할 때의 설한 바 이치를 따르면 실로 자성이 있는 색 등의 극미는 없음을 알 수 있다. 실색實色은 오히려 얻지 못하고 또한 실지 형상이 없는 연고로 저 병은 응당 곧 이 색 등 극미가 모아진 형상이 아니다.

**雖以七相推求彼 眞實世間皆非有** 수이칠상추구피 진실세간개비유

若不觀察就世間 依自支分可安立 약불관찰취세간 의자지분가안립
可爲衆生說彼車 名爲有支及有分 가위중생설피차 명위유지급유분
亦名作者與受者 莫壞世間許世俗 역명작자여수자 막괴세간허세속

비록 7상[92]으로써 저를 추구하나 진실과 세간은 모두 있지 않고
만약 관찰하지 않으면 세간이며 자체 지분을 의지하여 안립한다.
중생을 위해서 저 수레를 설하고 각기 유지와 유분이라고 명하며
또 작자와 수자라 말하고 세간을 파하지 말고 세속을 허락해야 한다.

이 두 게송은 세속제를 파하지 않음을 나타낸다. 비록 7상으로써 수레의 자성을 추구하지만 진실한 이치 중에는 없고 세간 현량의 견해 중에도 또한 없으나, 만약 자성이 있고 없음을 관찰함이 없으면 오직 세간 명언에 나아가 공동으로 허락하고 바퀴와 축 등의 지분을 의지하며 여전히 거짓 이름으로 안립하여 수레를 삼고 중생을 위하여 이것이 수레라고 설한다. 바퀴와 축 등 지분에 대하여 또한 저가 지支가 있고 분分이 있음을 설할 수 있다. 그 작용이 있음에 나아가 말하면 또한 작자作者라고 설하고, 그 작용이 되는 대상에 나아가 말하면 또한 수자受者라 설한다. 아는 거짓 이름으로 안립함을 허락하고 본래 세간을 어기지 않고, 네가 자성이 있다고 집착함을 인하여 비로소 진리로써 관찰하여 자성이 공함을 본다. 만약 네가 자성이

92 7상七相: 1) "아"와 "오온"이 한 체가 아님, 2) 아와 오온이 다른 체가 아님, 3) 아가 오온을 의지함이 아님, 4) 오온이 아를 의지함이 아님, 5) 아와 오온이 서로 구비되는 관계가 아님, 6) 인체의 전체 모습이 아가 아님, 7) 지분의 모은 총합체가 아가 아님.

공함으로 세간 세속을 파한다고 말한 것은 그 허물이 너에게 있고 나에게 있지 않다. 그러나 자성이 공함이 실로 세간 세속을 파하지 못하고 자성이 있다고 집착하면 비로소 세간을 어기는 연고로 내가 지금 너에게 권하니 세간에서 공동으로 허락하는 바의 세속제를 파괴하지 말기 바란다.

**七相都無復何有 此有行者無所得** 칠상도무부하유 차유행자무소득
**彼亦速入眞實義 故如是許彼成立** 피역속입진실의 고여시허피성립

7상은 모두 자성이 없음이니 어찌 있음이 있겠는가? 이 자성이 있음은 행자가 얻는 바가 없음이 있으며
수레의 비유로 또한 속히 진실한 뜻에 들며 따라서 이같이 비유가 성립함을 허락한다.

위 삼구는 자성이 공함을 통달한 것의 수승한 이익을 나타내고, 말구는 가상으로 있음을 파하지 않음을 나타낸다. 이미 7상으로써 추구하여 다 수레를 얻을 수 없는데, 자성이 있다고 집착하는 바의 수레는 다시 어찌 있는 바인가? 이 자성이 있는 법은 중관의 행을 닦는 자가 이미 7상으로 구하여 모두 얻는 바가 없고, 저 행자가 얻는 바가 없음을 말미암는 연고로 곧 속히 인연으로 생겨나서 자성이 공한 것임의 진실한 뜻을 깨달으며, 이 이익을 쓴 연고로 성공性空을 관찰한다. 오직 자성이 없음을 관찰함을 말미암아 곧 세간 또한 저 일체 인과가 성립함을 허락한다.

若時其車且非有 有支無故支亦無 약시기차차비유 유지무고지역무
如車燒盡支亦毁 慧燒有支更無支 여차소진지역훼 혜소유지갱무지

만약 수레가 또한 있지 아니한 때이면 유지有支가 없는 연고로 지분 또한 없으며
수레가 다 타서 없으면 지분 또한 훼멸되고 지혜로 조립체를 태우니 다시 지분이 없다.

이는 특히 소승을 대하여 천천히 나아가 계교함을 파한다. 저가 비록 수레가 없음을 알지만 실實을 삼는 집착을 제거하지 않고, 여전히 바퀴와 축이 실로 있음을 집착한다. 마치 수레를 해체함과 같아서 여전히 바퀴와 축이 있어 얻게 된다. 이 바퀴와 축을 곧 수레의 지분이 된다고 집착하지 못하며 그 이치는 전에 이미 설한 바와 같다. 유지有支의 수레를 관하고 대하여 비로소 유지가 수레의 각각의 지분이라 이름하며, 전체가 이미 없으면 곧 전체의 각 부분도 없다. 수레가 다 타버리면 바퀴와 축도 없고, 지혜의 불로 관찰하면 이미 전체의 실지 수레가 없는즉 각 부분의 실지의 바퀴와 축도 없다.

如是世間所共許 依止蘊界及六處 여시세간소공허 의지온계급육처
亦許我爲能取者 所取爲業此作者 역허아위능취자 소취위업차작자

이같이 세간이 공동으로 허락하는 바는 오온과 계 및 6처를 의지하고, 또 아가 능히 취하는 자가 됨을 허락하며 취하는 바는 이 작자에게 업이 됨을 허락한다.

이는 법으로써 비유에 합한다. 위와 같이 세간이 공동으로 허락함을 의지하고, 바퀴와 축을 의지하여 가상으로 안립하는 수레가 있음을 허락하며, 현금에 또한 오온 등을 의지하고 거짓 안립한 아가 있음을 허락하며, 취하는 바 오온에 대하여 능히 취하는 자라고 말한다. 만약 업으로 집착하는 바를 삼으면 이 아는 취하는 바 업을 관대하고 또 능히 취하는 자라 설한다. 만약 업으로써 짓는 바를 삼고 이 아가 짓는 바의 업을 관대하면 또 능히 짓는 자라 말한다.

**非有性故此非堅 亦非不堅非生滅** 비유성고차비견 역비불견비생멸
**此亦非有常等性 一性異性均非有** 차역비유상등성 일성이성균비유
**자성이 있지 않은 연고로 견고함이 아니고 또 견고하지 않음도 아니고 생멸도 아니고**
**이는 또한 항상함 등의 자성도 있지 않으며 아와 온이 하나인 자성과 여럿인 자성이 고루 있지 않다.**

아가 자성이 없는 연고로 견고함을 설할 수 없고, 견고하지 않음, 또 견고하고 또한 견고하지 않음, 견고함이 아니고 견고하지 않음이 아님도 설할 수 없다(견堅은 항상의 뜻). 이같이 생과 멸, 상과 무상, 하나와 많음 등 성품이 각각 4구가 또한 고루 있지 않고 자성이 없기 때문이다. 이른바 생멸 등은 자성이 있는 생멸을 가리키고 거짓 생멸 또한 있음을 허락한다. 자성이 있는 생은 곧 상常이고, 자성이 있는 멸은 곧 단斷이다. 자성이 없기 때문에 생멸, 단상 등을 고루 집착하지 못하고 일체의 변계소집에 떨어지지 않는다.

衆生恒緣起我執 於彼所上起我所 중생항연기아집 어피소상기아소
當知此我由愚癡 不觀世許而成立 당지차아유우치 불관세허이성립
중생은 항상 인연하여 아집을 일으키고 저 대상 위에 아소를 일으키며 마땅히 이 아我는 우치 때문인 줄 알고 관함 없이 세간에서 허락함을 따라 세운다.

중생이 무시로부터 항상 저 무자성의 가상의 아를 인연하고 실을 삼는 아집을 일으키며, 저 소속된 바의 법에 아소의 집착을 일으키고 오온의 집착에 실로 있는 아의 오온을 삼는 것과 같은 것이다. 모름지기 이 아는 이에 우치를 말미암는 줄 알고, 자성의 있고 없음을 관찰하지 않고 오직 세간의 공동으로 허락함을 의지하여 집착하여 실로 있음을 삼는다.

由無作者則無業 故離我時無我所 유무작자즉무업 고리아시무아소
若見我我所皆空 諸瑜伽師得解脫 약견아아소개공 제유가사득해탈
작자가 없는즉 업이 없음을 말미암는 연고로 "아"를 여읜 때에 아소가 없으며,
만약 아와 아소가 다 공함을 보면 모든 유가사는 해탈을 얻는다.

이 집착하는 바의 아소는 무아를 말미암는 연고로 저 또한 응당 없고, 작자가 없는즉 업을 짓는 바가 없는 연고이다. 만약 아와 아소가 다 공함을 보면 첫 과를 증득한 때에 스스로 과거에 집착한 바가 다 전도인 줄 알며, 이로 말미암아 다시 업을 짓지 않고 윤회 유전의

인을 끊고 생사의 끝 경계에 이르러서 해탈을 얻는다.

**瓶衣帳軍林鬘樹 舍宅小車旅舍等** 병의장군림만수 사댁소차려사등
**應知皆如衆生說 由佛不與世諍故** 응지개여중생설 유불불여세쟁고

물병, 의복, 커튼, 군대, 수풀, 목걸이, 나무와 집, 작은 수레, 여관 등이
응당 다 중생이 설함과 같이 성립하는 줄 알아야 하니 붓다는 세간과 다투지 않기 때문이다.

이 게송은 세간이 일체의 모아 쌓은 거짓 물질의 있음을 허락하므로 붓다 또한 있음을 허락함을 실제 예로써 드는 것이다. 병은 진흙이 모여 되고, 옷은 실이 모여 되며, 숲은 나무가 모여 되고, 목걸이는 구슬이 모여 되는 등이고 그 전체와 지분은 고루 관대하여 있다. 자성이 비록 공하나 작용은 없지 않으며, 붓다는 세간에 수순하여 세간이 병을 말하면 붓다 또한 병을 말하며 진흙이 모인 것을 말하지 않는다. 중생이 옷을 말하면 붓다 또한 옷을 말하고 실이 모인 것을 말하지 않는다. 중생은 실로 있음에 집착하나 붓다가 거짓 있음으로 봄이 같지 않을 뿐이다. 따라서 붓다가 세간을 파하지 않고 중관 또한 세간을 파하지 않으며 또 세간이 다 바깥 경계가 있음을 보나, 바깥 경계가 있음을 허락하지 않으면 이는 곧 세간을 파함이 된다.

**功德支貪相薪等 有德支貪所相火** 공덕지탐상신등 유덕지탐소상화
**如觀察車七相無 由餘世間共許有** 여관찰차칠상무 유여세간공허유

공덕, 지, 탐, 상, 땔나무 등과 유덕, 유지, 유탐, 소상, 타는 불 등 5쌍의 관대법이며,
수레의 7상이론으로 관찰하여 자성이 없으며 기타 세간이 공동으로 허락함을 따라 이 관대의 가립법이 있음을 삼는다.

이 게송은 가상으로 있음을 관대함에 일체를 허락함을 나타낸다. 공덕은 차별상을 말하고 그 차별되는 바의 물건은 덕이 있음이라고 말한다. 제2구의 유有 자는 아래의 지支 자 및 탐貪 자에 통한다. 유지有支는 전체를 말하고 유탐은 탐을 일으키는 중생을 말한다. 이같이 덕과 유덕, 지와 유지, 탐과 유탐, 능상과 소상, 능히 태움과 태운 바는 다 가식으로 세움을 관대한다. 만약 그 자성을 구하면 수레의 자성을 관찰함과 같아서 7상의 관찰이 다 자성이 없다. 또 관찰하지 않고 세간이 공동으로 허락함을 말미암아서 있음을 삼는다.

因能生果乃爲因 若不生果則非因 인능생과내위인 약불생과즉비인
果若有因乃得生 當說何先誰從誰 과약유인내득생 당설하선수종수
인이 능히 과를 냄은 이에 인이 되고, 만약 과를 내지 못하면 인이 아니며,
과가 만약 인이 있으면 이에 생함을 얻는데, 곧 무엇이 먼저이고 누가 누구를 좇는다고 설하는가?

이는 인과가 서로 같이 가립임을 나타낸다. 과를 대하여 인을 이루고 인을 대하여 과가 있다. 이 인과 그 법은 만약 자성이 있으면 인이

과를 좇아 있음이 되는가? 과가 인을 좇아 있음이 되는가? 또 먼저 오직 과만 있다면 다시 어찌 인을 대하는가? 또 오직 먼저 인만 있다면 어찌 능히 과를 생하는가? 또 과가 없을 때 누구의 인이 되는가?

**若因果合而生果 一故因果應無異** 약인과합이생과 일고인과응무이
**不合因非因無別 離二亦無餘可計** 불합인비인무별 이이역무여가계
만약 인과가 합하여 과를 내면 하나인 연고로 인과가 응당 다름이 없고
인에 합하지 못함은 인이 아님과 같으며 둘을 여의고 또한 기타 계교할 것이 없다.

만약 인과가 자성이 있으면 인과가 한 때 한 곳에 합하여 있어서 과를 냄이 되는가? 인과가 같은 시간, 같은 장소가 아니면서도 과를 생함이 되는가? 만약 인과가 합하고 함께 한 때 한 곳에 있으면 곧 인과가 한 체가 됨을 이룬다. 만일 인과가 합하지 않고 생하면 곧 서로 관계가 없고 다른 장소 다른 때의 종자가 또한 능히 이곳 이때의 싹을 생하며, 곧 인과 인이 아님이 다름이 없다. 합하고 합하지 않음을 제한 그 외에 다시 제3종의 방식은 없다. 만약 인과의 한 부분이 합하고 한 부분이 합하지 않는다면 합한 한 부분은 합하여 생기는 과실이 있고, 합하지 않은 한 부분은 합하지 않고 생기는 과실에 있어서 또한 이루지 못한다.

**因不生果則無果 離果則因應無因** 인불생과즉무과 이과즉인응무인

**此二如幻我無失 世間諸法亦得有** 차이여환아무실 세간제법역득유

인이 과를 내지 않은즉 과가 없고 과를 여읜즉 인은 응당 인이 없고 이 들은 환과 같아서 우리 종은 과실이 없고 세간의 모든 법은 또한 연기생으로 얻음이 있다.

이는 자종이 허락하는 바의 인과를 밝힌다. 외부인이 묻되, 너희 중관종의 인과는 어떻게 세우는가? 답하여 이르되, 인을 여의고 과가 없고 과를 여의고 또 인을 세울 연유가 없으며, 우리가 이 인과 과의 두 법을 허락함은 아직 가상의 세움을 관대함에 환의 일과 같다. 자성이 있음에 집착하지 않는 연고로 우리는 너희가 범하는 모든 과실이 없어서 세간의 인과 또한 파하지 않음을 얻는다.

**能破所破合不合 此過於汝寧非有** 능파소파합불합 차과어여녕비유
**汝語唯壞汝自宗 故汝不能破所破** 여어유괴여자종 고여불능파소파
**自語同犯似能破 無理而謗一切法** 자어동범사능파 무리이방일체법
**故汝非是善士許 汝是無宗破法人** 고여비시선사허 여시무종파법인

능히 파함과 파해짐, 합하고 합하지 않음에서 이 과실이 너에게 어찌 없다고 하겠는가?
네 말은 오직 너의 자종이 파함이기에 네가 파하고 파해짐을 씀이 능하지 못하며
자신의 말이 동시에 유사함의 능파를 범하고 이치가 없으며 일체법을 비방하니
너희는 논사의 허락한 바가 아니고, 종이 없이 타의 법을 파하는 사람

이다.

이는 외인이 반대로 힐난함이다. 네가 현금에 내가 세운 인과를 파하고 합함과 합하지 못함으로써 논박하므로 나도 지금 또 이 두 항목으로써 너에게 반론한다. 너희의 능히 파하는 이치는 파해지는 바의 인과로 더불어 합이 되는가 되지 않는가? 만약 합한즉 능히 파함과 파해지는 바가 하나를 이루는데 어찌 네가 능히 나를 파하는가? 만약 합함이 아니면 곧 또 능히 파하지 못한다. 만약 합함이 아니고 능히 파한즉 곧 일체가 능히 일체를 파하는 연고로 응당 허락하지 않는다. 이 합과 합하지 않음의 과실이 만약 나에게 있으면 네가 어찌 없지 않겠는가? 네가 말함이 이미 스스로 과실을 범한 연고로 능히 우리를 파하지 못하며 오직 너의 자체 종만 무너지고 스스로 허물에 떨어진다. 둘이 재판을 하는 것과 같아서 원고는 피고의 과실을 말하고, 만약 설한 바가 실이 아니면 원고가 마땅히 지는 곳에 떨어진다. 너희 중관이 나의 말을 파하고 함께 합과 불합의 과실을 범하는 연고로 유사한 능히 파함이고, 능히 파함과 파해짐의 인과가 아니다. 네가 이미 능히 파하는 이치가 없고 일체법이 다 공함을 비방하는 연고로 일체 정지견이 있는 선지식의 허락하는 바가 아니다. 네가 스스로 종을 세우지 못하고 오직 타의 세운 바 법을 파하는 연고로 종이 없이 법을 파하는 사람이다. 이치에 없다는 뜻은 다시 별도로 해석함이 있다. 네가 합함을 말하는즉 인과가 하나를 이루고, 합하지 아니한즉 인과가 혼란하여 이 주장은 이치가 없다.

모든 법이 서로 합함에 인과가 있을 필요가 없고, 자석이 철을 끌어당김과 같이 자석의 힘이 미치는 바의 범위 안에 있어서 곧 능히 흡수하고, 서로 합함이 아니고 흡수하면 또 일체 합하지 않는 것도 다 끌어들임이 아니다. 또 눈으로 색을 보고 눈의 힘이 미치는 바는 곧 보며, 눈과 색이 합해서 봄이 아니고 또 일체의 합하지 않는 자가 다 봄이 아니다. 인이 능히 과를 생하고 또 오히려 이같이 합하여 생함이 아니고, 또 일체 합하지 않는 자가 다 생함이 아니며 능히 생하는 것이 곧 생함이다.

前說能破與所破 爲合不合諸過失 전설능파여소파 위합불합제과실
誰定有宗乃有過 我無此宗故無失 수정유종내유과 아무차종고무실
앞에 능파와 소파, 합과 불합이 다 과실이 된다고 설하며
누가 자성이 있는 종을 꼭 허락함이 과실이 있고, 우리는 이런 종지가 없어 과실이 없다.

이는 저 힐난에 답한다. 네가 앞에 능파와 소파, 합과 불합이 모두 과실이 된다고 말하고 자성이 있는 종을 세우고자 함에 이 과실이 있다. 네가 자성인과가 있어 합·불합의 이치로 관찰할 수 있다고 집착한다. 만약 우리가 능파와 소파에 아울러 자성이 있다고 집착하지 않는 연고로 합과 합하지 않음으로 관찰할 수 없으면 곧 이런 과실이 없다. 능히 파함을 가립함으로써 거짓 파해지는 바를 파하고, 파하여 작용이 이뤄짐을 얻으면 또 합·불합의 과실이 없다.

如日輪有蝕等別 於影像上亦能見 여일륜유식등별 어영상상역능견

**日影合否皆非理 然是名言依緣生** 일영합부개비리 연시명언의연생

**해가 일식 등의 구별이 있어서 영상으로 능히 봄과 같이**

**해와 그림자가 합하는지 여부는 다 이치가 아니고 자연히 명언은 인연에 의하여 생기는 것이다.**

이 한 게송은 비유로써 자성이 없는 인과를 드러내고, 비록 합과 불합을 설하지 못해도 인과 이름을 얻는다. 일식 때에 물에 비친 해도 일식이며, 해 위에 검은 점은 물에 비친 해의 그림자도 또 검은 점이 있다. 이같이 인과가 분명하고 해와 물에 비친 그림자가 합인지 합이 아닌지는 설할 수 없다. 세상 사람이 다 물 가운데 해 그림자는 거짓 법인 줄 앎을 말미암은 연고로 함께 이 그림자가 허공의 해와 땅의 물의 모든 인연을 의지하여 생기고, 또 그 합과 불합을 추궁하지 않음을 허락한다.

**如爲修飾面容故 影雖不實而有用** 여위수식면용고 영수불실이유용

**如是此因雖非實 能淨慧面亦達宗** 여시차인수비실 능정혜면역달종

**얼굴을 화장하기 위해서는 거울의 영상이 실지가 아님에도 쓸모가 있고,**

**이같이 이 인因이 비록 실지가 아니어도 능히 지혜의 얼굴을 맑히고 또 대공성의 종을 통달한다.**

이 한 게송은 가법도 또 작용이 있음을 비유로 나타낸다. 마치 거울 속에 사람이 비침이 비록 가짜이나 거울을 대한 자는 이를 의지하

고 스스로 보아 더러움을 깨끗하게 하며 그 얼굴을 화장하기 때문에 가짜 그림자 또한 작용이 있다. 이렇기에 우리의 이 능히 파하는 인은 비록 실로 자성이 있음이 아니나, 능히 중생으로 하여금 무명의 때를 제거하게 하며 지혜의 얼굴을 맑히고 비게 하여 또 능히 무자성의 종지를 통달하게 한다. 능파能破와 피해지는 바가 비록 함께 자성이 없으나 이 능파는 저 파해지는 바의 작용을 능히 파함이 있다.

**若能了因是實有 及所了宗有自性** 약능요인시실유 급소요종유자성
**則可配此合等理 非爾故汝唐劬勞** 즉가배차합등리 비이고여당구로

만약 능히 통달의 인이 실로 있고 및 통달한 바의 종이 자성이 있으면 곧 합하는 등의 이치에 배합될 수 있지만 그렇지 못한 연고로 네가 한갓 수고로울 뿐이다.

이는 바깥에서 우리를 힐난하지 못함을 반대로 나타낸다. 능히 종을 통달한 것이 인이 되고, "짓는 바의 자성"으로 "소리가 무상함"을 통달하는 연고로 능히 요달함이 곧 인이고, 요달하는 바가 종이다.

요了는 통달을 말하고, 인의 힘을 말미암아서 능히 세우고 능히 파하며 저 종이 성립되는지 아닌지를 통달한다. 우리가 능히 파하는 인과 파해지는 바의 너희 종의 자성이 있음이 이 합과 불합의 이치를 배합하여 우리를 힐난한다. 만약 그렇지 않다면 우리가 자성이 있음에 집착하지 않음을 말한다. 우리가 자성이 있음에 집착하지 않음은 네가 합·불합의 이치로써 파하려 하지만 능히 우리를 파하지 못하기에 한갓 수고할 뿐 아무런 공이 없다.

易達諸法無自性 難使他知有自性 이달제법무자성 난사타지유자성
汝復以惡分別網 何爲於此惱世間 여부이악분별망 하위어차뇌세간
쉽게 제법 무자성을 통달할 수 있으나 타인을 자성이 있다고 알게 하려고 힐난함으로
너희는 다시 나쁜 분별의 그물로써 어찌하여 여기서 세간을 뇌란하는가?

이는 중관사가 외인들이 어째서 쉬움을 버리고 어려움을 취하여 세간을 뇌란케 하는지 힐난함이다. 우리가 제법 무자성을 설하고 네가 공동으로 허락하는 같은 법의 비유가 있어 쉽게 너로 하여금 통달하게 한다. 우리가 오온이 자성이 없음이고 인연이 생하는 연고로 환과 꿈 그리고 물속의 달 등을 설한 것과 같다. 이곳에 드는 바의 비유는 너희 또한 인연으로 생함은 자성이 없음을 허락함과 같다. 네가 모든 법의 자성이 있다고 설한즉 우리가 통달하게 함은 어려우며, 우리는 한 법도 자성이 있음을 허락하지 않음으로써 결코 같은 법의 비유가 없는 연고이다. 네가 오온이 자성이 있음을 설한 것과 같지만 인연으로 생기는 연고로 종을 어기는 과실이 있기 때문에 같은 비유 또한 얻지 못한다. 어떤 법을 끌어 비유를 삼음에 따라 세우는 바가 다 같지만 우리는 어느 법도 자성이 있음을 허락하지 않는다. 중생이 집착을 말미암아 자성이 있다고 여기는 연고로 생사에 윤회하며, 네가 다시 병난 중생에 끌려 견고하지 못하고 다시 모든 법이 자성이 있다고 하는 계교 집착을 세워서 악한 견해의 그물로써 세간을 뇌란케 한다. 또 자성이 있다는 주장은 세우기 쉽고 네가 회피하기도 쉬워 오히려 설하게 된다. 현금에 자성이 없다는 이치는 쉽게 깨닫고 자성이

있다는 주장은 이해하기 어려운데, 네가 어찌 괴롭게 이로써 세간을 어지럽게 하는가?

**了知上說餘破已 重破外答合等難** 요지상설여파이 중파외답합등난
**云何而是破法人 由此當知餘能破** 운하이시파법인 유차당지여능파

위의 나머지의 파함을 설한 것을 통달하고 외인이 합, 불합 등 힐난에 답함을 거듭 파하며
어찌 인아집·법아집을 파함인가 하니, 이로써 꼭 나머지를 능히 파함을 알아야 한다.

이는 총합한 결론이다. 위에서 말하되, 계속 설한 바인 인아와 법아를 파한 문장을 말하고, 나머지는 인과의 합·불합을 관하는 문장을 말한다. 다른 하나의 해석은, 위에 설함은 곧 나머지를 파함을 가리키고, 저 두 아집의 나머지 곧 인과를 파하는 문장을 말한다. 외인의 답함에 거듭 파한다고 함은 "능파와 파해지는 바, 합과 불합"을 관하는 아래의 한 문장을 말한다. 저가 중관이 인아와 법아를 파한다고 말하니, 이는 저에 답해 이르되, 용수, 월칭 논사가 너희의 무자성법 중에 실로 법이 있다고 집착하는 삿된 분별을 파함이고 또한 연기의 인과를 허락하며, 아울러 오직 타인의 보는 바인 진실로 법이 있다는 것을 다 파하는 것만이 아니고 스스로 세우는 바가 없음인데, 어찌 사람과 법을 파하는가? 앞의 세 구는 위의 글을 총합하여 결론짓고, 뒤의 한 구는 파함을 나열함이다. 나머지 법을 능히 파한다는 것은 위의 글을 이해하고 그 집착을 다 파함을 말하는 것이며, 마땅히

나머지의 이와 같은 집착이 있음을 안다는 것의 이 이치는 또 능히 파하는 것이다. 한 가지 해석은, 나머지를 능히 파하는 것은 윗글에 설한 바의 이치를 통달해야 하고, 용수보살이 나머지 곳에서 설한 바의 능히 파하는 이유가 또한 이와 같다고 응당 이해해야 한다. 인아와 법아를 파함을 마친다.

**無我爲度生 由人法分二** 무아위도생 유인법분이
**佛復依所化 分別說多種** 불부의소화 분별설다종
**如是廣宣說 十六空性已** 여시광선설 십육공성이
**復略說爲四 亦許是大乘** 부략설위사 역허시대승

무아공성으로 중생을 제도하기 위하고 인과 법의 둘로써 나누며
붓다께서 다시 교화할 근기를 의거하여 여러 종류로 분별하여 설하신다.
이같이 널리 펴 설하고 십육 공성을 설해 마침에
다시 간략히 네 가지 공성으로 설하며 또한 이것이 대승의 깊은 교법임을 허락한다.

이 아래는 자종의 진실한 뜻을 결론 맺는다. 무아는 곧 무자성이다. 무아의 이치를 통달하면 곧 능히 생사를 벗어나며, 붓다는 중생을 제도하기 위하여 무아를 설한다. 무아의 이치는 오직 하나이나, 의지하는 바가 같지 않음으로 나누어 인무와 법무아 두 종류가 되고, 다시 교화할 바의 근기를 의지하여 광대함을 좋아하는 자를 위하여 십육공을 열며, 또한 중간을 즐기는 자를 위하여 간략히 4종의 공을 설한다. 『대반야경』에 이들 십육 공이 곧 대승이라고 설한다. 수보리가 무엇이

대승인가 여쭈니 붓다께서 십팔 공이 대승이라고 답하신다.

由本性爾故 眼由眼性空 유본성이고 안유안성공
如是耳鼻舌 身及意亦爾 여시이비설 신급의역이
非常非斷故 眼等內六法 비상비단고 안등내육법
所有無自性 是名爲內空 소유무자성 시명위내공

본성이 이러하기에 눈은 눈을 말미암아 자성이 공하고
이같이 귀, 코, 혀와 몸 및 뜻 또한 이러하다.
항상함도 아니고 단멸도 아닌 연고로 눈 등 내內의 6법이
모든 법이 자성이 없으며, 이름하여 안으로 공함(內空)이라 한다.

이 아래는 십육 공을 구별하여 해석하고, 이곳은 내공을 해석한다. 내면이란 6근, 내면 몸의 포섭하는 바의 법을 말하고 공은 무자성을 말하며, 이 6근의 공한 성품이 본래 이와 같아서 불의 뜨거운 자성과 같이 조작을 말미암지 않는다. 붓다 또한 중생을 위하여 공성을 설명함에 지나지 않으며 공을 만드는 자는 아니다. 눈의 자성이 공한 것은 눈의 자성이 본래 공임을 말미암아 그 무엇으로 힐난함도 불가능하기에 공이다. 자성이 없기 때문에 항상함이 아니고 본래 자성이 공하며, 후에 소멸함으로 공이 된 것이 아니므로 또한 단멸이 아니다. 소멸함이 아닌즉 단멸이 아니다.

由本性爾故 色由色性空 유본성이고 색유색성공
聲香味及觸 並諸法亦爾 성향미급촉 병제법역이

色等無自性 是名爲外空 색등무자성 시명위외공

본성이 이러하기 때문에 색법은 색법을 말미암아 자성이 공하고
성향미와 및 촉과 아울러 모든 법이 그러하다.
색 등이 자성이 없으며, 이름하여 바깥 공(外空)이 된다.

이는 외공을 해석한다. 바깥이란 외外 6진을 말하고, 나머지 글은 전과 같이 이해할 수 있다.

二分無自性 是名內外空 이분무자성 시명내외공

두 부분이 자성이 없으며, 이를 내외공이라고 말한다.

이는 안과 바깥의 공을 해석한다. 안과 밖은 6근의 의지처인 거친 분상의 색법을 말하며, 내외 2분의 포섭하는 바가 되기 때문이다.

諸法無自性 智者說名空 제법무자성 지자설명공
復說此空性 由空自性空 부설차공성 유공자성공
空性之空性 卽說名空空 공성지공성 즉설명공공
爲除執法者 執空故宣說 위제집법자 집공고선설

모든 법은 자성이 없음을 지혜인은 공이라고 말하며
또한 이 공성이 공함을 말미암아 자성이 공함을 설한다.
공성의 공성을 곧 공공이라 이름하고
법에 집착하는 자가 공성에 집착함을 제거하기 위해 널리 설한다.

이는 공공空空을 해석한다. 앞의 공은 모든 법이 자성이 없는 이치를 가르치고, 뒤의 공은 저 자성이 공함을 말한다. 붓다께서 일체법이 공하나 중생이 법을 집착하는 습기 때문에 이미 법에 집착함을 버려도 나아가 공에 집착한다고 설하신다. 붓다께서 공에 집착하면 교화할 수 없는 자라고 말하며, 대자비를 의지하여 교화할 수 없는 자에게도 여전히 방편을 베풀어 공공을 설하신다. 이는 특히 공성에 집착하여 실을 삼는 중생에게 설하고 있으며, 일체중생을 대하여 설함이 아니다.

由能遍一切 情器世間故 유능변일체 정기세간고
無量喩無邊 故方名爲大 무량유무변 고방명위대
如是十方處 由十方性空 여시시방처 유시방성공
是名爲大空 爲除大執說 시명위대공 위제대집설

능히 일체 유정세간과 기세간에 두루함을 말미암아
무량한 비유가 무변한 연고로 곧 대大라고 말한다.
시방의 처소와 같이 시방의 자성이 공하기 때문에
이를 대공이라 이름하며 큰 집착을 제거하기 위해 설한다.

이는 대공을 해석한다. 대는 시방을 말한다. 시방을 대라고 명함에 세 가지 뜻이 있다. 1) 일체 유정세간, 기세간에 두루하는 때문이고, 2) 4무량심을 닦을 때에 시방중생을 다 인연하기에 무량한 비유가 되기 때문이며, 3) 끝이 없기 때문이다. 방소에 집착하는 자는 외도 승론사와 같이 실, 덕, 업, 대유, 동이, 화합 6구로 모든 법을 포섭한다. 처음 구절의 실제 뜻은 9법이 있음을 말하는데, 지, 수, 화, 풍, 공,

시, 방, 아, 의 등을 이른다. 저가 방소를 집착하여 실로 있음을 삼기에 이곳에서 저들을 위해 대공을 설한다.

由是勝所爲 涅槃名勝義 유시승소위 열반명승의
彼由彼性空 是名勝義空 피유피성공 시명승의공
爲除執法者 執涅槃實有 위제집법자 집열반실유
故知勝義者 宣說勝義空 고지승의자 선설승의공

이로 말미암아 수승함이 되는 바이고 열반을 승의라 이름하며
저는 저 자성이 공함을 말미암아 승의공이라고 설한다.
법에 집착하는 자가 열반의 자성이 실유한다고 집착함을 제거하기 위하여
승의를 아는 자가 승의공을 펴 설한다.

이는 승의공을 해석한다. 승의는 곧 열반이고 가장 수승한 구하는 바의 과인 연고로 수승함이 된다. 또 가장 수승한 지혜의 아는 바가 되는 연고이며 또한 소지의 법 중 가장 수승함이 되는 연고로 승의라고 설한다. 중생이 인연이 닿는 곳에 집착을 일으키고 진여의 공성이 열반이라고 말함을 듣고서, 또 열반이 실로 있다고 집착하는 연고로 붓다가 그에 대하여 승의공성을 설하신다. 이 중관과 유식이 같지 않은 점은 유식에서는 원성실성의 자성이 없음을 허락하지 않는다.

三界從緣生 故說名有爲 삼계종연생 고설명유위
彼由彼性空 說名有爲空 피유피성공 설명유위공

삼계는 인연이 모여 생기고 이로써 유위라고 설하며,
저는 저 자성이 공함을 말미암아서 유위공이라고 설한다.

이는 유위가 공함을 해석한다. 이곳에 설한 바가 유위이고 삼계의 유루의 법을 가리키며, 인연으로 생기는 법은 다 유위라고 설한다. 중생이 삼계가 실로 있다고 집착하는 연고로 공을 설하게 된다.

若無生住滅 是法名無爲 약무생주멸 시법명무위
彼由彼性空 說名無爲空 피유피성공 설명무위공
만약 생주이멸이 없으면 이 법은 이름하여 무위라고 하고
저것은 저 자성이 공함을 말미암아서 무위공이라고 설한다.

이는 무위공을 해석한다. 생하고 머무르며 멸함이 유위의 삼상이 되는데, 유위상이 없으면 곧 무위이다. 유위는 작용이 있어도 자성이 오히려 공한데, 무위는 작용이 없으니 어찌 공하지 않겠는가?

若法無究竟 說名爲畢竟 약법무구경 설명위필경
彼由彼性空 是爲畢竟空 피유피성공 시위필경공
만약 법이 구경의 자체가 없으면 필경이 된다고 이름하고
저것은 저 자성이 공함을 말미암아 필경공이 된다.

이는 필경공을 해석한다. 구경은 변제邊際라 이름하고, 상常구경, 단斷구경은 곧 상변과 단변이며, 필경에 곧 양면이 없는즉 중도이다.

중도 또한 자성이 없기에 필경공이라고 설한다.

由無初後際 故說此生死 유무초후제 고설차생사
名無初後際 三有無去來 명무초후제 삼유무거래
如夢自性離 故大論說彼 여몽자성리 고대론설피
名爲無初際 及無後際空 명위무초제 급무후제공

윤회가 처음과 후의 한계가 없음을 말미암아서 이 생사를 설하고
처음과 후의 한계가 없음을 이름하여 삼유의 본성이 가고 옴이 없으며
꿈의 자성이 양변을 여읨과 같아서 대론에 저를 설하되
처음의 경계가 없고 뒤의 경계도 없는 대공성이라고 설한다.

이는 "한계 없는 공(무제공無際空)"을 해석한다. 한계가 없음은 생사이고 생사는 처음의 경계와 뒤의 경계가 없는 연고이다. 삼계는 생사이고 한계가 없는 연고로 거래去來가 없다. 대론은 곧 『대반야경』이다. 중생의 과실을 제거하고 중생을 구원하고 보호하기에 논이라고 이름하며 이 뜻 때문에 논 또한 경을 포섭한다. 생사의 자성이 공함이 곧 한계 없는 공이다.

散謂有可放 及有可棄捨 산위유가방 급유가기사
無散謂無放 都無可棄捨 무산위무방 도무가기사
卽彼無散法 由無散性空 즉피무산법 유무산성공
由本性爾故 說名無散空 유본성이고 설명무산공

흩어짐이란 놓음이 있고 버림이 있음을 말하고

흩음 없음이란 놓음이 없음이며 모두 버림 없음을 말한다.
곧 저 흩음 없는 법은 흩음 없음의 자성이 공함을 말미암아
본래 성품이 그러하기 때문에 흩음 없는 공이라고 말한다.

이는 "흩음 없는 공(무산공無散空)"을 해석한다. 모든 법의 진리는 본래 취하고 버릴 수 없으며, 따라서 흩음 없음이라고 설한다.

有爲等法性 都非諸聲聞 유위등법성 도비제성문
獨覺與菩薩 如來之所作 독각여보살 여래지소작
故有爲等性 說名爲本性 고유위등성 설명위본성
彼由彼性空 是爲本性空 피유피성공 시위본성공

유위 등 법의 본성은 모두 모든 성문,
독각과 보살 그리고 또한 여래의 짓는 바도 아니며,
따라서 유위법의 평등한 성품이 공함을 본성이 된다고 말하며
저는 저의 본성이 공함을 말미암아 본성이 공함이 된다.

이는 "본성이 공함(본성공本性空)"을 해석한다. 유위, 무위 등 법의 본성은 곧 저 모든 법의 공성이다. 공성을 증오함이 조작하는 바가 아닌 연고로 본성이라고 한다.

十八界六觸 彼所生六受 십팔계육촉 피소생육수
若有色無色 有爲無爲法 약유색무색 유위무위법
如是一切法 由彼性離空 여시일체법 유피성리공

십팔계와 6촉, 저 생한 바인 6종 각수가
유색과 무색이고 유위와 무위의 법이다.
이 같은 일체법은 저 자성을 여읨으로 공하다.

이는 일체법이 공함을 해석한다. 십팔계 등은 일체법의 예를 든 것이다. 저 생한 바의 6수는 6촉으로 생긴 바의 수受이다. 무색은 심법과 불상응행법이다. 여읜다 함은 무자성을 말한다.

變礙等無性 是爲自相空 변애등무성 시위자상공
변이, 질애質礙성의 법 등은 자성이 없고 이는 자상이 공한 것이 된다.

이는 자상이 공함을 총결하여 나타낸다. 자상은 모든 법의 별상을 이르고 색의 변하고 막히는 상 등이다.

色相謂變礙 受是領納性 색상위변애 수시령납성
想謂能取像 行卽能造作 상위능취상 행즉능조작
各別了知境 是爲識自相 각별요지경 시위식자상
蘊自相謂苦 界性如毒蛇 온자상위고 계성여독사
佛說十二處 是衆苦生門 불설십이처 시중고생문
所有緣起法 以和合爲相 소유연기법 이화합위상
색온의 자상은 변이, 질애質礙이고 수온의 자상은 받아들이는 자성이고
상온은 능히 제법의 상을 취함을 말하고 행온은 곧 능히 조작함이며
각자 구별하여 경계를 요지하며 이것이 식온의 자상이 된다.

오온의 자상이 고라 이르며 18계는 자성이 독사와 같고
붓다가 십이처는 많은 고苦가 생기는 문이라고 설한다.
모든 연기법은 화합으로 자상이 된다.

이 아래는 자상을 별도로 해석한다. 이 3송은 경계상의 모든 법이고, 오온의 구별되는 자상, 오온, 계, 처. 연기상 등을 말한다.

施度謂能捨 戒相無熱惱 시도위능사 계상무열뇌
忍相謂不恚 精進性無罪 인상위불에 정진성무죄
靜慮相能攝 般若相無著 정려상능섭 반야상무착
六波羅蜜多 經說相如是 육바라밀다 경설상여시
四靜慮無量 及餘無色定 사정려무량 급여무색정
正覺說彼等 自相爲無嗔 정각설피등 자상위무진
三十七覺分 自相能出離 삼십칠각분 자상능출리
空由無所得 遠離爲自相 공유무소득 원리위자상
無相爲寂滅 第三相謂苦 무상위적멸 제삼상위고
無癡諸解脫 相謂能解脫 무치제해탈 상위능해탈

보시바라밀은 능히 놓아버림이고 계상은 고뇌가 없으며
참는 상은 화내지 않음을 말하고 정진은 죄가 없음을 이른다.
정려상은 능히 공덕을 포섭하고 반야도의 자상은 희론을 여의고 집착이 없으며,
육바라밀다의 법상은 경전에 이와 같이 설한다.
4정려는 무량하고 나머지는 무색정이며

정각세존은 저 등의 자상이 진에瞋恚가 없음이 된다고 설한다.
삼십칠 보리분법은 자상이 능히 생사윤회를 출리함이고
공은 얻는 바 없음을 말미암아 멀리 여읨으로 자상을 삼는다.
무상해탈문은 적멸이 되고 3해탈문의 제3상은 제행이 고라고 관하며
어리석음 없음이고, 8해탈의 자상은 능히 삼매의 장애를 해탈한다.

이 5송은 행行 상의 모든 법이다. 죄 없음은 악을 그치고 선을 수행함을 말한다. 능히 포섭함은 능히 섭지하는 마음을 가리키고 포섭하여 지니는 공덕을 말한다. 화냄 없음이 모든 선정의 자상이 된다고 한 것은 진심嗔心이 있으면 초선初禪 위를 얻지 못하기 때문이다. 공空 등 세 가지 해탈문은: 공은 본래 얻는 바가 없음으로써 자성을 멀리 여읨으로 상을 삼고, 상 없음은 희론 분별이 없음으로써 상을 삼으며, 제3 무원해탈문無願解脫門은 삼계의 고를 앎과 전도로써 욕락에 집착하는 우치가 없음으로 상을 삼는다. 8해탈은 능히 선정 등의 장애를 해탈함으로써 상을 삼는다.

經說善抉擇 是十力本性 경설선결택 시십력본성
大師四無畏 本性爲堅定 대사사무외 본성위견정
四無礙解相 謂辯等無竭 사무애해상 위변등무갈
與衆生利益 是名爲大慈 여중생이익 시명위대자
救護諸苦惱 則是大悲心 구호제고뇌 즉시대비심
喜相謂極喜 捨相名無雜 희상위극희 사상명무잡
許佛不共法 共有十八種 허불불공법 공유십팔종

由彼不可奪 不奪爲自相 유피불가탈 불탈위자상
一切種智智 現見爲自相 일체종지지 현견위자상
餘智唯少分 不許名現見 여지유소분 불허명현견

경에 제법을 잘 결택함은 십력의 본성이 된다고 설한다.
대사의 4무외 공덕은 본성이 견고한 삼매가 된다.
4무애해의 자상은 변재 등 묘음이 다함이 없음을 말하고
중생에게 이익을 주며 이 이름이 대자비가 된다.
모든 고뇌를 구호함이 곧 대비심이고,
희喜무량심의 자상은 극희를 말하고 사상捨相은 잡됨이 없음을 이른다.
붓다께서 불공不共법은 함께 십팔 종이 있음을 허락하며
저가 빼앗지 못함을 말미암아 빼앗기지 않음이 자상이 된다.
일체종지의 지혜는 일체 소지법을 현량으로 봄이 자상이 되고
나머지 지혜는 소분少分의 경계를 따름이 되며 진실로 소지법을 현견한다고 말함을 허락하지 않는다.

이 5송은 과果상의 모든 법이다. 극희는 중생의 법희를 가장 수희하며 봄을 말한다. 잡됨 없음은 탐욕과 진애에 물들지 않아서 칼로 베고 향을 발라줌을 당해도 미워하거나 애착함이 생기지 않음을 말한다. 일체법을 통달한 지혜는 일체지지一切智智라 이름하고 일체법의 진속 이제를 일시에 다 봄으로써 상을 삼는 연고로 일체법을 현량으로 본다(現見)고 설한다. 기타 성문, 보살의 지혜는 오직 소분少分만 보므로 현량으로 본다고 이르지 않는다.

若有爲自相 及無爲自相 약유위자상 급무위자상
彼由彼性空 是爲自相空 피유피성공 시위자상공
유위자상과 및 무위자상인
저 등이 자성이 공함을 말미암아서 이것이 자상이 공함이 된다.

이는 자상이 공함을 결론짓는다. 위에 설한 모든 법인 오온 등 유위법과 삼해탈문 등 무위법의 그 자상은 각각 자성이 공하다. 이를 자상공이라 설한다.

現在此不住 去來皆非有 현재차부주 거래개비유
彼中都無得 說名不可得 피중도무득 설명불가득
卽彼不可得 由彼自性離 즉피불가득 유피자성리
非常亦非斷 是不可得空 비상역비단 시불가득공
현재의 법이 이곳에 머무름이 없고 가고 옴이 다 있지 않으며
저 가운데 모두 얻음이 없고 얻을 수 없다고 말한다.
곧 삼세는 얻을 수 없으면 저 자성을 여읨을 말미암아서
항상함도 아니고 단멸도 아니며 불가득 공이다.

이는 불가득不可得의 공을 해석한다. 불가득이란 유위의 3상相과 3세世를 얻을 수 없음을 말하고, 현재는 머무름이 없고 얻지 못하는 연고로 과거는 이미 소멸하고 미래는 나지 아니하여 모두 있지 않다. 곧 이 '불가득'은 또 자성공이고 불가득의 공이라고 설한다.

諸法從緣生 無有和合性 제법종연생 무유화합성
和合由彼空 是爲無性空 화합유피공 시위무성공
모든 법은 인연을 좇아 생기고 화합의 자성이 없으며
화합이 저를 말미암아 공하니 이것이 무성공이 된다.

이는 무성자성無性自性의 공을 해석한다. 많은 인연이 화합하여 생긴 법은 화합의 실성이 없으며, 이를 무성無性이라 설한다. 화합하는 모든 법은 곧 화합하는 모든 법의 본성이 공함을 말미암아서 무성자성의 공이라 설한다. 이것으로 16공을 해석함은 마친다.

應知有性言 是總說五蘊 응지유성언 시총설오온
彼由彼性空 說名有性空 피유피성공 설명유성공
응당 자성이 있다고 말함은 모두 오온을 설함인 줄 알며
저는 저 자성이 공함을 말미암아 자성이 있음인 오온이 공하다고 설한다.

이 아래는 4공을 해석하며, 이는 유성공有性空을 해석한다. 유성은 유위법이 되고 오온 등 작용이 있는 법을 말한다

總言無性者 是說無爲法 총언무성자 시설무위법
彼由彼性空 名爲無性空 피유피성공 명위무성공
무성이라고 총합하여 말하는 것은 무위법을 설함이고
저는 저 자성이 공함을 말미암아 무자성공이라 한다.

이는 무성공無性空을 해석한다. 무성은 무위법이고 작용이 없는 연고이다.

**自性無有性 說名自性空** 자성무유성 설명자성공
**此性非所作 故說名自性** 차성비소작 고설명자성
자성이 실로 성품이 있지 않는 것을 자성공이라고 말하며
이 실성은 지은 바가 아니어서 진실자성이라고 말한다.

이는 자성공을 해석한다. 모든 법의 자성 없음이 본래 이와 같아서 다른 이의 지은 바가 아닌 연고로 또 자성이라고 이름하니, 상대를 대하여 자신을 말하기 때문이다. 곧 이 모든 법의 자성은 또한 자성이 없기에 자성공이라고 설한다.

**若諸佛出世 若佛不出世** 약제불출세 약불불출세
**一切法空性 說名爲他性** 일체법공성 설명위타성
**實際與眞如 是爲他性空** 실제여진여 시위타성공
모든 부처님이 출세하거나 붓다께서 세간에 출현하지 않음이나
일체법 본래 자체의 공성이 타성이 된다고 설한다.
실제와 진여가 이 진실요의의 타성공이 된다.

이는 타성공他性空을 해석한다. 타라는 것은 생사에 대해서 말한다. 공성을 통달하지 못한 연고로 생사에 윤회한다. 모든 법의 공성은 생사를 여의며 타성이라고 설한다. 우주의 진리는 항상 여여하고

부처가 있어도 더하지 않고 부처가 없어도 감소하지 않으며 붓다는 다만 밝게 설하는 자일 뿐 만드는 자가 아니다. 모든 법성이 항상 그 본성과 같아서 진실로 헛되지 않고 실제라고 말하여 진여라고도 한다. 공성 또한 공한 것을 타성공이라고 한다. 이 4공은 위 16공에 포섭된다.

般若波羅蜜 廣作如是說 반야바라밀 광작여시설

반야바라밀에서 널리 이같이 설함을 짓는다.

이 공의 이치를 『대반야경』 중에 붓다의 설법으로 친히 펴신 것으로 총결한다.

如是慧光放光明 遍達三有本無生 여시혜광방광명 변달삼유본무생
如觀掌中庵摩勒 由名言諦入滅定 여관장중암마륵 유명언제입멸정

이같이 지혜광명으로 광명을 놓음에 삼유의 자성이 본래 생긴 것이 아닌 법계 대 평등성임을 두루 통달하고
손바닥의 암마라과를 봄과 같이 명언제의 안립을 인하여 멸진정에 든다.

이는 6지의 지혜바라밀의 수승함을 총결한다. 암마라과는 대개 감람나무 열매와 같다. 손바닥에 놓고 봄은 눈앞에 친히 증명함을 비유한다. 이 같은 것이란 위의 2무아 이치를 관찰함을 말미암아 보살이 모든 법이 남이 없는 지혜를 친히 증득함이고, 해가 빛남과

같아 두루 일체를 비추고 손바닥의 과일을 봄과 같아 모든 법의 진여를 현량으로 보며 곧 멸진정에 든다. 그러나 진공眞空 중에 또 멸진정에 들 것이 없는 연고로 이는 또 명언제를 말미암아 멸진정에 든다.

**雖常具足滅定心 然恒悲念苦衆生** 수상구족멸정심 연항비념고중생

**비록 항상 멸진정의 광명의 마음을 구족하였어도 항상 고통 중생을 연민히 여긴다.**

이는 연민심이 수승함을 나타낸다. 비록 항상 진여를 증득한 지혜를 갖추고, 중생을 연민히 여기며, 단멸에 떨어지지 않고, 멸진정 중에 항상 머무르지 않으며 여전히 정에서 나와 중생을 이롭게 하는 사업을 한다.

**此上復能以慧力 勝過聲聞及獨覺** 차상부능이혜력 승과성문급독각

**이 위에 다시 능히 지혜의 힘으로써 그 수승함이 성문과 독각을 초과한다.**

이에 수순하여 드러나는 7지地의 지혜는 2승보다 수승하고, 6지의 증득한 바로써 7지가 능히 성문의 지혜보다 수승함과 더불어 친인을 짓는 연고로 위 내용은 이 6지 이상을 말한다.

**世俗眞實廣白翼 鵝王引導衆生鵝** 세속진실광백익 아왕인도중생아

**復承善力風雲勢 飛度諸佛德海岸** 부승선력풍운세 비도제불덕해안

세속과 진실의 넓고 흰 날개로 거위 왕이 거위 중생을 인도하고 다시 선근의 바람의 세력을 받아 모든 부처님 십력의 해안으로 날아간다.

이는 6지의 이름인 현전現前의 인을 비유로 나타낸다. 현전이란 것은 6지 보살이 큰 힘이 있어 능히 속히 성불하고 일체의 불법이 속히 현전하게 함을 이르기 때문이다. 진실은 깊은 모든 법의 진리의 지혜를 통달한 것을 말하고, 세속은 일체의 광대한 복덕자량을 말한다. 이 두 자량은 두 날개와 같음에 비유하며, 거위 왕은 6지 보살에 비유한다. 넓고 흰 날개란 것은 넓음은 복과 지혜가 무량함에 비유하고, 흰 것은 때가 없음에 비유한 것이다. 선근의 바람과 구름이란 것은 중생제도의 큰 원과 한 개 반 아승기겁 동안 쌓은 복덕자량을 비유한다. 보살은 이 두 자량을 갖추었기에 속히 능히 붓다의 공덕해로 날아 건너가 불과를 통달한다.

## 제7 보리심 원행지第七菩提心遠行地

**此遠行地於滅定 剎那剎那能起入** 차원행지어멸정 찰나찰나능기입
**亦善熾燃方便度** 역선치연방편도

이 원행지의 보살이 법계 멸진정에 찰나찰나로 능히 들어가며 또한 치열한 방편바라밀을 잘 행한다.

앞 2구는 7지의 특히 수승한 멸진정에 드는 공덕을 해석하고, 뒤 한 구는 7지의 특별한 방편바라밀다가 가장 원만함을 해석한다. 원행이라고 한 것은 생사를 벗어남이 매우 멀리 나아갔기 때문이며, 생사는 상이 있고 7지는 무상행인 연고이다. 특별히 수승한 방편이 있는 연기에 마의 힘이 능히 마칠 바가 아니다. 초지보살이 능히 찰나에 백 삼마지에 들지만, 7지 이전에 다 찰나에 멸진정에 드는 것은 불가능하며, 무상행과 중생의 무시이래의 습기가 서로 거리가 멀기 때문이다. 가행도의 시기에 관하는 바의 진여는 진여의 영상일 뿐이다. 진실한 견도에서는 가행도로 인연하는 바의 영상이 길잡이가 됨을 말미암아 진실로 모든 법의 실상을 본다. 이후로 각 지위의 단계별로 수습하여 멸진정에 들 때에는 모두 하나의 진여영상眞如影像을 먼저 구성함이 필요하고, 앞의 방편을 지음에 또한 능히 정에 든다. 7지의 단계에 이르러 곧 이전의 방편이 필요하지 않으며, 멸진정에 들려고 하면 산란심을 바로 이은 일찰나에 곧바로 들어간다. 방편바라밀이 특히 활발함은 실로 있음에 집착하지 않음을 말미암아 능히 방편의 수승함

으로 불법을 성숙하게 하고 중생을 이롭게 한다. 방편의 차별은 『유가사지론』에서 열 가지 방편(十方便)을 널리 설함과 같다.

## 제8 보리심 부동지第八菩提心不動地

**數求勝前善根故 大士當得不退轉** 수구승전선근고 대사당득불퇴전
**入於第八不動地 此地大願極淸淨** 입어제팔부동지 차지대원극청정

**자주 앞의 선근보다 수승함을 구한 연고로 대사가 꼭 불퇴전을 얻고 제8의 부동지에 들어가며 이 지地는 큰 원이 매우 청정하다.**

이는 부동지의 이름을 내고 원願바라밀이 원만함을 나타낸다. 부동이란 것은 번뇌에 움직임이 되지 않음을 이른다. 8지에 번뇌장을 끊어 다하게 되는데, 끊음의 덕이 4과 아라한과 같은 연고이다. 또한 7지는 공용이 있는 행이라 이름하며 멸진정에 드는 때에 오히려 조작이 필요하고 미세한 공용이 있어야 곧 능히 들어가지만, 8지는 공용에 동함이 없고 자재로 능히 들어가며 일체 분별 동작이 없기 때문이다. 7지 보살은 전의 선근보다 수승함을 구하는 욕구를 내어 자주 수습하여 부동지에 든다. 법계 멸진정에서 일어남을 좇아서 능히 한때 몸을 나눠 분신을 내고 미진 찰토에 두루하며 모든 부처님을 받들어 중생을 이롭게 한다. 이전의 그 아승기겁 동안 닦은 바의 공덕이 이곳의 한 찰나 공덕만 못하다. 비유하면 큰 배가 먼저 강 가운데 있고 사람이 끌어 나아가면 매우 느리지만, 대해에 들어가 풍랑을 잘 만나면 하루에 능히 저 백년 갈 거리를 운행함과 같다. 보살이 이에 이르러 임운자재하게 성불하게 되고 퇴전함이 없다. 무량대원을 말미암아 지혜방편의 힘으로써 다 능히 원만한 연고로 자연히 불법을 성취하며 중생을

이롭게 한다.

諸佛勸導起滅定 제불권도기멸정

제불보살의 멸진정에서 나오도록 권하고 인도한다.

8지를 증득한 때에는 번뇌를 다 끊어 적정함이 아라한이 멸진정에 들어간 때와 같으나, 만약 대원력의 포섭하는 바와 제불보살의 경각시킴이 아니면 일찰나 간에 곧 무여열반에 들게 된다. 따라서 경에서 설하되 일체 보살이 8지를 증득한 때에 반드시 시방제불이 앞에 와서 손가락 튕겨 깨움이 있고 그로 하여금 정에서 나오게 한다. 일러 말하되, 네가 지금 증득한 바는 무생법인無生法忍이고 공삼마지이며 진실로 수승함이 되지만, 모든 부처님의 3신, 4지, 십력, 4무외 등의 공덕을 네가 오히려 얻지 못하며 부처님의 몸과 국토를 아직 이루지 못한다. 너 한사람이 적멸을 얻고 중생이 오히려 생사에 윤회하면 너의 본원은 오히려 원만히 하지 못한다. 네가 현금에 증득한 바는 소승인 또한 능히 증득하며, 이로 인하여 더욱 대승이라고 말하지 않는다. 이같이 열어 보임에 8지 보살이 곧 멸진정에서 나와 자재로 몸을 나타내며 중생을 이롭게 한다.

淨慧諸過不共故 八地滅垢及根本 정혜제과불공고 팔지멸구급근본
已淨煩惱三界師 不能得佛無邊德 이정번뇌삼계사 불능득불무변덕

청정한 혜가 모든 과실과 함께 주하지 않기에 8지에 번뇌와 번뇌의 근본종자를 소멸하나

이미 번뇌를 맑힌 삼계의 스승이나 붓다의 가없는 덕은 능히 얻지 못한다.

이는 8지에서 번뇌장을 끊어 청정하게 함을 나타낸다. 청정한 혜는 지혜가 가장 청정함을 말하며, 모든 과실과 공통되지 않음은 모든 번뇌의 과실과 함께 머무르지 않음을 이른다. 번뇌를 멸함은 번뇌의 죄와 때를 소멸함을 말하며, 번뇌의 근본을 소멸한다는 것은 미세한 법아의 집착을 소멸함을 뜻한다. 삼계의 스승이라 함은 세간의 큰 복전이 됨을 감당함을 말한다. 그러나 성불하지 못한 채 오히려 일대 아승기겁을 보내는 연고로 붓다의 가없는 공덕은 오히려 성취하지 못한다.

**滅生而得十自在 能於三有普現身** 멸생이득십자재 능어삼유보현신

생함을 멸하여 십 자재를 얻고 능히 삼유에 몸을 나타낸다.

이는 번뇌를 끊어 다하고 능히 중생을 제도하는 이치를 해석한다. 공종은 번뇌장을 설하는데, 소승 초과에 번뇌장을 끊기 시작하며 4과에 끊음을 마치고, 대승 초지에 끊기 시작하여 7지에 완전히 끊어 다하며, 8지에 비로소 증득한다. 8지 이후는 오히려 소지장이 있으며, 성불하면 곧 능히 완전히 끊는다. 소지장은 곧 번뇌의 남은 습기이다. 번뇌를 끊어 다하고 남은 기운이 다하지 않았다. 병 가운데 수유를 채운 뒤에 기름을 비록 다 없애도 그릇 안의 냄새는 오래 머무름과 같다. 번뇌를 끊은 후에 비록 탐진을 일으키지 않으나 무시이래의

남은 습기가 있기에 이를 소지장이라 하며, 만약 끊어 다하지 않으면 성불할 수 없다. 이 소지장은 소승은 곧 끊지 못한다. 필릉가바차가 다생의 교만하고 귀한 습기를 말미암은 연고로 아라한이 되어 항하의 신을 불러 종으로 삼았고, 사리불 제자가 여러 생에 독사가 되어 화낸 습기 때문에 나무를 깨물면 곧 말라 죽은 바가 있다.

이 공종의 설한 바 소지장은 유식과 같지 않다. 유식종은 소승이 번뇌장을 끊음이 공종과 같다고 설한다. 대승인은 보살의 번뇌장 분별이 일어난 바에 더 나아가 초지에 완전히 끊는다. 구생의 번뇌장을 끊지 못하면 오직 지地와 지에 각각의 한 지분을 항복받아 그로 하여금 과실이 되지 않게 해야 한다. 조복하는 바의 구생 번뇌장은 십일 품으로 나뉘며, 초지에서 십지 최후의 마음을 완전히 항복한 금강유정에 이르러 찰나에 몰록 끊는다. 구생 소지장에 이르면 곧 구생 법아집을 가리키며, 또한 십일 품으로 나누고 초지로부터 발기하여 지지에 각각의 법아집 및 그 권속을 끊으며 금강도에 이르러 끊어 다한다. 그 이른 바의 소지장은 공종은 또 번뇌장이라고 부른다. 유식종이 설하되, 보살이 번뇌를 극복하고 끊지 못한 것은 미혹에 물든 중생 중에 머물러 능히 생을 받고 생사 바다에 들어가 중생을 제도함이 필요하기 때문이다. 월칭이 이 설을 허락하지 않는 것은 번뇌장을 다하고서 곧 능히 소지장을 끊기 시작하는 연고라고 말한다. 병 가운데 수유를 쏟아 내지 않으면 반드시 수유의 냄새를 씻어낼 방법이 없는 연고이다. 또 『화엄경』에 밝혀 이르되, 8지 보살을 증득해도 모든 신들이 권하여 청하지 않으면 제2의 찰나에 곧 무여열반에 든다. 만약 번뇌장을 끊어 다하지 않으면 어찌 무여열반에 듦을 얻겠는가?

유식에 비록 이르되, 또 8지에 번뇌를 다 끊고 업을 지어 생을 받지 않으면 어떻게 중생을 제도하고 자량을 쌓겠는가? 이는 저에 답하여 이르되, 비록 이미 번뇌를 의지하여 받은 생을 소멸하고서 십 자재를 얻는 연고로 생을 자재함과 수명이 자재함이 있으며, 의현신意現身에 따라 의생신意生身을 받고 뜻에 따라 세상에 머물고 중생을 이롭게 한다.

## 제9 보리심 선혜지第九菩提心善慧地

**第九圓淨一切力 亦得淨德無礙解** 제구원정일체력 역득정덕무애해

제9의 원만하고 청정한 일체 힘의 역바라밀다를 원만 청정하게 하고 또한 청정한 공덕의 4무애해를 얻는다.

이 제9지는 오직 그 초월적인 수승한 공덕을 설한다. 일체 힘은 『화엄경』에서 십종의 힘이 있음을 널리 설하고 있다. 역力바라밀의 원만하고 청정함은 9지의 특히 수승한 공덕이 되고, 다시 4무애해無礙解의 청정공덕을 얻는다. 4무애해는 법法, 의義, 사辭, 변辯을 말하는데, 『십지경』 중 여러 면에서 널리 해석함이 있으며 이곳에 간략히 해석한다. 법무애해는 하나하나 법문의 명名과 상相을 통달하여 걸림이 없음을 말한다. 의무애해는 모든 법의 무량한 차별을 훤히 앎이 걸림 없는 것을 말한다. 사무애해란 모든 국토에 하늘과 용 등의 영역의 일체 말과 음에 걸림 없이 통달함을 말한다. 변무애해는 모든 법의 인과 작용을 잘 분석하여 말과 뜻의 상속이 번다하고 고갈됨이 없도록 하는 것을 말한다.

## 제10 보리심 법운지第十菩提心法雲地

**十地從於十方佛 得妙灌頂智增上** 십지종어시방불 득묘관정지증상
**佛子任運澍法雨 生長衆善如大雲** 불자임운주법우 생장중선여대운

십지에 시방제불에 녹아들어서 묘한 관정을 얻어 지혜바라밀다가 증가하고
대보살이 자재하게 법의 비를 내리며 모든 선근을 키움이 큰 구름과 같다.

이는 법운지의 이름을 해석한다. 법은 곧 불법의 대법이고 능히 세간과 출세간의 이익을 지으며, 구름이 큰비를 내려서 세간을 윤택하게 하고 중생의 소원을 채워줌과 같다. 시방제불을 좇아 묘한 관정을 받는다는 것은 십지보살이 관정삼마지에 들어 보련화의 법좌 위에 앉아 계심에 그 꽃이 크기가 불가설 미진 세계와 같고, 보살의 몸의 크기도 꽃 좌석 크기와 서로 같다. 하나하나 꽃잎 위에 각 보살 권속이 둘러싸고 있고, 시방제불이 미간 백호를 좇아서 각각 빛을 놓으며 보살의 정수리에 모인다. 보살이 관정을 얻어 마침에 곧 붓다와 더불어 동등한 보신을 이룬다. 이 관정을 묘한 지혜 관정이라고 이름하고 그 지역 또한 관정지라 설한다. 지智가 증상한다는 것은 이제를 다 능히 통달함을 말한다. 승의지로 모든 법의 공상共相을 봄에 오직 한 모습이다. 세속지는 무량한 차별상을 본다. 공상은 일상一相이 되는 연고로 쉽게 알며, 차별상은 무량한 연고로 알기 어렵다. 십지보살

이 진리를 증득한 지혜가 붓다와 더불어 서로 같고, 설법하고 중생을 제도하는 세속지혜 또한 붓다와 더불어 같다. 따라서 지혜가 증가한다고 말한다. 오직 이제를 쌍으로 비추지 못하면 붓다와 같지 못하다.

菩薩時能見百佛 得佛加持亦能知 보살시능견백불 득불가지역능지
此時住壽經百劫 亦能證入前後際 차시주수경백겁 역능증입전후제
智能入起百三昧 能動能照百世界 지능입기백삼매 능동능조백세계
神通教化百有情 復能往遊百佛土 신통교화백유정 부능왕유백불토
能正思擇百法門 佛子自身現百身 능정사택백법문 불자자신현백신
一一身有百菩薩 莊嚴圍繞爲眷屬 일일신유백보살 장엄위요위권속

보살이 찰나에 백 불을 보고 불가지佛加持를 얻고 또한 밝게 깨달으며 이때 수명이 백겁을 지나고 또 능히 전후의 경계를 증명해 안다.
지혜로 능히 백천 삼매에 들며 능히 백 세계를 진동하여 비추고 신통으로 일찰나에 백 명의 유정을 교화하고 다시 능히 백 불토에 가서 노닌다.
능히 바로 백 가지 법문을 선택하고 불자 자신이 백 가지 몸을 나타나며 하나하나의 몸 주위에 백 명의 보살이 있고 장엄하게 위요하는 권속이 된다.

이 세 게송은 초지보살의 12가지 공덕을 설한다. 보살의 공덕은 실로 무량하고 한 찰나에 능히 자재로 성취하는데, 간략히 말하면 12가지가 있다. 1) 일찰나에 백 세계 불을 본다. 2) 능히 동시에 백 불을 친견하고 섬기며, 불가지를 얻고 또 스스로 가피를 얻은

줄 안다. 3) 자신의 복덕력으로써 능히 자재로 백천 겁의 수명을 누리고, 만약 법력으로 가피하면 오히려 이를 고정하지 않는다. 4) 숙명통으로써 능히 과거 백겁의 일을 알고, 천안통으로 능히 미래 백겁의 일을 안다. 5) 일찰나 중에 능히 백 삼마지에 든다. 6) 백억 일월이 세계가 되고 보살이 능히 동시에 백 세계를 진동한다. 7) 동시에 능히 빛을 놓아 백 세계를 비춘다. 8) 신통력으로 능히 동시에 백 유정을 교화하고 각기 근기에 응하여 설법한다. 9) 능히 한 때에 백 불토를 다닌다. 10) 능히 동시에 백종 법문을 간택하고 스스로 능히 통달하며, 또 능히 남이 통달하도록 가르쳐 보인다. 11) 스스로 능히 현재의 몸으로 백 세계에 이른다. 12) 하나하나의 몸에 백 보살의 권속이 위요한다. 이는 모두 임운하여 성취하는 공덕을 말하는 것으로 그 수량이 일백에 그치는 것이 아니고, 만일 힘써 가행하면 공덕이 그에 그치지 않는다.

**如極喜地諸功德 如是住於無垢地** 여극희지제공덕 여시주어무구지
**當得功德各千種 餘五菩薩得百千** 당득공덕각천종 여오보살득백천
**得百俱胝千俱胝 次得百千俱胝量** 득백구지천구지 차득백천구지량
**後得俱胝那由他 百轉千轉諸功德** 후득구지나유타 백전천전제공덕
**住不動地無分別 證得量等百千轉** 주부동지무분별 증득량등백천전
**三千大千佛世界 極微塵數諸功德** 삼천대천불세계 극미진수제공덕
**菩薩住於善慧地 證得前說諸功德** 보살주어선혜지 증득전설제공덕
**量等百萬阿僧祇 大千世界微塵數** 양등백만아승지 대천세계미진수

극희지의 모든 공덕은 이같이 무구지에 머무르며
마땅히 각 천 가지 공덕을 얻고 나머지 5지보살(3지~7지)이 백천을 얻는다.
백 구지 천 구지를 얻고 차제로 백천 구지량의 공덕을 얻으며
후에 구지 나유타의 공덕을 얻고 백전, 천전의 차제대로 증상한다.
부동지의 분별이 없음에 안주하고 양量 등이 백천 전법륜의
삼천대천 불의 세계에 미진수를 전한 모든 공덕을 증득한다.
보살이 선혜지에 머물러 앞에 설한 12류의 모든 공덕을 증득하고
양이 백만 아승기겁 3천대천세계 미진수와 같다.

이는 2지에서 9지에 이르는 12가지의 공덕이다. 이런 공덕들은 모두 초지와 같이 수량이 넓고 좁은 것이 같지 않다. 초지에 한 때 백 불을 보고, 2지에 한 때에 천 불을 보며 모두 수로써 차별이 된다. 2지의 수는 천이 된다. 나머지 5는 3지에서 7지에 이름을 말한다. 3지 수는 백천이 되니 곧 십만이다. 4지에 백 구지를 얻고 구지는 천의 천이 되니 곧 백만이다. 5지에 천 구지를 얻고, 6지에 백천 구지를 얻으며, 7지에 백천 구지 나유타를 얻는다. 8지는 분별지에 자재함을 얻으며 백천 불세계 미진수 공덕을 얻는다. 9지에 백만 아승기 세계 미진수를 얻고, 아승기는 육십 대수의 하나이며, 그 뜻은 무수가 된다.

**且說於此第十地 所得一切諸功德** 차설어차제십지 소득일체제공덕
**量等超過言說境 非言說境微塵數** 양등초과언설경 비언설경미진수

또 이런 제십 법운지에서 얻는 바 일체 모든 공덕을 설하면
양量이 언설의 경계와 비언설의 경계의 극미진수를 초과한다.

이는 십지의 얻는 바 공덕의 수량이다. 또한 설하는 것은 미덕이 오히려 아래 게송에 설한 바의 공덕의 있음에 그치지 않는다. 불가설 불가설전이란 육십 대수 중의 최후의 한 수이다. 언설 경계를 초과한다는 것은 언설 경계가 아님이며 모두 불가설의 뜻이다.

一一毛孔皆能現 無量諸佛與菩薩 일일모공개능현 무량제불여보살
如是刹那刹那頃 亦現天人阿修羅 여시찰나찰나경 역현천인아수라
하나하나 털구멍에 다 능히 무량의 제불보살이 나타나고
이같이 찰나 찰나의 경각에 또 천인과 아수라가 나타난다.

이는 십지보살의 하나하나 모공에 각기 이 같은 공덕이 있음이 나타나고, 오직 무량한 몸을 나타낼 뿐만 아니라 또한 제불보살의 몸을 나타낸다. 또 찰나 찰나에 각기 입태, 출세, 출가, 성도, 설법도 중생의 무량한 같지 않은 상을 나타낸다. 또 천인, 아수라, 6취의 상을 나타내고, 관음보살의 32응신으로 중생의 근기를 따라 시현한다.

# 석불지제송釋佛地諸頌

如淨虛空月光照 生十力地復勤行 여정허공월광조 생십력지부근행
於色界頂證靜位 衆德究竟無與等 어색계정증정위 중덕구경무여등

청정한 허공의 달이 빛을 비춤과 같이 십력의 불지를 내어 부지런히 행하고
색계 정상에서 적정한 지혜의 위를 증득하며 많은 덕이 구경함이 이로 더불어 같은 과는 없다.

이 아래는 불과 공덕을 나타내는데, 이는 바로 불과를 증득함이다. 위 두 구는 성불의 인을 나타낸다. 삼대 아승기겁에 불지의 2자량이 원만한 십지보살이 지혜광명으로 모든 법을 사무쳐 보며, 소지장은 극미세이고 맑은 허공의 달과 같아 털끝만한 구름의 가림도 없음을 말한다. 십력은 불과이고 십지는 성불의 친한 원인(親因)이 되며, 따라서 십력지에 난다고 설한다. 이에 다시 정진하며 불과를 이룬다. 성불의 처소는 색계의 가장 높은 곳인 마혜수라천에 있음이 필요하고, 십지보살이 곧 마혜수라천의 왕이다. 그 천인이 금강유정의 삼매에

들고 소지장을 끊어 성불한다. 이는 소승의 설한 바와 같지 않다. 소승은 붓다가 도를 증득함은 꼭 남섬부주 보리수 아래에 있어야 하는 등을 설하는데, 이는 화신불이 시현하여 성도함을 말한다. 대승이 설한 바는 보신불을 말한다. 고요한 위(靜位)를 증득하는 것은 불과위를 증득함을 말한다. 고요함(靜)이라는 것은 작의를 일으키지 않고 자연함을 따라 중생을 제도하며, 이는 응당 제도하고 이는 응당 제도하지 않으며, 이때는 제도에 응하고 이때는 제도에 응하지 않는다고 사유분별하지 않고 스스로 능히 근기에 응하며 교화를 행하는 것이다. 많은 덕을 구경함이란 일체 공덕이 원만함을 말한다. 더불어 같음이 없다는 것은 오직 붓다와 붓다만이 더불어 서로 비교할 수 있을 뿐, 붓다에 미칠 나머지 어떤 것도 없음을 이른다.

**如器有異空無別 諸法雖別性無差** 여기유이공무별 제법수별성무차
**是故正智同一味 妙智刹那達所知** 시고정지동일미 묘지찰나달소지

**그릇은 다름이 있고 공은 다름이 없으며 제법은 비록 차별되나 본성은 차이가 없으며**
**이런 연고로 바른 지혜는 한맛과 같고 묘한 지혜는 찰나에 우주의 만법의 본성을 통달한다.**

이는 찰나에 단박에 불과를 이룸을 나타낸다. 그릇은 세속제를 비유하고, 공은 승의제를 비유한다. 세속제 중에 근根, 계界, 처處 등이 비록 천차만별이 있으나 승의제 중의 무아 성품은 차별이 없다. 마치 병, 대야, 식탁, 의자 등 물건은 비록 다르나 저 모든 물질의

공성은 차별이 없는 것과 같다. 바른 지혜는 정견의 법성이 전도가 없는 지혜를 말한다. 제법의 무아성은 오직 이 한맛인 연고로 불계위의 미묘한 일체종지는 한 찰나에 능히 우주 만유의 진리를 통달한다. 소지所知는 곧 우주 만법이다. 이른바 성불이 능히 단박에 이룬다는 것은 곧 십지보살과 더불어 같은 중생을 가리켜 말한 것이다.

**若靜是實慧不轉 不轉而知亦非理** 약정시실혜부전 부전이지역비리
**不知寧知成相違 無知者誰爲他說** 부지녕지성상위 무지자수위타설

적정함은 실질적 지혜가 전변하지 않음이고 전변함이 없이 앎도 이치가 아니다.
알지 못함인데 어찌 변지이겠는가? 서로 어긋난다. 앎이 없는데 누가 남을 위해 진실의를 설할 수 있는가.

이는 소승 경부의 사람이 붓다가 적정을 증득했음을 힐난함이다. 고요는 곧 적멸의 성품이고, 모든 법의 실지 이치는 고요하고 말을 여의며 남도 없고 상도 없어 불가사의하다. 이미 말과 생각을 여의고 지혜는 응당 위로 전생하지 않는다. 구른다(전轉)는 것은 생함이다. 지혜는 응당 저에게 생기지 않는 것을 이른다. 만약 지혜가 저를 인연하여 생기지 않고 또 능히 저를 안다고 한즉 이치에 맞지 않는다. 알지 못함과 앎이 서로 어긋나 있는데 어떻게 능히 앎이 되겠는가? 오히려 능히 알지 못하고 아는 자가 없으면 어찌 중생을 위해서 제법의 진리를 펴 설할 수 있겠는가?

不生是實慧離生 此緣彼相證實義 불생시실혜리생 차연피상증실의
如心有相知彼境 依名言諦說爲知 여심유상지피경 의명언제설위지
생하지 않음은 실지 지혜로 생멸상을 여읨이고 이 지혜가 저 공적행상을 인연하여 실의를 증득하며
마음에 상이 있어 저 경계를 알며 명언을 의지하여 법성을 깨달음을 설함을 알게 된다.

이는 지혜가 고요함이 굴러 생김에 대한 답이다. 고요함은 생함이 아니다. 생기지 않음은 모든 법의 진리이고 지혜는 곧 그 생하지 않음을 봄이다. 이것이 불지佛智인즉 저 모든 법의 진리를 인연하여서 진실한 뜻을 증득한다. 안식이 청색의 경계를 연하여 청색의 상이 나타남이 있고, 곧 저가 청색인 줄 앎을 말한다. 이는 응성파가 불지도 또 영상이 있음을 허락함이니, 다만 범부의 경계와는 같지 않다. 범부에게 나타나는 바의 영상은 인연하는 바의 법이 진실상이 된다고 집착한다. 불지혜의 영상이 모든 법의 실상과 다름이 없고, 집착하여 실로 삼지 않음이 그 같지 않음이 된다. 그러나 승의제 중에서 능히 앎과 아는 바가 대립하는 상이 없는 연고로 또 앎과 알지 못함을 설할 수 없다. 명언제 중에 또 안립하며 앎을 삼음이 필요하다.

百福所感受用身 化身虛空及餘物 백복소감수용신 화신허공급여물
彼力發音說法性 世間由此亦了眞 피력발음설법성 세간유차역요진
백복으로 감응한 바의 수용신은 화신의 허공과 기타 물질이고
저 불력가피의 힘으로 소리 내어 법성을 설하고 세간이 이를 말미암아

또 진실을 요달한다.

이는 능히 설하는 자가 있음에 답함이다. 경에 이르되, 만수실리는 응당 알지니 불생불멸은 곧 여래의 증익하는 말이다. 법신은 이미 법성으로 체가 되는 연고로 언설로써 중생에게 펴 보이지 못한다. 그러나 삼대 아승기겁 동안 육도만행으로 감응한 바의 수용신 및 시현한 바의 화신을 말미암아 능히 중생을 위하여 법성을 펴 설한다. 이에 불력佛力의 가지로 허공 또한 소리 내어 설법하고, 상제보살이 지성으로 대반야를 구하여 허공의 발음으로 법을 설하며 방소를 보여 줌으로써 감득하였다. 기타 물건을 가지하면 또 능히 설법하고, 극락세계 물새와 숲이 다 설법함과 같다. 근기의 감응이 서로 투합하게 함에 모든 허공이 다 선지식이고 부처가 법계에 충만하기 때문이다. 이러한 연고로 법신이 비록 언설을 여의나, 중생이 보신 등의 소리를 발함을 말미암아 법성을 통달한다.

**如其強力諸陶師 經久極力轉機輪** 여기강력제도사 경구극력전기륜
**現前雖無功用力 旋轉仍爲甁等因** 현전수무공용력 선전잉위병등인
**如是佛住法性身 現前雖然無功用** 여시불주법성신 현전수연무공용
**由衆生善與願力 事業恒轉不思議** 유중생선여원력 사업항전불사의

힘이 센 모든 도공과 같이 오래 힘을 다해 기계의 바퀴를 굴리면
현전에 비록 공용의 힘이 없어도 회전하여 돌아서 여전히 물병 등을 만드는 원인이 되듯이,
이같이 붓다가 법성신에 머무르고 현전에 비록 자연히 공용이 없으나

중생의 선연과 원력을 말미암아 사업이 항상 나아감이 불가사의하다.

이는 공용을 가하지 않아도 스스로 능히 중생을 이롭게 하는 이치이다. 용감하고 건장한 도공이 오래 힘을 다해 기계 바퀴를 굴리면, 뒤에 비록 손 놓고 힘써 굴려 돌림에 힘쓰지 않고 공용을 짓지 않으나, 앞의 힘으로 이끈 바의 세력으로써 기계 바퀴가 스스로 능히 돌아가고 여전히 병을 제작하는 원인이 된다. 중생의 선근은 병을 만드는 진흙에 비유한다. 붓다의 과거 중생을 제도하고자 하는 큰 원은 삼대 아승기겁 동안 정진 수행한 복덕력과 더불어 도공이 오래 기계 바퀴를 굴린 힘에 비유된다. 법성신이 가장 적정하고 공용은 짓지 않음을 증득함은 도공이 기계 바퀴를 놓고 다시 힘써 굴리지 않음과 같다. 공용을 짓지 않고 스스로 능히 임운하여 중생을 제도함은 기계 바퀴를 놓은 후에도 스스로 능히 굴러 병을 만드는 것과 같다.

**盡焚所知如幹薪 諸佛法身最寂滅** 진분소지여간신 제불법신최적멸
**爾時不生亦不滅 由心滅故唯身證** 이시불생역불멸 유심멸고유신증

소지장을 마른 땔나무처럼 다 태우면 제불의 법신이 가장 적멸함이 되며
이때 생도 없고 멸도 없음이며 마음과 대상이 멸한 연고로 오직 법신을 증득한다.

이는 능히 보신을 증오함을 나타낸다. 불지는 불과 같아서 일체의 희론인 분별의 영상을 다 태운다. 법신을 증오한 때에 능히 증오한

지혜와 증득한 바의 경계가 합일한다. 증득한 바의 경계는 이미 적정하여 말을 여의며 생멸을 함께 설할 수 없고 능히 증오하는 지혜 또한 다시 이와 같다. 이미 경계와 지혜가 함께 적적한데 어찌 명언제 중에 법신을 증오함을 안립하는가? 따라서 오직 보신을 의지하고 증득함이 됨을 안립하며, 보신으로써 비로소 색상이 있고 널리 설할 수 있기 때문이다.

**此寂滅身無分別 如如意樹摩尼珠** 차적멸신무분별 여여의수마니주
**衆生未空常利世 離戲論者始能見** 중생미공상리세 이희론자시능견

**이 적멸의 몸은 분별이 없고 여의수와 마니 구슬과 같으며**
**중생이 공하지 않음에 항상 중생을 구하고 희론을 여읜 자는 능히 보신을 보게 된다.**

이는 어떻게 중생을 이롭게 하는지의 힐난에 답한다. 이 보신은 비록 분별이 없어 공용을 짓지 않지만 능히 근기 따라 법을 설하고 중생을 이롭게 한다. 또 삼십삼천의 여의수와 용왕의 정수리의 마니 구슬이 중생복업의 감응하는 바를 따라, 오욕의 요구하는 바를 뜻에 따라 얻게 함과 같다. 저 나무와 구슬 또한 공용을 짓지 않고 본래 이 같은 힘이 있다. 이같이 불신佛身 또한 공용을 짓지 아니하고 항상 중생을 이롭게 하며 생사의 경계를 다 제도한다. 그러나 그 보신은 범부의 능히 보는 바가 아니고, 아미타불 백호는 5수미산을 휘감으며 감청색 눈동자는 4대해로 변하고, 한 수미산이 오히려 육안의 보는 바가 아니고, 한 바다의 끝이 오히려 육안으로 보아 얻을 것이 아니니,

이 같은 붓다의 몸의 모습을 범부가 어찌 보겠는가. 또한 보신불이 중생을 위해 설법하고 중생이 듣지 못할까 염려하지만, 큰 바람이 귀에 스침과 같아 그 말뜻을 판단하지 못한다. 이로써 오직 견도의 보살이 볼 뿐이고 범부의 봄은 아니다.

能仁於一等流身 同時現諸本生事 능인어일등류신 동시현제본생사
自生雖已久遷滅 明了無雜現一切 자생수이구천멸 명료무잡현일체
능인은 한 등류신에 동시에 모든 본생사의 자취를 나타내고
본생사는 이미 소멸되었지만 분명히 일찰나 간에 뒤섞임 없이 일체를 나타낸다.

이 아래 9송은 등류신의 공덕을 나타낸다. 등류신은 보신으로 지상보살 및 성문의 설법하는 몸으로 시현하고, 또 팔상시현八相示現의 화신과 같지 않으며, 이에 보신의 공덕과 동등한 부류가 되기에 등류신이라고 한다. 붓다께서 한 등류신에 동시에 과거 일체생 중의 일을 나타내고, 과거의 생이 비록 오래 지나 멸했으나 과로 말미암아 일을 추구함에 인의 힘이 존재하며, 인위因位의 힘이 함께 과위果位에 표현하게 됨이 『화엄경』의 설함과 같다.

何佛何刹能仁相 諸佛身行威力等 하불하찰능인상 제불신행위력등
聲聞僧量如何行 諸菩薩身若何等 성문승량여하행 제보살신약하등
演說何法自若何 如何聞法修何行 연설하법자약하 여하문법수하행
作何布施供佛等 於一身中能普現 작하보시공불등 어일신중능보현

어느 불, 어느 국토의 능인 강생상과 모든 불의 신상, 승행, 위력 등과, 성문과 승가의 수량, 수행의 내용, 불찰의 보살의 상호단엄신의 수용 등을 나타낸다.
어떤 법을 펴 설함이 스스로 어떠함과 어떻게 법을 듣고 어찌 수행하며 보시와 불공을 어떻게 행하는가 등을 한 불신 중에 널리 나타낸다.

이는 한 몸에 모든 본생의 일을 나타냄을 해석하고 하나의 보시 지음을 들어 비유를 삼는다. 이 보시를 지음에 어느 붓다의 세계에 어느 국토에 있고, 저 불신상의 광명 종성은 어떠하며, 어떤 종류의 행을 닦고 어떤 위력을 갖추며, 성문 제자의 약간은 어떤 행을 닦고, 보살 제자의 약간은 신상이 어떠하며 어떤 법을 연설하는지를 설하고, 삼승과 일승 등의 차별이 자신은 또 어떠하고, 부귀한 집 혹은 빈천한 집에 태어나며, 사슴 혹은 코끼리 등 축생 중에 생하며, 무슨 인연으로 법을 듣고 어떤 행을 닦는 바며, 어떤 물건으로 보시하고 어떤 사람에게 베풀며, 얼마의 시기를 경과함을 한 몸 가운데 다 능히 널리 나타냄을 설한다.

如是持戒修忍進 禪定智慧昔諸生 여시지계수인진 선정지혜석제생
彼等無餘一切行 於一毛孔亦能現 피등무여일체행 어일모공역능현

이같이 계를 지니고 인욕, 정진, 선정, 지혜바라밀다를 수행한 과거 모든 생의 본생사적이 있고,
저 같은 등의 남음 없는 일체 행을 한 터럭에 다 능히 현현한다.

이는 나머지 5바라밀과 나머지 모든 행을, 예를 들어 보시를 닦음과 같이 다 능히 현현한다. 한 몸 중에 나타낼 뿐만 아니라 한 털구멍에 또한 능히 현현한다.

諸佛過去及未來 現在盡於虛空際 제불과거급미래 현재진어허공제
安住世間說正法 救濟苦惱衆生者 안주세간설정법 구제고뇌중생자
從初發心至菩提 一切諸行如已行 종초발심지보리 일체제행여이행
由知諸法同幻性 於一毛孔能頓現 유지제법동환성 어일모공능돈현

모든 부처님이 과거 및 미래와 현재의 허공제를 다하여
세간에 안주하여 정법을 설하고 고뇌 중생을 구제하는 것은
저 초발심에서 보리에 이르도록 일체 모든 행을 이미 행함과 같고
모든 법이 환 같은 성품임을 앎을 말미암아서 한 모공에 명백하게 몰록 나타낸다.

이는 삼세의 모든 부처님이 처음 발심으로부터 성불에 이르도록 일체의 모든 행이 또한 이미 행함과 같이 능히 한 털구멍 중에 동시에 몰록 나타내며, 모든 법이 환과 같은 이치를 요달한 연고이다.

如是三世諸菩薩 獨覺聲聞一切行 여시삼세제보살 독각성문일체행
及餘一切異生位 一毛孔中皆頓現 급여일체이생위 일모공중개돈현

이같이 삼세의 모든 보살과 독각 성문의 일체행과
나머지 일체 이생위가 한 털구멍에 다 단박에 나타난다.

이는 능히 삼세제불의 본신의 일을 나타낼 뿐만 아니라 일체 보살, 독각, 성문, 육도윤회 중생의 일에 이르기까지 또한 능히 몰록 나타냄을 보여준다.

此淸淨行隨欲轉 盡空世界現一塵 차청정행수욕전 진공세계현일진
一塵遍於無邊界 世界不細塵不粗 일진변어무변계 세계불세진불추
이 청정행이 바람 따라 진전하여 허공을 다한 세계가 한 터럭으로 나타나고
한 터럭이 무변한 세계에 두루하며 동시에 세계가 미세해짐도 아니고 미진이 거친 것도 아니다.

이는 공간이 크고 작은 것에 걸림 없음을 나타낸다. 이같이 모든 불보살의 행하는 바인 육바라밀 등의 청정한 공덕은 다 능히 공용을 짓지 않고 임운하여 나타나며 자재하고 무애하다. 능히 허공을 다한 세계가 한 미진 중에 나타나고, 또 능히 한 미진이 무변한 세계에 두루하도록 한다. 이 화엄의 십현문은 대와 소가 서로 용납되고 하나와 여럿이 서로 포섭하는 이치이다.

佛無分別盡來際 一一刹那現衆行 불무분별진래제 일일찰나현중행
盡瞻部洲一切塵 猶不能及彼行數 진섬부주일체진 유불능급피행수
붓다의 분별없음이 미래제에 다하여 하나하나 찰나 중에 많은 묘행을 나타내고
남섬부주를 다한 일체의 티끌은 오히려 중생제도 사업의 수에 미치지

못한다.

이는 시간이 삼세에 무애함을 나타낸다. 능히 미래제를 다한 뭇 중생제도의 행으로써 한 찰나에 동시에 현현한다. 미래제가 다함에 이르도록 나타내 보임이 걸림 없다.

處非處智力 如是業報智 처비처지력 여시업보지
知種種勝解 種種界智力 지종종승해 종종계지력
知根勝劣智 及知遍趣行 지근승열지 급지변취행
靜慮解脫定 等至等智力 정려해탈정 등지등지력
宿住隨念智 如是死生智 숙주수념지 여시사생지
諸漏盡智力 是謂十種力 제루진지력 시위십종력

처비처지력은 이 같은 업보의 지혜이며
가지가지를 아는 수승한 지혜이며, 가지가지 세계를 아는 지혜의 힘이고
근기가 수승하고 하열함을 아는 지혜이며, 두루 취향하는 행을 아는 지혜의 힘이고
정려해탈의 삼매이며, 평등한 지혜에 등지하는 힘이고
숙세의 전생하고 주함을 따름에 억념하는 지혜이며, 이 같은 죽어서 날 곳을 아는 지혜이며
모든 번뇌가 다한 지혜의 힘이니, 이를 십종력이라고 이른다.

이는 총합하여 십력을 설명한다. 십력이 구족함을 성취하면 이것이 곧 불과이며, 이는 십력으로써 불과를 나타내 보인다.

彼法定從此因生 知者說此爲彼處 피법정종차인생 지자설차위피처
違上非處無邊境 智無礙著說名力 위상비처무변경 지무애착설명력

저 과법의 결정은 이 인을 좇아 생기고 지자는 이것이 저 과의 생처가 된다고 설하며
인과를 어김이 비처이고 이 둘의 무변경에 지자가 장애가 없으므로 역力의 이름으로 설한다.

이는 따로 처비처지력處非處智力을 해석한다. 처는 곧 인의 뜻으로서, 저 과법이 이 인을 좇아 생기고 혹은 이를 좇아 얻으며, 이것이 저 과법의 인이 된다고 설한다. 예를 들어 보시는 큰 부와 많은 재물의 원인이 되고, 삼학을 배워 번뇌를 끊으면 해탈을 얻는 인이며, 불은 현량으로 증득한 지자가 되고 곧 처가 된다고 설한다. 만약 저 법이 이 법을 좇아 생기지 않고 이 법을 좇아 얻음이 아니면, 악을 짓고 인천의 낙을 구하며 외도의 고행으로 해탈을 구하니, 저 인으로 이 과를 얻지 못하는 것이 곧 저가 비처가 된다고 말한다. 이 같은 처와 비처는 가없는 처의 지혜로 애착이 없이 다 능히 알기에 력力이라고 설한다. 이 처비처지력이 총합이 되고 나머지 아홉은 별개가 된다.

愛與非愛違上相 盡業及彼種種果 애여비애위상상 진업급피종종과
智力無礙別別轉 遍三世境是爲力 지력무애별별전 변삼세경시위력

선업과 불선업이 위에 서술한 상을 어기면 누진의 업 및 저 모든 업의 종종 과보로
묘지의 힘이 무애자재하고 낱낱이 달라지며 삼세 소지의 경을 다 포섭하

여 힘이 된다.

이는 따로 업이숙지력業異熟智力을 해석한다. 애업은 낙의 과보를 감수하는 업을 말하고, 비애非愛는 고를 감수하는 업을 말한다. 위를 어긋나면 잡업이 되고 순수한 선업이나 순전히 악업이 아니다. 진업盡業은 생사를 끊어 다한 무루업이며, 업의 과가 깊고 섬세하며 오래된 업이어서 비록 대아라한 또한 다 보기는 어렵고, 오직 붓다만이 걸림 없이 모두 본다.

**貪等生力之所發 有劣中勝種種欲** 탐등생력지소발 유열중승종종욕
**餘法所覆諸勝解 智遍三世名爲力** 여법소복제승해 지변삼세명위력
탐 등이 생기는 힘의 발기하는 바는 하열, 중등, 수승의 여러 욕해欲解의 믿음을 냄이 있으며
나머지 법의 덮는 바인 모든 승해를 일체지지로 삼세중생의 신해를 두루 앎으로 역力의 이름으로 설한다.

이는 따로 종종의 승해지력勝解智力을 해석한다. 중생은 탐貪 등 선과 불선의 심소의 힘을 말미암아 가지가지 같지 않은 의락意樂 승해를 일으키며, 각각 하열, 중등, 수승의 3등의 차별이 있다. 이 각각의 같지 않은 수승한 해는 밖으로 나타낸즉 사람들이 능히 보고, 어느 때고 다른 법의 가리고 덮는 바가 되면 곧 오직 불지佛地가 되며, 비로소 능히 보게 된다.

**諸佛善巧界差別 眼等本性說名界** 제불선교계차별 안등본성설명계
**正等覺智無邊際 遍諸界別說名力** 정등각지무변제 변제계별설명력

제불의 선방편으로 계성차별을 요달하고 안 등의 본체공성을 통달함이 계界가 되며
정등각불의 지혜량은 무변무제이고 모든 계의 차별상을 두루 앎으로 역力의 이름으로 설한다.

이는 따로 종종계지력種種界智力을 해석한다. 계界는 본성이고 안眼 등 본성이 공이자 무아성임을 말하며 계界가 됨을 설명한다. 또 계는 종성을 말하고, 공종空宗은 중생의 동일한 종성의 구경성불을 말하며, 유식은 곧 5종성 차별이 있음을 말한다. 불지는 무변제의 중생계성을 모두 능히 요지한다.

**遍計等利說名勝 處中鈍下名爲劣** 변계등리설명승 처중둔하명위열
**眼等互生皆了達 種智無礙說爲力** 안등호생개요달 종지무애설위력

허망변계 등에 가장 이익됨이 승근이 되고 중근, 둔근은 하열한 근이 되며
안 등이 서로 과를 냄을 다 통달하고 일체종지를 무애하게 통하므로 역力의 이름으로 설한다.

이는 따로 근승열지력根胜劣智力을 해석한다. 근根은 22근을 갖추어 설하는데, 안 등 6근, 남근, 여근, 명근, 고苦 등 5수근受根, 신信 등 5근, 미지당지근未知當知根, 이지근已知根, 구지근具知根 등을 말한

다. 근에는 이근利根, 중근, 둔근의 3등이 있는데, 이근은 수승하다고 이름하고, 중근과 둔근은 하열하다고 한다. 22근은 일체 잡염이 청정한 근을 포섭한다. 중생의 근기는 수승함과 하열함이 있는데, 붓다께서는 다 아신다.

有行趣佛亦有趣 獨覺聲聞二菩提 유행취불역유취 독각성문이보리
天人鬼畜地獄等 智無障礙說爲力 천인귀축지옥등 지무장애설위력

보살도의 뜻을 행하여 불과가 있고 소승도 업취를 행하여 독각, 성문 2보리과가 있으며
천상, 인간, 아귀, 축생, 지옥 등에 나아가 행함에 종지에 장애가 없으므로 역力의 이름으로 설한다.

이는 별도로 변취행지력遍趣行智力을 해석한다. 취趣는 취향趣向을 말하며, 행行은 행하는 바의 도를 말한다. 대승행을 닦아 불도에 나아가고, 또는 2승인 독각 성문의 도를 닦으며, 혹은 십선계의 인천도를 닦으며, 또한 십악과 오역五逆을 지어 삼악도에 나아간다. 붓다는 다 통달하여 걸림이 없다.

無邊世界行者別 靜慮解脫奢摩他 무변세계행자별 정려해탈사마타
及九等至諸差別 智無障礙說名力 급구등지제차별 지무장애설명력

끝없는 세계 중에 무량한 행자가 차별되며 4정려 8해탈의 사마타와 9차제 등지等至의 모든 차별을 일체종지로 알아 장애가 없으므로 역力의 이름으로 설한다.

이는 별도로 정려, 해탈, 등지等持, 등지等至의 지력을 해석한다. 행자는 선정을 수행하는 행자를 말한다. 모든 선정을 수행하는 인因과 방편, 각각 행자의 닦는 바를 붓다께서는 모두 요지한다.

過去從癡住三有 自他一一有情生 과거종치주삼유 자타일일유정생
盡情無邊並因處 彼彼智慧說爲力 진정무변병인처 피피지혜설위력

과거세에 우치를 따라 삼유에 안주하며 자기와 남의 하나하나 유정으로 생함과
무변중생과 그 모든 인과, 생처, 신상, 재능 등을 그 원인되는 곳을 다 통달하는 저와 저 등의 지혜를 역力의 이름으로 설한다.

이는 숙명지력宿命智力을 따로 해석한다. 우치는 무명이다. 무시이래로 무명을 말미암아 생사에 윤회하고 자타의 하나하나 중생, 족성族姓, 수명, 권속, 작업, 수용 등과 무변 유정의 과거 경력을 다 통달한다.

盡虛空際世界中 一一有情死生時 진허공제세계중 일일유정사생시
於彼多境智遍轉 淸淨無礙說名力 어피다경지변전 청정무애설명력

허공의 한계를 다한 무량한 세계 중에 각각의 유정이 죽고 사는 때에 있어
저 많은 경계의 지혜에 두루 진전하여 청정하고 걸림이 없음이 역力이 된다.

이는 따로 사생지력死生智力을 해석한다. 이는 곧 천안통이고, 능히

미래의 여러 생의 일과 미래제가 다함을 안다.

諸佛一切種智力 速斷煩惱及習氣 제불일체종지력 속단번뇌급습기
弟子等慧滅煩惱 於彼無礙智名力 제자등혜멸번뇌 어피무애지명력
제불의 일체종지력은 속히 번뇌와 습기를 끊고
성문 연각 등의 아라한 지혜로 번뇌를 멸하며 저에 대해 걸림이 없는 지혜를 역力의 이름으로 설한다.

이는 따로 누진지력漏盡智力을 해석한다. 능히 번뇌를 끊고 해탈을 얻고, 또한 능히 이미 번뇌를 끊고 해탈을 얻은 것을 앎이 누진지력이라고 설한다. 소승은 능히 번뇌를 끊으나 습기를 끊지 않으며, 또한 다만 능히 스스로 누漏가 다함을 알지만 타인이 누가 다함은 모른다. 대승이 번뇌를 끊음에 습기 또한 끊으며, 또한 능히 타인이 어느 곳에서 어느 때에 무슨 인연으로써 누가 다했음을 얻는가를 알기에 지혜가 장애가 없다.

妙翅飛還非空盡 由自力盡而回轉 묘시비환비공진 유자력진이회전
佛德無邊若虛空 弟子菩薩莫能宣 불덕무변약허공 제자보살막능선
如我於佛衆功德 豈能了知而讚言 여아어불중공덕 기능요지이찬언
然由龍猛已宣說 故我無疑述少分 연유용맹이선설 고아무의술소분
금시조가 날아옴이 허공이 다해서가 아니고 자기 힘이 다함으로 인해 돌이킴이며
붓다의 덕이 무변하여 허공과 같아 제자보살이 능히 다 펴지 못한다.

내가 붓다의 허공 같은 많은 공덕에 어찌 능히 요지하며 칭찬해 말하겠는가?
그러나 용맹보살이 이미 펴 설했기에 내가 의심이 없이 조금 서술한다.

위는 십력으로써 붓다의 공덕을 총합하여 찬탄하였고, 이 두 게송은 불의 공덕이 무궁함을 찬탄하여 다하지 못함을 말한다. 붓다가 초발심을 좇아서 곧 무변중생을 이익 되게 하고 삼대 아승기겁에 끝없는 복덕자량을 쌓으며 십지의 가없는 붓다의 묘한 지혜관정의 삼마지를 얻음에 이르게 되니, 이 같은 공덕이 매우 커 허공과 같고 한계가 없으며, 모든 보살이 펴 설하지 못할 뿐만 아니라, 곧 붓다 자신이 펴 설함도 미래제가 다하도록 또한 능히 다하지 못한다. 마치 대붕새가 허공을 가르며 날아가서 어느 때 날아 돌아옴은 힘이 다하여 돌아오는 것일 뿐, 이미 허공의 끝에 이르러 돌아옴이 아니다. 이같이 모든 불보살이 붓다의 공덕을 설함에, 비록 어느 때 그치고 쉼이 있더라도, 붓다의 공덕을 설함이 다한 것이 아니다. '아我'는 월칭보살을 자칭한 말이다. 나 같은 유루 범부는 붓다의 공덕이 '나'의 경계가 아니므로 능히 통달해 알지 못하며 실로 칭찬을 받을 만한 것이 못 된다. 그러나 용수보살의 지은 바 『보만론』의 법계찬 등을 말미암아서 간략히 조금 엿볼 수 있기 때문에 감히 서술한다.

甚深謂性空 餘德卽廣大 심심위성공 여덕즉광대
了知深廣理 當得此功德 요지심광리 당득차공덕
심심은 본성이 공함의 법신을 말하고 나머지 덕은 곧 광대함이며 심심과 광대함의 이치를 통달하여 마땅히 이 공덕을 얻는다.

이는 붓다의 공덕을 결론짓는다. 붓다의 공덕은 복과 지혜의 2종 자량을 말미암아 원만히 성취함을 말한다. 지혜는 깊은 공성의 지혜를 통달함을 말하고, 복은 지혜를 제한 그 밖에 나머지 일체의 광대한 공덕을 말하며, 보시 등의 인因을 닦음을 좇아서 십력 등의 과果를 성취함에 이르기까지 다 이에 포섭된다. 이 심심광대의 2종 반야는 곧 대승이고, 만약 능히 통달하여 수증修證하면 곧 붓다와 같은 공덕을 성취한다.

佛得不動身 化重來三有 불득부동신 화중래삼유
示天降出胎 菩提轉靜輪 시천강출태 보리전정륜
世有種種行 爲多愛索縛 세유종종행 위다애삭박
佛以大悲心 鹹導至涅槃 불이대비심 함도지열반

붓다가 부동신을 얻고 화신으로 삼계에 거듭 오며
하늘에서 내려와 태에서 나옴을 보이고 보리를 이뤄 법륜 굴림을 보이며,
세간중생이 여러 가지 행이 있고 여러 애욕의 끈에 묶이게 되기에
붓다께서 대자비로 모두 열반에 이르도록 인도하신다.

이 게송은 화신 공덕이다. 이 두 게송은 원래 티베트어 판본에서는 한 게송이나, 글자가 많고 구문이 길어 지금은 두 게송으로 번역하였다. 부동신은 법신과 보신을 말한다. 색계 천신으로는 일반 중생이 접근할 수가 없기에 화신을 내어 삼유에 거듭 와서 도솔타천을 좇아 왕궁에

하강하고, 입태하고 출태하며, 중간에 글과 숫자를 학습하고, 성을 넘어 출가하여 설산에서 고행하고, 범부 및 모든 외도와 같음을 보임을 시현하신다. 후에 다시 고행을 버리고 목장의 여인에게서 우유죽을 받아 드시고 니련선하에서 목욕하시며, 보리수 아래서 정등각을 이루고 대법륜을 굴리신다. 범부와 같음을 보인 까닭은 중생으로 하여금 붓다와 보통사람이 다름이 없음을 알게 하여 스스로 성불할 수 있음을 믿게 하고자 하시기 때문이다. 외도와 같음을 보이는 것은 고행이 의미가 없고 생사를 해탈할 수 없음을 알게 하기 위함이다. 적정한 법륜은 이 법륜이 능히 중생 번뇌를 쉬게 하는 가장 적정함이 되기 때문이다. 세간의 중생은 탐진 등 가지가지 번뇌가 있음으로써 5욕을 탐하게 되고 수승한 과를 구하지 않으며 노끈에 결박되어 벗어남을 얻지 못함과 같다. 붓다께서 대비심으로 생사를 받음을 보인 것은 저들을 인도하여 모두 열반에 이르게 하고자 함이다.

**離知眞實義 餘無除衆垢** 이지진실의 여무제중구
**諸法眞實義 無變異差別** 제법진실의 무변이차별
**此證眞實慧 亦非有別異** 차증진실혜 역비유별이
**故佛爲衆說 無等無別乘** 고불위중설 무등무별승

진실한 뜻의 지혜를 여의고 많은 번뇌를 제할 다른 방법이 없고
모든 법의 진실한 뜻은 변화하고 달라지는 차별이 없으며
이 진실을 증오하는 지혜는 또 어떤 달리 변함이 없는 연고로
붓다가 대중을 위해 평등함도 없고 차별도 없는 일승을 설하신다.

이는 붓다께서 오직 일승법을 설하심을 나타낸다. 취사를 여읜 진실한 뜻이고, 남음이 없는 방편이 능히 번뇌의 때를 제거하는 연고로 진실한 뜻은 나타내는 것을 제외한 밖에 따로 불법이 없다. 그래서 모든 법의 진실한 뜻은 오직 한맛이고, 다른 때 다른 지역으로써 달라지고 차별됨이 있는 것이 아니다. 증오한 바의 뜻은 차별이 없기 때문이다. 능히 증오한 지혜 또한 차별이 없다. 따라서 붓다께서 구경에는 오직 일승인 법을 설하시고, 먼저 삼승을 설한 것은 다만 방편설이며, 『법화경』에 약초, 화성化城, 궁한 자 등의 비유로 나타낸 바와 같다.

**衆生有五濁 能生諸過失** 중생유오탁 능생제과실
**故世界不入 甚深佛行境** 고세계불입 심심불행경
**然有佛善逝 具智悲方便** 연유불선서 구지비방편
**昔曾發誓願 度盡諸有情** 석증발서원 도진제유정

중생이 오탁이 있고 능히 모든 과실을 내는 연고로
세간의 중생이 깊은 불행佛行의 경계에 들지 못하며
그런데 불·선서께서 지혜와 자비의 방편을 갖춤을 말미암아
예전부터 일찍이 모든 중생을 제도하는 서원을 발하셨다.

이는 대비로 중생을 버리지 않기에 방편으로써 설법하심을 나타낸다. 중생이 겁탁, 견탁, 번뇌탁, 중생탁, 명탁 등의 오탁에 물듦으로 인하여 법을 비방하고 죄를 지으며 타락하고 전도된 연고로 붓다의 행하신 바인 깊고 진실한 뜻의 경계를 신해하여 깨닫지 못한다. 그래서

붓다께서 오래전에 중생무변서원도의 큰 원을 발하시고, 중생이 방편을 따르지 못함을 알아도 중생을 버리지 않은 연고로 여전히 각기 근기에 응하여 방편으로 설법하신 것이다.

以是如智者 導衆赴寶洲 이시여지자 도중부보주
爲除衆疲乏 化作可愛城 위제중피핍 화작가애성
佛令諸弟子 念趣寂滅樂 불령제제자 염취적멸락
心修遠離已 次乃說一乘 심수원리이 차내설일승

이로써 지자이신 세존께서 중생을 보주寶洲로 인도하여
중생의 궁핍함을 제거해 주고자 좋아하는 성을 환화로 지으셨다.
붓다께서 제자들에게 적멸락을 추구하게 하고
마음을 닦아 번뇌를 여의게 하였으며 차제로 일승을 설하셨다.

이는 곧 『법화경』「화성비유품」을 인용한 것이다.

十方世界佛行境 如其所有微塵數 시방세계불행경 여기소유미진수
佛證菩提劫亦爾 然此秘密未嘗說 불증보리겁역이 연차비밀미상설
直至虛空未變壞 世間未證最寂滅 직지허공미변괴 세간미증최적멸
慧母所生悲乳育 佛豈入於寂滅處 혜모소생비유육 불기입어적멸처

시방세계에서 붓다께서 행하신 경계는 그중의 모든 먼지의 수와 같고
붓다께서 대보리를 증득하신 겁수도 그와 같으나 일찍이 이 비밀은 설하지 않으셨다.
허공이 바로 무너지지 않는 동안에 세간 중생이 최고 적멸을 증오하지

못하면
지혜모의 생하신 바인 자비의 젖으로 기르신 붓다가 어찌 적멸처에 들겠는가?

이 두 게송은 불신이 멸하지 않는 것을 설한다. 첫 게송은 석가세존이 오랜 무량겁 전에 이미 성불하셨음을 보이고 있다. 시방세계에서 붓다께서 행하신 경계인 세계의 수는 이미 알 수 없는데, 하물며 장차 이 무변세계를 부숴 티끌로 만든 숫자이겠는가. 붓다께서 보리를 증오한 이래로 지내온 바의 겁의 수 또한 다시 이와 같으나, 이 비밀을 일찍이 설하지 않으셨다. 오직 『보적경』의 「부자상회품」 중에 불국토가 왜 이같이 오염되어 부정한지 의심함이 있는데, 붓다께서 설하시되, 과거 무수겁에 인다라왕불이 있어 국토의 일체를 장엄함에 극락세계보다 수승하다고 하셨다. 최후에 이르시되, 저 부처는 누구인가 묻자 대중이 능히 대답하지 못하였다. 그때에 문수보살이 동방 부동세계 부처님 회상을 좇아서 손가락을 한번 튕김에 저곳에서 소멸하고 이곳에서 출현함에 저 부처님은 곧 석가세존이라고 말하였다. 그래서 붓다 성불의 시기는 지금부터 약간의 시겁時劫의 거리가 있으며 실로 범부의 헤아릴 바가 아니다. 그러나 그 후에 미래제가 다하도록 허공계가 다하고 중생계가 다하며 붓다의 비원悲願도 이처럼 다한다. 만약 중생 한 사람이 최고 적멸의 과를 증오하지 못하면 붓다 또한 열반에 들지 않으신다. 붓다는 지혜모(慧母)가 낳은 바로서 대비심의 유모가 양육하였으며, 중생이 적멸에 이르게 함을 결코 버리지 않는다.

**世間由癡啖毒食 如佛哀愍彼衆生** 세간유치담독식 여불애민피중생
**子毒母痛亦不及 以是勝依不入滅** 자독모통역불급 이시승의불입멸

세간인이 우치하여 독 음식을 삼키면 붓다께서 저 중생을 불쌍히 여기시며
자식이 중독됨을 보고 생긴 모친의 고통도 이에 미치지 못하니 이로써 수승한 의지처로써 열반에 들지 않는다.

이는 큰 연민의 아픔을 나타내어 비유한다. 어린아이가 독을 먹은 것을 알지 못하기에 자애로운 어머니가 고통과 근심이 있는 것과 같아서, 붓다께서 중생이 무명우치에 덮여 오욕의 독식毒食을 삼킴을 보고서 슬프고 애통해함이 오히려 자모를 초과한다. 따라서 중생의 무명이 다하지 않는 한 붓다는 결코 열반에 들지 못한다. 수승하게 의지함이란, 붓다가 중생에게 가장 수승한 의지처가 됨을 말한다.

**由諸不智人 執有事無事** 유제불지인 집유사무사
**當受生死位 愛離怨會苦** 당수생사위 애리원회고
**並得罪惡趣 故世成悲境** 병득죄악취 고세성비경
**大悲遮心滅 故佛不涅槃** 대비차심멸 고불불열반

모든 지혜가 없는 사람들은 유사, 무사에 집착하고
곡 생사의 우치에 있어 애착의 대상을 여의고 원수를 만나는 고통을 받는다.
아울러 죄를 짓고 악취를 얻는 연고로 세간 중생은 대비심의 대상이 되고

대비로 적멸에 드는 마음을 제지하니 따라서 붓다께서 열반에 들지 않는다.

이 두 게송은 대비로 적멸에 들지 않는 이치를 나타낸다. 이는 티베트 문장에서는 한 게송이고 매 구문이 각 15자이다. 세간의 중생은 진리를 알지 못하여 법집을 냄으로 인하여 실로 있음을 삼고 항상 있는 면에 떨어져 있거나, 인과 등을 제하여 없애서 끊음을 삼아 단변에 떨어져 있다. 항상함에 떨어지기에 생사에 윤회하고 일체 고통을 받으며, 단멸에 떨어지기 때문에 모든 죄업을 짓고 악취에 떨어진다. 따라서 일체 세간은 붓다의 비민悲愍하게 여기는 경계가 되며, 대비의 힘으로 막는 바가 되는 연고로 붓다의 마음은 적멸에 들지 않고 열반에 들지 않는다.

# 결의結義

月稱勝比丘 廣集中論義 월칭승비구 광집중론의

如聖教教授 宣說此論義 여성교교수 선설차론의

如離於本論 餘論無此法 여리어본론 여론무차법

智者定當知 此義非餘有 지자정당지 차의비여유

수승한 월칭 비구께서 『중론』의 뜻을 널리 모으고

경전과 스승의 가르침을 모아서 이 논을 설하시었다.

본 논을 여의고는 다른 논에 이러한 법이 없고

지혜가 있는 자는 꼭 마땅히 알 것이니 이 교의는 다른 부파에는 없다.

이는 논 짓는 데 의지하는 바를 총결함이다. 내가 현금에 이 논 지음을 말한다. 『중론』에 의지하되 오직 문구에만 의지함이 아니라 뜻과 이치를 의지한다. 또 보적, 화엄, 법화 등 성스러운 경전을 의지하고, 스승의 전수하심을 따라 이 논을 짓는다. 그 설명하는 바의 뜻은 대비심의 둘이 없는 지혜와 십력의 불과를 얻게 됨을 말한다. 본론은 『중론』을 가리키고 나머지 논은 유식종 이하의 논을 가리킨다. 이

한 게송은 바로 청변파에 대하여 말한 것이다. 저는 경부經部의 승의로 있음을 말하고 있는즉 중관세속제이다. 따라서 이에 이르되, 『중론』을 제외한 그 밖에 나머지 유식 이하의 모든 종파는 이 진실공(眞空)의 법이 없다. 그래서 지혜가 있는 자는 마땅히 이 중관종의 교의가 나머지 부파에는 있는 것이 아님을 안다.

**由怖龍猛慧海色 衆生棄此賢善宗** 유포용맹혜해색 중생기차현선종
**開彼頌蕾拘摩陀 望月稱者心願滿** 개피송뢰구마타 망월칭자심원만

용수의 공의 지혜가 바다같이 깊음을 두려워하여 중생이 잠시 이 수승한 중관종을 버리므로
저 게송의 구마타 봉오리를 열어서 월칭을 의지하는 자의 소원을 만족하게 해준다.

이는 논을 지음의 목적을 나타낸다. 용수보살의 공성지혜는 바다와 같이 깊다. 바다가 깊은즉 진한 남색이기에 중생이 보고서 두려움을 낸다. 중생이 용수보살의 공성지혜의 깊은 경계를 통달하지 못하고서 두려움을 내며 마침내 이 중관의 훌륭한 종의를 버린다. 저 송은 『중론』 송을 가리킨다. 구마타는 꽃 이름으로, 백색이며 저녁에 핀다. 『중론』을 꽃봉오리와 같음에 비유하고, 이 『중론』에 들어감이 밝은 달에 나온 구마타 꽃이 핌에 비유한다. 내가 지금 『중론』의 뜻을 해설하니, 나 월칭이 해석함을 바라는 자를 위하여 그 원을 만족하게 한다.

前說深可怖 多聞亦難解 전설심가포 다문역난해
唯諸宿習者 乃能善通達 유제숙습자 내능선통달
由見臆造宗 如說有我教 유견억조종 여설유아교
故離此宗外 莫樂他宗論 고리차종외 막락타종론

앞에 설한 공성은 소승에게 두렵고, 다문多聞인에게는 어려우며
오직 모든 숙세에 공성을 익힌 자만이 능히 잘 통달한다.
억측으로 짓는 종파가 실로 아가 있음을 설하기에
이 종파를 여읜 밖에 다른 종파의 논은 따르지 않는다.

이는 이 종의 교의가 깊어서 오직 숙세의 선근을 갖춘 자만이 통달할 수 있음을 나타낸다. 이는 티베트 문장에서는 하나의 게송으로 되어 있다. 앞에 설한 공성의 이치가 깊고 두렵기에 비록 다문인 세친과 진나보살도 통달하기 어렵다(세친과 진나 논사가 참으로 이해했는지는 다른 차원의 문제이다).

오직 모든 숙세에 반야를 수습하여 선근을 갖춘 자만이 곧 능히 통달한다. 모든 종파가 억지로 지은 교설이 불설을 따르지 않고, 그 설한 바의 뜻이 외도가 집착하는 실로 아가 있다고 하는 교설과 유사함을 보기에, 이 종을 제외한 밖의 다른 모든 종파는 따르지 않는다.

我釋龍猛宗 獲福遍十方 아석용맹종 획복변시방
惑染意藍空 皎潔若秋星 혹염의람공 교결약추성
或如心蛇頂 所有摩尼珠 혹여심사정 소유마니주
願普世有情 證眞速成佛 원보세유정 증진속성불

나 월칭이 용수보살의 종의를 해석함에 얻은 복이 시방에 두루하다.
마음에 미혹이 있을지라도 발심은 가을날 별무리 같이 깨끗하고
어떤 이는 마음상속의 용뱀의 머리 위 마니구슬을 안음과 같다고 한다.
널리 모든 중생이 진실한 본성을 증오하고 속히 성불하기를 원한다.

이는 총결하여 회향한다. 자신이 비록 범부이고 뜻이 미혹의 물든 바이지만 이타의 보리심은 짙은 남색 하늘과 같다. 이 복이 비록 작아서 별빛같이 미미하나 또한 중생이 바라고 의지하는 바이다. 또 이 마음은 비록 삼독이 모인 바 되고 독사와 같지만, 이 논을 지은 복은 또 중생을 이롭게 하며 독사 머리의 마니주와 같아서 또한 중생에게 보배로운 것이 된다. 현금에 용수보살의 논을 해석한 복으로써 중생에게 회향하여 베풀어 널리 중생이 속히 진실을 증오하고 속히 구경정각을 성취하기 원한다.

證多如經録 倘後有譯者 증다여경록 당후유역자
依本釋翻譯 正直善觀察 의본석번역 정직선관찰

증득함은 다분히 경전의 기록과 같고 만일 훗날 번역하는 자가 있으면
본 해석을 의지하여 번역하고 바르고 곧게 잘 관찰해야 한다.

## 법존法尊 법사 약력

성은 온溫 씨이고 중국 하북성 심현深縣에서 태어났다. 1902년생이고 1980년 원적하였다.

오대산 통현사 옥황정에서 출가하여 북경 법원사에서 비구계를 수지했으며, 무창불학원에 들어가 태허太虛 법사를 스승으로 법상학과 인명학, 장밀을 공부하였다. 후에 대용大勇 법사를 따라 티베트 창도 안동 거시사에 가서 티베트어를 배웠다.

1932년 라사 저방사에서 경론을 배우고, 1936년 중경에서 태허 대사를 대신하여 한장교리원 주지를 역임하였다.

1950년 보리학회에서 티베트어 번역 일을 하였으며, 후에 중국불교협회 상무이사, 중국불학원 원장을 역임하고, 1980년 원적하였다.

# 부록

본서의 부록 편은 츠총로주(慈誠羅珠) 켄포가 저술하신
『혜등지광慧燈之光』 증보판(서장인민출판사, 2016년)의 제5권에 수록된 법문 중
중관과 관련된 부분을 발췌 번역하였음을 밝힙니다.

# 이제二諦: 중관의 문을 여는 열쇠

## 1. 개요

### 1) 중관의 분별

티베트불교의 사상 안에서 중관中觀과 대중관大中觀 사이의 구분이 있다. 무엇이 중관이고 무엇이 대중관인가?

용수보살의 『중관육론』과 적천보살의 『입행론』 중 「지혜품」 및 월칭보살의 『입중론』 등 논전에 나타난 바의 이론은 곧 중관이며 대중관은 아니다. 왜 그러한가? 왜냐하면 그들은 다만 제이第二 전법륜 사상을 해석했고 아직 직접 제삼 전법륜에서 강의하는 일체 집착을 멀리 여의는 광명을 포함하지 않았기 때문이다. 근기가 비교적 좋은 사람은 출리심이나 혹은 보리심을 수행하는 동시에 또한 공성을 증오할 수 있다. 즉 우리가 반복해서 사유하여 마음이 매우 피로해지면 문득 다시 관상하지 못하고 마음의 작용이 쉬어지며 이때에 일체 잡념이 자연히 떠나가고, 그때 다시 자량을 쌓고 죄를 참회하는 등의 조건 또한 갖추어지면 모든 잡념을 여의는 그 순간 찰나 간에 있어서 또한 공성을 증오할 수 있다. 그러나 이 경우라 하더라도 반드시 중관에 대한 개념을 정립할 필요가 있다.

대중관은 타공중관他空中觀이나 혹은 여래장중관을 가리킨다. 인도불교에서 "자공自空"과 "타공他空"이라는 명사는 없으며, 이것은 티베트인이 만든 것이지만 인도불교의 교법 안에서 "자공"과 "타공"의 포괄적인 함의는 존재한다. 대중관은 곧 여래장을 강의한 것으로, 그것은 광명의 내용이 내포된 뜻이 많기 때문에 따라서 대중관이라 부르는 것이며, 용수보살의 『중관육론』 중에서는 아직 "광명"에 대한 부분은 제시함이 없고 가장 구경의 내용이 결여되기에 다만 중관이라고 일컬을 수밖에 없다.

### 2) 이제를 나누는 필요성

위에서 서술한 두 가지 중관은 모두 이제二諦로 나눌 필요가 있으며, 그렇지 않으면 이해하기가 쉽지 않다.

먼저 주로 중관을 강의하고 대중관은 강의하지 않을 것이며, 이제를 따라서 곧 승의제와 세속제의 두 가지 방면으로 강의할 것이다. 이제가 모든 중관의 뜻을 포함하기 때문에 이제로 나누는 것은 매우 중요한 것이다.

중관을 이해하지 못하는 사람들은 『금강경』, 『심경』 등 반야바라밀다 경론 안에 오온개공과 사대개공, 제법공성 등의 강설을 들을 때 세속제와 승의제가 나눠지는 것을 이해하지 못하기 때문에 여전히 그 가운데 모순이 많은 것을 느끼게 된다. 그러면서, 도대체 성불의 설법이 있는 것인가 없는 것인가? 이미 부처는 공성인데 왜 부처의 가르침을 배워야 하는가? 어떻게 능히 성불할 수 있는가? 인과·윤회가 있는가 없는가? 이미 인과·윤회의 불법을 배움과 성불하고 중생을 제도하는 것이 모두 존재하는 것이라고 한다면 또 어떻게 공성이라 할 수 있겠는가? 등의 의문을 품게 된다. 이런 문제를 해결하고자 한다면 곧 이제로 나누는 것이 필요하다.

월칭보살이 『입중론』의 공성을 강의하는 첫 편에서 하나의 논점을 제시하였다. 무엇을 논쟁하는가? 월칭보살이 인과관계란 존재하지 않는 것이라 강의할 때 어떤 사람이 문득 반복하여 말하되, 우리의 눈·귀·코·혀 등 오식이 분명하여 능히 인과를 만나는데 인과가 존재하지 않는다고 하면 안식이 어떻게 능히 볼 수 있는가? 이식은 또한 어떻게 능히 듣게 되는가?

이 쟁론에 대하여 월칭보살은 어떻게 반박하였는가? 그는 승의제와 세속제를 가지고 구분을 지으면 의문이 문득 쉽게 해결된다고 하였다.

우리가 이곳에서 이제를 나누는 원인은 그들의 쟁론을 제지하기 위함이나 기타 교파를 물리치거나 혹은 다른 사람의 관점을 제지하기 위함이 아니며, 다만 본인 스스로 원래 가지고 있는 잘못된 관점을 뒤집을 필요가 있기 때문이다. 석가모니 부처님이 반야바라밀다를 설하시고 용수보살이 『중관육론』을 지은 것은 기본적으로 다른 사람의 쟁론을 제지하기 위한 것이며, 또한 마찬가지로 범부의 잘못된 관점을 바로 세우기 위한 것이기도 하다. 비록 우리가 다른 사람과 변론하는 것이 꼭 필요한 것은 아니지만 자기와 변론하는 것은 반드시 필요하다. 따라서 중관 이제 이론을 학습하는 것은 매우 중요한 것이다.

### 3) 이제를 학습하는 중요성

중관의 내용은 매우 넓어서 다만 먼저 일부분을 강의하고, 차차 이어서 또 간단하고 중요한 부분을 강의하고자 한다. 중관은 이미 중요한 교리이고 또 수행법이기도 하므로 반드시 이해해야 한다.

공성을 듣고 배우는 것은 천년만년 동안이라도 만나기 어렵다. 따라서 어떤 한 사람의 마음속에 공성의 종자를 뿌리게 되면, 이 종자는 영원히 썩지 않을 뿐만 아니라 멀지 않은 장래에 반드시 성숙하게 된다. 『중관사백론』 중에 설하되, "박복한 자는 이 법에 대해 모두 사유하지 않으나, 만약 누가 공성에 대해 추론하면 능히 삼유三有를 무너뜨린다"라고 한다.

많은 중생이 복덕이 얕고 연기의 성품이 공한 묘한 법을 배울 기회가 없으며, 배운다 해도 대부분 중생이 또한 근기와 복덕이 모자라기 때문에 교육받고 성장하는 환경의 나쁜 영향으로 공성의 바른 이치에 대하여 신심信心을 내지 못할 뿐만 아니라 합리적인 의심을 일으키지 못한다. 가령 누가 능히 잠깐이라도 합리적인 의심을 일으켜 잠시라도 생각하되, "모든 법이 자성이 없는 것인가?"라고 하면 그 또한 능히 이를 의지해서 삼계의 윤회를 부술 수 있다.

또한 공성을 이해하지 못하면 곧 "인연이 없음(無緣)"의 개념이 없으며, 곧 삼수승三殊勝의 법을 수행할 때 "인연이 없는 수승함(無緣殊勝)"을 행하기는 어렵다. 이 방면을 따라 말하자면 중관을 배우고 사유하는 것은 매우 의미 있는 일이다. 출리심과 보리심을 수행하기 시작한 후, 다음의 단계에서는 곧 공성을 수행할 필요가 있다. 쫑카빠 대사의 『삼주요도론三主要道論』에서 강의한 바 세 가지 주요한 내용은 앞의 두 가지는 출리심과 보리심이고, 제삼은 곧 공성이다. 출리심과 보리심은 줄곧 잘 수행해야 할 것으로 당연한 것이며, 다만 시간상 빠르냐 느리냐 하는 문제일 뿐이다. 이후에 무릇 해탈하고자 하는 사람은 반드시 공성을 깨달아야 하니, 그렇지 않고는 아무리 출리심과 보리심을 잘 수행해도 또한 해탈할 방법이 없다.

대승 수행인은 반드시 세 관문을 지나야 하니, 첫째와 둘째가 출리심·보리심이고, 최후의 관문은 공성을 증오하는 것이다. 따라서 공성을 깨닫는 것은 매우 중요하다. 비록 지금 많은 사람들의 수준에서 말하면 공성을 수행하는 것이 아직 시기상조일 수 있으나, 다만 사전에 이해하는 것도 좋은 점이 있다.

어떤 사람이 말하되 실제 수행만 필요하고 이론은 필요하지 않다고 한다면, 실제 수행은 당연히 매우 좋으나 이론이 없으면 어떻게 실제 수행을 할 수 있겠는가? 비록 육조혜능 대사와 밀라레빠 존자 등이 많은 교리 공부를 하지 않았으나 일정한 시간의 고행을 통하여 스승님의 수승한 가피를 얻은 후에 문득 위없는 경계를 깨달았다. 하지만 그분들은 상근기이신데, 우리들 매 한 사람이 모두 상근기라고 할 수 있겠는가? 실제로는 절대 다수 사람이 이와 같지 못하다.

우리는 반드시 교리 공부를 통과하여 수행을 해야 좋은 결과가 있다. 경전을 공부함이 없어 이론과 수행법에 대한 것을 하나도 아는 바가 없으면 무엇을 수행할 수 있겠는가? 마음만 다만 안정하게 하고 어떠한 잡념을 일으키지 않게 하면 이것이 수행인가? 이것은 수행이 아니다. 많은 사람이 두루 알듯이 많은 동물은 모두 겨울잠을 자고 게다가 시간이 몇 개월에 이르기도 하는데, 이것을 수행이라고 할 수 있는가? 그것으로 말미암아서 해탈을 얻을 수 있는가? 그것은 불가능하다. 따라서 다만 마음 안에 잡념이 없다고 해탈이 완성되는 것이 아니다. 우리에게 진정으로 필요한 것은 정지正知 정견正見이고, 정지 정견의 근원은 경전 공부에서 오며, 따라서 경전 공부는 필수적인 것이다.

그러면 무엇을 공부해야 할 것인가? 생로병사의 근본을 철저하게 끊는 것이 필요하며 또한 공성의 견해도 반드시 필요하다. 만일 공성의 견해가 없으면 다만 출리심을 수행하고 보리심을 닦으며 인욕을 수행하는 것에만 의지하는 것으로는 철저하게 문제를 해결할 방법이 없다. 우리는 간혹 어떤 때에는 출리심을 설하는 것이 매우 좋다 하여 출리심만 최고라 여기며, 또 어떤 때에는 또 보리심이 매우 좋다고 하고 다만 보리심만 있으면 곧 충분하다고 하며, 또 어떤 때에는 공성이 좋다고 말하며 다만 공성을 깨닫는 것만이 일체 문제를 해결하는 것으로 생각한다. 그러나 실로 이 세 가지가 모두 필요하며, 다만 앞과 뒤로 순서가 있을 뿐 최후에는 모두 갖춰야만 한다. 출리심·보리심과 공성은 각자의 우수한 점이 있고 각기 그 작용이 있으며, 이 세 가지가 결합해야 곧 능히 사람들로 하여금 진정한 해탈도로 나아가게 하고, 어느 하나가 부족해도 안 된다.

## 2. 중관과 이제의 함의

### 1) 중관의 함의

중관이 포함하는 뜻은 일체 집착을 여읜 것을 가리키고 일체 양변兩邊을 여의는 것이다. 간단하게 말하면 양변은 범부의 집착을 가리킨다. 심지어 우리들의 꿈의 경계를 포함하며 이는 모두 양변의 기초 위에 세워진 것이다. 하루 24시간 안에 우리들이 짓는 바 행위는 제6의식의 사유와 안식·이식·비식·설식과 신식의 감수이며 이 일체는 모두 양변이라 부른다. 무엇 때문에 "양변"이라고 부르는가? 왜냐하면 우리들의 사유는 유무·단상·고저·좌우·상하·장단 등등을 여읜 적이 없고 이러한 것들은 서로 반대되는 개념이며, 따라서 양변이라고 부른다. 양변을 여읜 후에 중간의 도를 중관이라고 말한다. 그러면 한 종류의 "중간"의 존재가 있는가 없는가? 있는 것은 불가능하다. 비록 한 가지 "중中"의 존재는 없으나 다만 만일 인류의 언어를 써서 공성을 표현하자면 곧 잠시 "중관"의 두 자를 쓰며, 진정으로 그것을 이해하고자 하면 반드시 자기가 친히 몸으로 체득해야 한다.

### 2) 승의제와 세속제의 함의

#### (1) 승의제의 함의

승의제는 범부의 입장에서 말하면 보지 못하고 더듬어서 다 찾을 수 없는 경계이다. 곧 우리의 안이비설신과 뜻이 접근한 적이 없는 경계이기에 승의제라고 부른다. 현재 우리들의 6식이 능히 접촉하는 물질세계와 정신세계의 배후에 또한 그 밖의 한 가지 경계가 있는데, 이것은 당연히 플라톤이 말한 바의 이념세계가 아니다. 이것은 마치 허공 가운데에 먹구름이 가득할 때에 한 차례 강풍이 먹구름을 불어 흩어버리면 곧 먹구름의 배후에 드러나는 푸른 하늘과 같다. 마찬가지로, 이때 우리가 현재의 접촉하는 바와 6식이 미치는 바는 곧 검은 구름과 같으니 그것은 일체 진실한 모습(眞相)을 가렸으며, 사람들이 자기의 본래면목을 볼 수 없게 한다. 현재 우리는 이 "먹구름"을 흩어버릴 수 있는 강력한 수단을 찾아야 한다. 이러한 "먹구름"이 사라진 후에 우리는 곧 그 밖의 한 가지 경계를 발견하게 된다. 이 경계 안에서는 어떠한 물질과 정신·운동 등 세간 일체의 허망한 바람과 시비가 없으며, 한 가지의 공성·광명인 평화의 세계이고 곧 한 조각 가을의 높은 푸른 하늘과 같으며, 만리에 구름이 한 점도 없이 푸르른 것과 같다. 비록 그것에는 우주와 우주 아님이란 개념이 존재하지 않으나, 다만 우주라고 임시로 이름할 수 있다. 이러한 종류의 경계를 승의제라 부르며, 곧 만물의 가장 구경의 본래면목이다.

혜능 대사가 일찍이 설하시되, "보리는 본래 나무가 없고 밝은 거울은 또한 거울대가 아니다. 본래 한 물건도 아니니 어느 곳에 먼지가 묻겠는가!"라고 하신 도리는 곧 이러한 각도를 따라서 설한 것이다.

누가 능히 이러한 경계의 존재를 알겠는가? 부처님·보살과 일부 깨달은 범부가 때로는 이런 종류의 경계로 들어갈 수 있으며, 그들만이 알 뿐이다. 보통의 범부는 비록 직접 이 경계를 감수하여 체험할 수 없지만, 다만 이론을 통해서 이 세계의 존재를 증명할 수 있으니, 그 이론은 곧 중관의 논리를 가리킨다.

### (2) 세속제의 함의

세속제는 우리들이 현실에서 이해하고 있는 것으로, 평소에 우리들이 24시간 안에서 접촉하는 바 일체가 곧 전前5식이 능히 감각하는 것이며, 제6 의식이 능히 생각으로 미치는 바 일체가 모두 세속제에 속한다.

세속제에는 인과·윤회·업 짓는 것·선을 행하는 것·부처님의 법을 배우는 것·성취·타락이 포함되며, 또 물질·정신·시간·공간·운동을 포함하고, 또한 예로부터 지금까지 내려오는 철학·과학·예술 등 일체의 학과가 포함된다. 부처님이 일찍이 설하시되, "나는 세상 사람과 쟁론하지 아니하며, 다만 세상 사람이 나와 쟁론한다"라고 하신 것은 곧 부처님이 세속제의 각도를 따라서 말한 것이다. 그중에 "세상 사람"은 사람의 눈·코·귀·입·몸의 식識의 관점을 가리킨다. 세속제를 의지해서 말하면, 세상 사람의 눈으로 보는 바의 물체는 물질이라고 할 수 있을까? 그렇다고 긍정할 수 있다. 뿐만 아니라 산하대지를 포함하여 모든 생각하는 바와 느끼는 바는 존재하는 것이며, 윤회와 열반도 있고, 선과 악도 있다. 무릇 세상 사람의 안이비설신의 식이 능히 감각하는 것은 모두 존재하는 것이라고 할 수 있다. 그러나 세상 사람이 안이비설신으로 감각하는 형형색색의 일체는 다만 환과 같고 꿈과 같고 허환의 세계이고, 세상 사람의 안이비설신의 식이 창조해낸 세계일 따름이다. 이러한 것을 부처님께서 아시고 임시로 그것의 꿈 같고 환 같은 존재를 긍정하지만 그런 것들은 안이비설신의 식으로 부정되어야 하는 것이며, 부처님께서 곧 존재하지 않는다고 말씀하신 것이다. 따라서 부처님은 세상 사람들과 더불어 쟁론하지 않는다. 이것을 세속제라 부른다.

신수 대사께서 설하시되, "몸은 보리의 나무이고 마음은 밝은 거울대와 같다. 때때로 부지런히 닦아서 먼지가 끼지 않게 하라"라고 하신 것 또한 이 같은 각도에서 이해할 수 있는데, 다만 그 경계는 구경에 이르지 못한 것이다.

앞에서 부처님이 설하신 바 "다만 세상 사람이 나와 쟁론한다"라 함은 또 무슨 뜻인가? 이것은 부처님께서 승의제를 설하신 각도를 좇아서 말한 것이다. 세상 사람이 왜 부처님과 더불어 쟁론하는가? 왜냐하면 부처님께서 강의하신 바 승의제의 경계는 이미 세상 사람의 안이비설신의 식의 범위를 초월한 것이므로 그들이 이해할 방법이 없으며, 따라서 부처님과 더불어 쟁론한다.

하나하나의 물질에는 모두 세속제와 승의제의 이 두 가지 측면이 존재한다. 비유하여 말하면 한 채의 집에 두 가지 측면이 존재한다. 어떻게 존재하는가? 만약 안·이·비·설의 각도로 관찰하면 세속제 중에 있어서 확실히 한 채의 집이 존재하고, 그것은 일상생활 중에 사용할 수 있는데, 이것은 세속제의 각도에서 말한 것이다. 그러면 집이 승의제의 일면이 되는 것은 무엇인가? 우리가 눈으로 이곳에 한 채의 집이 있는 것을 분명히 봤을 때 다만 그것이 진실로 존재하는 것인가 아닌가 관찰하여 보는 것이 필요하다. 그러나 실로 우리의 눈은 이러한 종류의 현상을 보고도 도리어 그 진실과 거짓을 판별할 능력이 없다.

비유할 것 같으면, 어떤 사람이 눈병을 앓아 설산을 황색이나 남색으로 볼 때에 그가 백색이 진실한 것인 줄 알고 황색이나 남색은 거짓된 것이라고 한다면 이것은 그가 제육 의식으로 분석한 결과이다. 의식으로 분석하여 의지하는 바의 증거는, 여전히 서로 대하는 안식에 근원을 두되, 여러 해를 지나며 내가 설산을 보면 계속해서 백색이었던 것인데, 현재 갑자기 변하여 황색이 되었다면 이로써 추측해 알되, 아마 내 눈에 병이 난 것일 뿐 설산에 변화가 생긴 것이 아닌 것으로 안다.

그가 이 같은 추리를 통해서 설산의 색이 황색이 아니고 응당 백색이라고 여긴다.

그러나 안식과 의식이 모두 그 자신의 경계를 초월할 방법은 없다. 눈은 다만 평소에 능히 보는 물건을 볼 뿐 그 범위를 초월하지 못하며, 의식의 모든 의지하는 것 또한 전5식에 근거할 뿐이며 또한 그 범위를 초월할 수 없다. 따라서 안식과 의식은 모두 하나의 범위 안에 국한되어 있고 영원히 그것을 초월하지 못하니, 이 범위를 곧 세속제라 부른다. 그러나 우리가 중관의 이론에 대한 학습을 통해서 위에서 거론한 이 한 채의 집에 대한 승의제의 측면을 알 수 있다.

승의제는 설산의 원래 있던 백색에 비유할 수 있고, 세속제는 눈병으로 인하여 설산을 황색이나 남색으로 보는 착각이 생긴 것에 비유된다. 백색은 실제인 것이고, 황색과 남색은 현상이며 허망한 것이다. 또한 승의제는 잠에서 현실의 실존의 모습 같은 것으로 말할 수 있으며, 세속제는 꿈 가운데 드러나는 영상과 같은 것이다. 우리는 낮과 밤으로 꿈을 꾸는 것이며, 이른바 성공과 실패는 곧 한바탕 아름다운 꿈과 악몽일 뿐이다. 꿈 가운데 일체 영상은 깨어났을 때의 관점에서 보면 근본적으로 존재하지 않는 것이다. 꿈속에서 일어난 모든 고락과 추하고 아름다운 것은 모두 잠에서 깨어남과 동시에 사라져서 자취가 없게 된다. 마찬가지로 우리가 철저하게 승의제에 이르렀을 때 자기의 경계 중에 드러나는 세상의 고락과 선악의 일체가 모두 다시 존재하지 않는 것이며, 다만 다른 사람의 고락을 알기에 그 근기에 따라서 곧 영원히 중생을 제도하게 된다.

이상으로 간단하게 승의제와 세속제의 개념을 소개하였다.

## 3. 두 가지 세계의 취하고 버림을 논함

세속제와 승의제의 두 가지 세계는 어떻게 바뀌어지는 것인가? 도대체 그중의 다만 한 가지만 진리인 것인가, 아니면 두 가지 모두 진리인가?

세속제와 승의제에 대하여 범부는 바꿀 방법이 없으며, 다만 세속제 중에 머물러 있을 뿐 승의제에 들어갈 방법이 없고, 현재 비록 우리는 승의제의 존재가 있는 것을 알지만 친히 스스로 깨달을 방법이 없다. 이에 반하여 초지 이상의 보살은 때로는 세속제에 있고 때로는 승의제에 들어가 있으며, 그가 공성 경계에 들어갈 때에는 문득 승의제에 머물러 있고, 이 경계를 좇아서 나온 후에는 또한 세속제 중에 있기도 하다. 그 가운데 특히 부처님은 곧 영원히 세속제를 초월하여 시종 승의제 중에 있다. 하지만 부처님은 세속제가 어떤 모습인지를 아시며 부처님은 중생이 세속제 중에서 무엇을 하는지, 그리고 중생을 제도하는 방법 등을 모두 다 아신다.

이로써 세 종류의 사람이 있는 것을 알 수 있다. 한 종류의 사람은 줄곧 모두 세속제에 있고, 다른 한 종류의 사람은 줄곧 승의제의 경계에 있으며, 또 한 종류의 사람은 승의제와 세속제의 사이를 오고가는 데 있다. 시종 세속제에 처해 있는 자가 곧 우리들 범부이고, 시종 승의제에 머물러 있는 자가 곧 부처님이며, 그 사이에서 왕래하는 자가 일지에서 십지에 이르는 보살이다.

보살은 승의제에 들어간 때에 공성을 깨달았으며, 이 선정에서 나온 뒤에는 다시 세속제로 돌아온다. 이 세계 안에 있는 형형색색의 물질과 정신의 현상을 통해서 그가 다시 이 일체를 느끼게 되는데, 이때는 그가 절실하게 이 일체가 모두 꿈과 같고 환과 같은 것을 체득하게 되는 것이다.

위의 첫 번째 종류의 사람은 곧 범부인데, 그는 무엇을 해야만 하는가? 그에게는 세속제를 초월하는 것이 가장 중요하다. 세속제를 초월한 이후에야 또 다른 세계인 승의제의 존재가 있음을 발견하게 된다. 따라서 그는 이 세계(세속제)와 저 세계(승의제)를 서로 비교하며 또 그들 사이의 거리가 큼을 발견한다. 이로 말미암아서 현재에 자기가 처한 바의 세속적 세계는 허망한 것임을 명백히 알 수 있다. 이같이 이치에 맞게 수행한 후에 현상 세계는 점점 사라지고 자취도 없는 때에 이르게 되는데, 그러면 무엇도 존재하지 않는 것인가? 아니다. 최후에 문득 여래장의 광명이 나타난다. 여기서는 비록 중관을 강의하고 대중관을 설명하는 것은 아니나, 중관의 최종은 또한 대중관의 여래장을 인정하는 것이 필요하다.

## 4. 세속제가 꿈 같고 환 같은 이유

세속제 중에 있어서 지금 당장 우리들에게 가장 중요한 임무는 무엇인가? 우리들이 현재 부처님의 경계를 이해하고 보살의 경계를 깨닫는 것이 중요한 것이 아니며, 이러한 것은 우리들과 더불어 아직은 일정한 거리가 있다. 현재 우리에게 진정으로 필요한 것은 자기의 안이비설의 관점을 뒤집는 것이다. 우리들이 능히 뒤엎을 수 있는가? 가능하다. 우리들의 모든 집착의 뿌리는 모두 어떠한 이유도 없는 것이고 고정된 것이 아니기 때문에 매우 쉽게 뒤엎을 수 있다. 뒤엎는 방법은 또한 많이 있는데, 오늘은 그중에 몇 가지만 강의한다.

『구사론』 중에는 오온·십이처·십팔계를 강의하였지만, 일반 사람이 평상시에 세계를 인식할 때는 다만 능히 정신세계와 물질세계를 감각할 뿐이다. 따라서 여기에서는 복잡한 내용은 강의하지 않고 다만 이 두 가지 방면에서 관찰을 진행한다.

**1) 바깥에 있는 물질세계가 환 같고 꿈 같은 것을 채택함**

많은 사람이 모두 이 같은 의문을 가지고 있다. 물질세계는 객관적으로 실재하는 것이라 하는데 과연 무엇을 근거로 그것이 존재한다고 말할 수 있는가? 그리고 누가 물질세계가 실로 존재한다고 알 수 있는가? 이러한 실제와 다른 관점은 스스로 배움으로써 온 것인가? 혹은 다른 사람이 가르친 것인가? 혹은 다만 자기의 감각인가? 물질세계의 실제 성질은 부모나 스승 등 다른 사람의 관여로부터 온 것이 아니며 우리들 자신의 감각으로부터 비롯된 것이다. 우리들은 어느 때부터 이러한 감각이 있게 되었는가? 비유하여 말하자면 일부의 사람은 먼저 불교를 믿지 않고 부처님 경전의 일부 이론을 본 후에 도리가 있다고 생각해서 곧 불교를 믿기 시작한다. 마찬가지로 우리들이 물체의 실제적인 성질을 느끼는 것 또한 이와 같은 것이라 할 수 있는데, 처음에는 없었으나 일부 이론을 접촉한 후에 생긴 것인가? 아니다. 우리들이 막 출생했을 때에 곧 이러한 종류의 선천성의 감각이 있으며 그때 곧 "나(我)"의 존재를 집착하며, 이어서 "내 것(我所)"의 존재가 있는 것이다. 우리들은 나와 내 것의 존재가 증거가 없음을 생각해 보지 못했고 사유함이 없이 이러한 관점을 받아들였다. 그리하여 우리는 자기가 물질세계 내에 실재하는 것으로 여긴다.

### (1) "물질 존재"의 증거를 찾음

비유하면 이쪽 면이 백색인 벽이 있고 눈으로 볼 수 있기 때문에 우리는 곧 이쪽 벽이 분명히 백색이라고 생각한다. 그러나 앞에서 강의한 것과 같이 우리들이 그것을 백색이라고 믿는 까닭은 눈을 떴을 때 눈앞에 이 같은 물건을 본 것을 제외하고 또 다른 이유가 있을까? 없다. 이른바 근거란 것이 다만 눈의 감각일 뿐이고 기타 증거는 없는 것이다. 그렇다면 우리들의 눈은 의지할 만한 것이 되는가 못되는가? 어떠한 하나의 문제에 있어서 모두 그것이 말한 것으로 맞는 바인가 아닌가? 당연히 아니다. 승의제를 말할 필요도 없이 세속제 중에서 미시세계도 우리가 눈으로 또한 볼 방법이 없다. 미시세계보다도 더 미세한 세계는 눈으로 더욱더 파악할 방법이 없다. 이와 같음을 자세히 관찰하고 분석하고 나면 우리는 벽이 백색이라는 관점을 증명할 방법이 없게 되고, 누구도 증거를 내놓을 수 없게 된다.

비유하자면, 많은 측정 기계를 써서 물체의 온도와 속도 등을 측정하면 이것으로써 그것의 실재함을 증명할 수 있는가 없는가? 온도와 속도를 측정하는 기계는 눈으로 관찰하는 것이 필요한데, 만일 안이비설신 등이 없다면 누가 측정 기계로 이러한 숫자를 측량할 수 있을 것인가? 따라서 이로써 결국 안이비설신 등이 주가 된다는 것을 알 수 있다. 이로써 우리는 다시 또 벽이 실제로 백색인 증거를 찾을 수 없다.

이러한 결론은 부처님이 우리들에게 받아들이기를 강요하는 것이 아니고, 또한 용수보살이 우리들에게 받아들일 것을 요구하는 것이 아니라, 우리들 스스로가 반복해서 사유한 후에 근본적으로 "그것이 실제로 한 면의 백색 담장이다"라는 증거를 내놓지 못하니, 이는 곧 그러한 논리를 좇아서 얻어지는 결론이다.

### (2) "지금 바로 꿈 경계가 아님"의 증거를 찾음

그 밖에 한 가지 예는 곧 현실과 꿈의 경계를 구분하는 것이다. 만일 여러분에게 10분 이내에 현재 강의를 듣는 상황이 꿈의 경계가 아닌 증거를 내놓기를 요구하면, 내가 생각하건대 여러분은 누구도 모두 내놓지 못할 것이다. 왜 증거를 내놓지 못하는가? 꿈의 경계와 현실의 이 두 가지 세계는 본질적으로 차별이 없어 모두 허망하고 환이기 때문이다. 또 어떤 사람이 굳게 생각하되, 이것은 긍정적인 현실이고 꿈의 경계가 아니며, 내가 여기 와 법을 들으며 잠자지 않고 있는데 어찌 꿈이라 할 것인가? 만일 꿈을 꾼다면 곧 반드시 먼저 잠을 자야 옳은 것이라고 하나, 꿈 가운데에서도 지금과 같은 모양의 상황이 충분히 벌어질 수 있다. 따라서 이러한 것은 증거가 될 수 없다.

생명의 앞과 뒤는, 일반 사람을 대하여 말하면 본래 곧 모호하여 분명하지 않는 것이다. 본래로 우리는 스스로 생명의 중간의 한 단락에 대하여 이미 손바닥을 보는 듯하다고 생각하나, 앞의 분석에 의지하면 우리가 현재 도대체 무엇을 하든지 또한 분명하게 말할 수 없는 것과 같다.

오늘 우리는 중관의 많은 논리를 강의함이 없이, 다만 간단하고 쉽게 이해하는 각도에서 간명하게 도리를 밝힌다. 이러한 분석을 통하여서 첫째, 우리는 벽이 백색인 증거를 찾지 못하고, 둘째, 우리는 현재 꿈의 경계가 아닌 정확한 증거를 찾지 못하게 된다.

이로 말미암아 보건대 범부의 짓는 바·하는 바·듣는 바·보는 바가 본래 모두 정확한 근거가 없는 것이다. 그러나 현대 사회 안에서 대부분의 범부는 이것이 현실인지 또는 꿈의 경계인지 관계없이 다만 힘을 다하여 돈을 벌기만 하고, 그 외의 다른 목적은 없다. 하지만 실제로 우리가 만일 열심히 사유하면 곧 물질의 실재성에 대한 어떠한 증거도 찾을 방법이 없다. 이 이론의 결과는 무엇인가? 그것은 적게는 우리들 마음 안에 이 같은 의심을 일으키게 한다: 나는 도대체 무엇인가? 바로 한바탕 꿈을 꾸는 것인가 아닌가? 이것은 우리들이 자세하게 관찰함이 없으면 본래 일찍이 생각이 미치지 못하는 것이다.

### (3) 물질의 "본체"를 찾음

중관의 분석 방법으로써 결택하면 매우 빨리 물질의 세계가 곧 허망한 것임을 명백하게 알 수 있다. 비유할 것 같으면 용수보살이나 혹은 월칭보살은 오상五相이나 칠상의 나무수레의 원인(논리)을 통하여 이 이치를 채택한 것인데, 다만 우리는 그렇게 길게 강설하지 않고 간단하게 중관 논리를 강의한다.

비유하여 설하면, 수레 한 대의 모든 부속품을 분해하여서 곧 한 무더기의 부속물을 이루면 수레가 아니게 되고, 다시 계속 분해하면 부속이 아니라 한 개 한 개의 쇳조각이 되며, 다시 계속해서 가늘게 나누면 한 상자의 입자가 되어 사람 눈으로 보는 쇠가 아니며, 다시 계속 나눠 가면 모든 물질은 문득 우리의 눈앞에서 없어지게 되고 존재하지 않게 될 것이다.

물질세계의 관점에서 분석하면 곧 이 같은 결과이다. 크게 말하면 지구는 넓으나 경계가 없는 은하계 중의 한낱 아주 작은 입자이고, 지구를 계속 분해하면 입자 가운데 또 더욱 작은 입자로 나누어지고 계속해서 나누어져 최후에 이른다. 비록 현재 세계의 철학이나 과학 등의 각종 학설이 모두 나누어 최후에 이른 뒤에도 어떤 모양인지를 분명하게 알지 못한다. 그러나 부처님은 일찍이 이천 년 전에 이미 그것을 분석한 것이 분명하며, 최후에 "가장 작음"의 입자가 끝이 없고 다함이 없는 곳으로 분해하여 가는 것은 불가능한 것이고, 또다시 나눌 수 없는 것도 불가능한 것이라고 하셨다. 이른바 가장 적은 입자는 다시 나눌 수 있는 것이고, 게다가 가장 마지막으로 나누어 마칠 수 있는 것이다. 이전에 일찍이 일 원의 돈으로써 비유를 짓되, 일 원의 돈을 가지고 십 전으로 바꾸고 다시 십 전의 돈을 가지고 열 사람에게 나눠주면 이로써 이 일 원의 돈이 문득 없어진다. 물질의 분해도 이와 유사해서, 그것이 최종적으로 나누어 없어지게 되는 것이다.

만일 "가장 작은" 입자를 분해하여 허공을 이룰 수 있다는 관점이 쉽게 이해되지 않는다면, 또한 한 대의 수레·한 채의 집·한 필 베의 구성을 좇아서 물질의 허망한 성질을 관찰할 수 있다. 비유하면 한 필의 베로써 의복을 지어서 만들어 몸에 입고는 여러분들은 모두 베가 진실로 있는 것이라고 생각한다. 만약 베를 나눈즉 다만 실만 있게 되고, 다시 베의 실을 분해하면 곧 다만 양털만 있어 실을 보지 못하며(실은 양털로 짠 것일 경우), 다시 양털을 나누면 곧 다만 먼지만 있고 양털은 보지 못한다. 물어 보건대: 지금의 베는 어디로 갔는가? 실도 어디로 갔는가? 양털은 또 어디로 갔는가? 그들은 모두 사라져버렸다.

실제로 각각의 물질을 이같이 나눌 수 있으며, 게다가 나눠서 극점에 이르면 모두 사라져서 자취도 없다. 결국 일체 물질은 모두 공성 중에서 생겨나서 공성 중으로 멸해지며, 현재 또한 공성을 여윌 수 없다.

그러므로 우리는 먼저 밖에 있는 물질세계란 온전히 환幻의 모습인 줄 명백히 알 수 있다. 그러나 범부는 집착을 좋아하기 때문에 다시 문득 마음이 존재한다는 확신을 가지고 있다. 그러나 마음의 본성 또한 존재하지 않는다.

**2) 안으로 있는 정신세계가 실로 있지 않음을 채택함**

다시 되돌아 와서 우리들 자신을 관찰한다. 부처님 경전 중에 사람은 오온으로 말미암아 조직되어 이루어진 것이라고 설한다. 모두 알듯이 사람의 육체는 근육과 뼈와 피부 등으로 이루어졌고 이러한 것은 모두 나눌 수 있는 것이다. 이를 제하고 나면 곧 정신만 남는다. 이른바 정신은 의식 또는 신식神識을 가리킨다. 만일 안이비설신 등 오근을 제거하면 상응하는 오식은 곧 존재할 방법이 없는데, 이때 의식은 존재하는가? 그것은 또한 단독으로 존재할 수 없다. 이것이 어찌 가능한가? 우리가 이전에 줄곧 생각하되 마음은 사유에 있고 마음은 받아들임에 있으며 마음은 배척함에 있고 육체는 곧 의식이 사람의 육체를 고용하는 것과 마찬가지인데, 의식은 어떻게 안배하는가 하는 그것은 곧 어떻게 만드는가이다. 비유하여 말하면, 의식이 육체에 명령하여 불과 접촉하게 하여 비록 불이 육체를 태운다 하더라도, 다만 마음이 원하면 육체는 곧 반드시 그것의 지휘를 따른다. 그러면 우리가 묻지 않을 수 없는 것은, 그 의식의 본성은 궁극적으로 무엇인가 하는 점이다.

각종 뇌 촬영 도구로 직접 의식을 측량할 수 있을까? 불가능하다. 마음 가운데 희로애락이 생길 때에 사람의 대뇌 등 기관이 곧 이 같은 정서의 영향을 받는데, 도구는 다만 측량하는 대상자의 몸의 생리 변화를 통하여 간접적으로 마음상태를 잴 수 있다. 그러나 이러한 방법으로는 근본적으로 마음의 본성을 찾아낼 수 없다.

실로 마음의 능력은 불가사의한 것이고, 따라서 이 능력은 그 자신에게 묻는 것이 가장 좋은 방법일 것이다. 어떻게 묻는가? 곧 마음이 평정해진 이후에 다시 마음이 도대체 무엇인가 관찰하는 것인데, 즉 대원만의 방법을 써서 답안을 구하는 것이다. 이같이 하면 곧 능히 그중의 진리를 발견한다. 비록 이를 제외한 밖에 다른 방법으로는, 예컨대 중관의 논리 등으로 추리하는 방법이 있으나 그들은 모두 그리 역량이 있지 않으므로, 가장 좋은 선택은 자기 마음에 돌이켜 묻는 것이다.

그러나 출리심과 보리심을 갖추기 전에는 물을 것이 없고, 설사 묻는다 해도 긍정적인 해답이 나올 수 없다. 출리심과 보리심을 갖춘 후에야 다만 하나의 물음이 필요한데, 그것은 곧바로 자기의 본래면목이 드러나기를 원하는 것이다. 구체적인 수행방법은 오늘 강의하지 않는다. 왜냐하면 출리심과 보리심이 성숙하지 않은 때에는 곧 강의해도 작용을 일으키지 못하고 강의하지 않는 것과 같기 때문이다.

정신세계는 물질세계에 비하여 더 복잡하고 미세하며 쉽게 추측할 수 없고, 점점 깊이 들어가는 측면에 있어서 상상하기 어려울 정도로 수준을 초월한다. 따라서 인류 역사가 시작된 이래로부터 붓다를 제외하고는 어느 누구도 진정으로 정신의 내막을 이해한 사람은 없으며, 모든 지혜로운 자들도 모두 혼란을 겪었다. 애석하게도 정신세계에 대한 많은 내용이 매우 기묘한 것이기에 모든 수행인들이 경계와 일부 특별한 서적 가운데에 갇혀 있으며, 보통사람들도 비록 무시이래로 정신세계를 여읜 적은 없으나 그것의 진정한 면목과 역량에 대해서는 도리어 아는 바가 없다. 진리가 우리에게 알려주되, 넓고 끝이 없는 우주는 다만 일종의 미세하고 신비한 내면의 역량을 의지하여 생존하는 것이며, 이러한 종류의 역량이 완전히 없어지는 때에 이르러 여러 다르게 나타나는 현상이 문득 한순간에 연기가 없어지듯이 사라진다. 이 일체가 진실로 불가사의하다.

어떤 사람이 좌선하는 가운데 초기에 조금 공성을 체험했을 때 자신이 존재하지 않는 것을 한번 경험하고는 곧 두려워한다. 여러분 중의 일부 또한 이 같은 경험이 있을 것이다. 우리가 이전에 줄곧 우리가 존재한다고 여겨 왔기 때문에 현재 문득 자신이 정확히 존재하지 않는 것에 대한 부처님의 확실성을 체험하면 곧 두렵기 시작한다. 만약 우리가 존재하지 않는다면 그러면 현재 여기에 앉아 있는 것은 도대체 무엇인가? 그것을 어떻게 판단해야 하는가? 실로 두려울 것이 없는데, 둔한 사람에 대해서 말하면 이것은 정상적인 현상이고, 이미 공성 경계의 표현에 조금 접근함이 있게 된다. 비유하면 손이 불에 가깝게 접근할 때 그것의 온도를 느끼며, 불과 멀리 떨어져 있을 때는 곧 불이 다시 왕성해져도 감각이 없다. 마찬가지로 불교경전에서 그렇게 많은 공성을 설하였지만, 만약 배우지 않고 닦지 않으면 그것이 우리들 자신에게 미치는 영향은 매우 적을 것이다. 하지만 좌선 중에 비교적 공성에 가까이 다가갈 때 우리는 곧 일부 반응이 있게 되며 두려워하는 것은 그 공성 가운데에 한 개의 반응이다. 그러므로 이것은 다만 낯설음에 대한 두려움이며, 우리는 매우 빨리 극복할 수 있게 된다. 만약 능히 계속해서 수행하면 곧 명백하게 되고, 우리의 본성은 본래 이와 같으며, 현재 문득 내가 없어지는 것이 아니라 무시이래로 한결같이 이와 같은 것이다. 다만 나는 아직 살아 있고, "아我"는 현현과 공성이 다름이 없는 것이며, 따라서 또한 두려울 것이 없다.

현재 우리들은 물질세계에서 존재하지 않을 뿐 아니라 정신세계를 포함해서 존재하지 않는다는 것을 알 수 있다. 세속제는 다만 물질세계와 정신세계를 말미암아서 이루어진 것이고, 일체는 모두 이 두 가지 세계를 포함하는 가운데 정신·물질세계가 존재하지 않음이니 어찌 능히 무엇이 존재하는가? 이것은 곧 한 가지 물건도 존재함이 없는 것임을 설명하며, 이는 곧 육조 대사께서 설한 바인 본래 한 물건도 없다고 함과 같다. 우리들은 눈앞에 두 가지 세계가 모두 존재하지 않는다는 것을 아나, 이것은 의식의 옅은 감각일 따름이며 진정으로 공성을 아는 것이 아니다.

## 5. 이제쌍운

공성(승의제, 실상)과 현상(세속제)은 처음부터 곧 모순이 아니다. 앞에서 말했듯이 어떤 사람이 『금강경』의 깊은 뜻을 읽은 후에 오해하여 생각하되, 승의제의 공성과 세속제의 현상은 모순된 것이며, 만약 공성이면 윤회가 있는 것이 불가능하고, 만약 윤회가 있으면 공성은 불가능하다고 여겼다. 그러나 이것은 자신들의 견해일 뿐이고 실제적으로 두 가지는 조금도 모순되지 않는다.

앞에서 예로 든 베의 경우, 만약 반대로 관찰하면 곧 진공을 말미암아서 바로 쿼크→원자→분자 등 한 계열의 다른 단계 미진의 모임으로 곧 양털이 이루어지고 많은 양털은 또한 짜서 털실을 이루며, 많은 털실은 베를 만들어 옷을 만든다. 사실 분해하고 분해하지 않음을 나누지 않고 조합하고 조합하지 않음을 말할 것 없이 베의 본체는 한가지이다. 조합하면 세속제라고 부르고 나누어 존재하지 않는 데에 이르면 승의제라고 부른다. 베의 본체는 승의제를 여읜 적이 없으나, 다만 세속제에 있어서 베는 존재하는 것이며, 그것은 의복을 만들어서 몸에 입을 수 있으며, 이 두 가지는 모순되지 않는 것이다. 따라서 앞에서 문득 설하되 모든 매 한 종류의 물질은 세속제와 승의제로 나눌 수 있다.

그러면 이상의 강의한 바가 다만 이론일 뿐인가? 그렇지 아니하다. 이것은 다만 입으로 말하는 이론만이 아니며, 앞의 도리를 의거해서 이제쌍운二諦雙運을 실현하는 것이 필요한 것이다. 어떻게 실현하는가? 목전에 우리들이 먼저 세속제를 좇아서 출리심과 보리심을 건립하며, 또한 공성을 닦는 데 서두르지 않는다. 출리심과 보리심의 기초가 실답게 된 이후라면 우리들은 각자 모두 능히 가볍게 공성 상태에 들어가며, 그와 반대로 만약 출리심과 보리심이 없으면 아무리 관정을 많이 구하고 활불을 많이 친견하며 참가한 법회가 많아도 공성을 증오하기 어렵다. 법을 배우고 수행하는 것의 관건은 바깥의 형상이 아니고 내심에서 하나의 매우 안전한 출로를 찾는 것이 필요하며, 그러한 연후에 다시 노력하여 나아가면 곧 성취할 가능성이 있다.

바깥 인연으로 나아가서 말하면, 어느 누구도 부처님의 대자비심과 큰 법력을 초월할 사람이 없으며, 만약 바깥 인연으로 해탈을 이룰 수 있다면 오늘날 우리가 윤회하는 것이 불가능하다. 왜냐하면 부처님이 모든 방법을 동원하여 우리들을 고해에서 해탈하도록 도왔을 것이기 때문이다. 그러나 실제적으로 부처님은 우리들을 위하여 많은 해탈의 길을 제시했지만 우리들 자신이 정진하고 노력함이 없음을 말미암아 지금에 이르도록 여전히 범부로 윤회하고 있는 것이다.

위에서 서술한 바를 종합하면, 먼저 우리들은 이제二諦를 학습함을 통해 일체의 만법이 이미 공성이고, 또 세계와 존재의 도리를 요달하면 이러한 이해를 바탕으로 "이미 부처님과 중생이 공성이면 왜 우리들이 성불하고 보리심을 발하는 것이 필요한가?"와 같은 종류의 의문을 일으키지 않을 것이므로 안심하고서 수행할 수 있다. 출리심과 보리심을 잘 수행한 기초 위에서 다시 공성을 실지로 수행해야 하는 것이다.

실제 수행의 구체적인 방법은 앞서 강의한 이론과 중관의 많은 이론을 배우고, 그 후에 다시 반복해서 사유한다면 반드시 일체가 공성인 것을 체득하고 느껴 알 것이다. 그러나 경서에 설한 것이 공성이기 때문에 응당 공성이라고 믿는 것이 아니라, 경서 중에서 어떻게 설하든 자기가 관찰할 때에 모든 이치에 대한 이해와 체험이 있으며, 이러한 종류의 체험을 바탕으로 안목이 열리고 그러한 후에 다시 방법을 생각하여 체험한 시간을 가지고 연장하면 이것을 "마음을 수행하는 것"이라고 부른다. 당연히 체험한 시간이 길수록 좋다. 증오證悟하기 전에는 24시 내내 집착한 경계 중에 있는 것이다. 그러므로 증오한 후에는 또한 그러한 알아차림의 시간이 길어진다면 곧 집착의 시간은 자연히 더 짧아진다.

공성은 수준에 따라 계층이 있고 증오 또한 많은 단계가 있다. 방금 강의한 바는 가장 초보의 경계이고, 만약 이 위로 끊임없이 발전하면 최후에 곧 진정한 공성을 증오할 수 있으며, 그때에 곧 철저하게 우리들이 원래 가지고 있는 집착을 뒤집을 수 있다. 우리들의 공성에 대한 견해와 아我가 있다는 집착은 물과 불이 서로 섞이는 것과 같은 것이기에, 아가 없다는 체험이 발전하고 견고해지면 자연스럽게 곧 아가 있다는 집착을 뒤집게 된다.

## 6. 공성을 증오하는 목적

최후에 반드시 주의해야 할 한 가지는 우리들이 왜 공성을 증오해야 할 필요가 있는가 하는 점이다. 소승의 관점에서 설하면, 공성을 증오하는 것은 자기가 해탈을 얻기 위함이고 자기의 생로병사를 해결하기 위함이다. 그러나 대승의 각도로 좇아서 말하면, 공성을 증오하는 목적은 이에 있지 않고 중생을 이롭게 하기 위함이다.

왜 공성을 증오하면 중생을 이롭게 함이 더욱 좋게 되는가? 만일 공성을 증오하지 못하면 시종 아집이 있고, 만약 이와 같으면 비록 본인 자신이 노력을 해서 이기심이 없고 조건 없이 헌신한다고 하여도 자기가 중하고 남이 가볍다는 생각은 여전히 철저하게 놓아버릴 수 없고 여전히 많게 혹은 적게 존재하게 된다. 그러므로 그것은 내가 이기심이 없고 조건 없이 헌신하는 것에 장애가 되며, 따라서 우리는 대승의 관점에서 그것을 가지고 뒤집어야 할 필요가 있다. 그것을 뒤집으면 아집은 곧 다시 존재하지 않으며, 아집은 더 이상 자신이 자기 이익을 도모하는 것을 지휘할 수 없기에 곧 자유자재로 중생을 이롭게 할 수 있으며, 그때 이르러 나의 오직 한 가지 할 일은 곧 중생을 제도하는 것뿐이다. 따라서 대승보살은 자기를 위해서 해탈을 얻고 공성을 증오하는 것이 아니라 능히 중생을 더욱 이롭게 하기 위해서 공성을 증오하는 것이다. 공성을 증오하는 목적을 정확히 아는 것은 매우 중요한 것이다.

최후의 결론은 무엇인가? 결론적으로 대승보살은 이미 육도윤회를 초월했으나 또한 육도윤회를 여의지 않는다. 그렇다면 왜 윤회를 초월했는가? 그는 육도윤회의 범위 내에 있지 않고 육도윤회의 영향을 받지 않으며 한 티끌만큼도 물드는 것이 없기 때문이다. 왜 윤회를 여의지 않는다고 하는가? 그가 비록 공성을 증오했고 이미 최후의 경계에 도달했으나, 다만 그 목적은 중생을 더욱 이롭게 하기 위함이며, 따라서 그는 육도윤회를 벗어남이 없으며 영원히 원력으로 수생하여 윤회하면서 중생을 제도한다. 이것이 최후의 우리들이 나아가야 할 경계이며 도달해야 하는 목표이다.

# 중관의 기본 관점

## 1. "9승"차제의 개념

불교수행의 층차에 대하여 우리 닝마파의 논전에는 "9승九乘"차제를 설하였다. 일반적인 불교 경전 중에서는 대승과 소승만을 이야기하였고 그들을 일컬어 "2승二乘"이라고 하며, 일부 논전과 속부 중에 있어서는 "5승"을 강의하는 등 여러 많은 주장들이 있다. 이 같은 "개념"상의 차별은 중생의 근기가 천차만별로 다르기 때문이며, 따라서 부처님이 법륜을 굴리는 "깊이의 정도"도 또한 같지 않다.

아래에서 간단하게 "9승"의 개념을 소개한다.

9승의 개념은 성문에서 대원만의 경계에 이르기까지 모두 출세간에 해당되어 해탈을 닦는 법에 속하며, 그중에 "인천승"은 포함되지 않는다.

『대환화망大幻化網』 중에서 인천승을 강의하였다. 인천승의 관점과 견해는 전생과 금생 그리고 인과를 토대로 하여 선을 행하고 악을 끊는 것을 가리키는 것으로, 이 선근으로 인해 내생에 인천의 과를 얻는다. 그래서 인천승은 또한 세간승이라고도 한다. 이어서 "인천승"에 비하여 다시 한 계단이 높은 것이 곧 "출세간"의 법이다. 이 출세간의 법은 다시 현종에서 밀종에 이르기까지 9승으로 나눌 수 있다.

1. 성문승, 2. 연각승, 3. 현종의 보살승, 그 가운데 성문승과 연각승은 소승에 속하고, 유식과 중관 이상의 법은 곧 보살승(대승)에 속한다. 대승은 또한 현종과 밀종 2종으로 나눌 수 있고 그 가운데 밀종은 또한 외밀外密과 내밀內密로 나누며, 외밀에 포함되는 것은 4. 사부, 5. 행부, 6. 유가부 등 세 가지 단계가 있고, 내밀은 7. 마하유가(생기차제가 주가 됨), 8. 아누유가(원만차제가 주가 됨), 9. 아띠유가(대원만) 삼종 차제로 나눈다.

인천승에서부터 밀승에 이르기까지 각 승의 관계는 대략 아래와 같다.

가장 낮은 단계는 "인천승"이고, 다시 위로 올라가면 "성문승"이다. 성문승은 인천승의 기초 위에서 진일보하여 계승하고 발전한 것이다. 비유하면 성문승과 인천승은 모두 생사윤회와 인과의 관점을 승인하되 인천승은 "유아有我"라고 여기며, 성문승은 곧 이 관점을 뒤집어 "무아無我"라고 한다. 그리고 성문과 연각緣覺의 관점은 기초 상에 있어서 차이가 없고, 유식은 성문과 연각의 기초와 비교해 보면 "계승"이 있고 또한 "버림"도 있다. 예를 들어 성문승이 강의한 "인무아人無我"는 유식종 또한 이같이 인정하나, 성문승이 바깥 경계인 "지수화풍" 사대가 실로 존재함이 있다는 관점에 대하여 유식종은 곧 부정한다.

이 밖에 유식종은 모든 법은 마음이 지은 바라 말하고 중관종도 또한 이같이 생각한다. 다만 중관은 "오직 실로 있는 아뢰야식이 있음"을 인정하지 않는다. 중관의 견해는 유식종의 견해보다 높다. 용수보살의 중관과 세친보살, 무착보살의 유식에 관한 저작의 예를 들면 『중론』·『유식이십송』·『유식삼십송』인데, 여기에서 보면 분명하게 중관의 견해가 정확히 유식의 위에 있음이 밝혀진다. 또한 밀종의 견해는 중관을 초월한다. 그러므로 이같이 각 9승은 아래로부터 위에 이르기까지 층층히 올라가며 이미 계승함과 파함, 그리고 세움이 있다.

전문적으로 종파를 연구하는 사람이라면 당연히 이같이 근본을 분석하는데, 만일 간단하게 알아보는 경우라면 이것은 그리 중요한 것은 아닐 수 있다. 우리들에 대해서 말하자면 당장 급한 것은 불교를 배우는 사람이 반드시 갖추어야 할 정지·정견이다. 즉 생사윤회와 우주, 인생, 그리고 세간의 만사만물에 대하여 하나의 정확한 이해가 있어야 하고, 또한 최소한 사실의 진상에 대한 이해가 있어야 한다. 이것이 해탈의 기초이기 때문에 증오하는 바가 있는가에 관계없이 이것을 이해하는 것이 필수적이다.

## 2. 어떻게 무아를 채택하는가

먼저 우리가 가슴에 손을 대고 스스로 물을 필요가 있는데, 매일 24시간 중에 우리가 접촉하는 사물들은 도대체 무엇인가? 모든 사람들은 태어나면서부터 함께 따라온 하나의 관점이 있는데, 그것은 주변 환경 또는 다른 사람의 가르침으로부터 영향을 받지 않고 우리의 육체와 함께 탄생된 것이며, 불교에서는 이를 "구생아집俱生我執"이라고 부른다. 이른바 "구생"은 부모와 스승에게서 받은 것이 아니라 태어나면서 줄곧 있는 것을 말하며, 이른바 "아집"은 곧 시시각각에 항상 한 가지 나의 존재가 있다고 집착함을 뜻한다. 우리들의 생활이란 곧 이 한 가지 "아"의 존재를 둘러싸고 전개되는 것이며, 만약 이런 "아"의 존재가 없다면 우리들이 현재 살아가는 대소사의 모든 일을 할 수 없을 것이다.

그러면 어떻게 이 "아"가 존재하지 않는 것으로 이끌어 갈 수 있는가? 비유하자면, 우리들이 한 대의 수레를 외관으로 좇아서 보자면 곧 네 개의 바퀴가 있고 한 개의 차체가 있다. 만일 한걸음 더 나아가 이해하려고 하면, 마땅히 수레의 뚜껑을 열어서 내부의 구성을 봐야 하고, 또한 한걸음 더 나아가 부속품을 떼어내어 연구할 수 있다. 이와 같이 한다면 비교적 이 수레를 잘 이해한다고 말할 수 있다. 그와 반대로 다만 바깥 표면만 본다면 하나의 "네 바퀴의 교통수단"이라는 개념만 세울 따름이다.

또 비교하여 말하면, 한 채의 집에 대하여 외부만 보는 것으로만 논하면 곧 사람이 거주하는 하나의 건축물이라 할 수 있다. 만약 한걸음 더 나아가 이해하고자 한다면 곧 집이 무슨 재료를 써서 지었는지를 알 필요가 있다. 그러하다면 우리들이 건축 재료에 대하여 또한 한걸음 더 나아가 조사하는 것이 필요하며, 그런 후에야 이 집이 결국 나무집인지 돌집인지, 아니면 철근과 시멘트로 지어진 집인지를 알게 된다. 이같이 어떠한 사물을 이해하고자 한다면 반드시 표면에서부터 안으로 한 층 한 층을 관찰하고 사유하는 방법을 배워야 한다. 같은 이치로 만약 우리가 자신과 바깥 경계를 이해하고자 한다면 반드시 관찰하고 사유해야 하되, 바깥의 세계가 어떻게 구성되어 있는지, 사람의 본래 마음은 또한 어떠한 인소因素로 조합하여 이루어져 있는지 등을 자세히 관찰해야 곧 세계는 어떠한 모습이고, 사람인 나는 또한 어떠한 모양인가를 알게 된다.

관찰 방법이란, 앞에서 강의한 수레와 집의 예와 같다. 다만 주의해야 할 점은, 집의 구조를 이해하고 또한 재료가 돌 혹은 철근인지 시멘트인지 이해해야 하며, 한걸음 더 나아가 관찰하면 철근과 시멘트는 또한 무엇인가 하는 것 등이다. 일반적인 사람들은 다만 집이 무엇으로 지었는지를 알고자 하는 것으로 만족하여 한걸음 더 나아가 관찰하려고 하지 않는다. 그들에게는 이러한 문제가 분명 의미가 없고 번거로운 것이지만, 우리들은 반드시 한걸음 더 나아가 관찰하고 사유해야 한다. 그러면 부처님 경전에는 우리들에게 어떻게 하라고 가르치는가? 한 가지 예로써 설명한다. 가령 우리에게 한 조각 베가 있는데, 육안으로 관찰하면 이것은 그저 한 조각 베일 뿐이나 의복을 만들어서 추위를 막을 수 있다. 그러나 반대로 만일 우리가 베를 잘라내어 보면 곧 한 무더기 실로 변하게 된다. 우리가 이 큰 무더기의 실을 대면할 때에 방금 그 베는 어디로 갔는가? 이때 우리는 곧 마땅히 생각하되, 방금 우리가 육안으로 본 것은 근본적으로 일찍이 존재하지 아니한 것은 아닐까? 혹은 잘라내기 전에 베가 있다가 잘라낸 후에는 베가 곧 없어졌는가? 만일 베가 본래 없었다고 말한다면, 묻되, 우리가 평소에 옷을 만드는 재료를 사가지고 왔다면 이것이 베가 아니면 무엇인가? 만일 베어내기 전에 베가 있고 베어낸 후에는 곧 없다고 말한다면, 묻되 베는 어디로 갔는가? 이렇듯 우리들은 주의해야 하며,

이런 문제는 우리가 열심히 사유하는 것이 필요하다. 아울러 이것은 어떤 한 교파의 주장이나 설법이 아니며 한 가지 매우 중요한 삶의 명제로 생각해야 한다.

그러므로 하나의 베 조각을 배어내면서부터 다하기까지 베의 본성이 도대체 무엇인가를 찾아야 한다.

베를 잘라낸 후에 관찰을 통해서 결론을 얻어내되, 베는 실을 말미암아서 짜여진 것이고, 다시 그 한 가닥 실을 잡아서 잘라내면 또 하나의 결론을 얻어내는데, 실은 또다시 더 가는 누에의 실 혹은 양털로 짜여진 것을 알 수 있다.

또 묻되, 이 한 가닥 잘라낸 실은 어디로 갔는가? 그것은 있었던 것인가? 만일 존재하지 않는다면 그것을 잘라내기 전에 우리는 무엇을 보았는가? 베를 이루는 것은 또 무엇인가? 만일 잘라내기 전에 있었다면 잘라낸 후에는 왜 없어졌는가? 없어져서 어디로 갔는가? 이같이 먼저 있고 뒤에 없으면 무지개와 마찬가지로 꿈과 같고 환幻과 같은 것이 아닌가?

우리는 다시 계속해서 잘라내고 남은 이 한 무더기의 양털을 본다. 우리들 육안으로 대하여 말하면 한 가닥 가는 양털은 이미 관찰의 마지막 한계이나, 이 한 가닥 양털을 자르면 먼지와 같은 크고 작은 많은 가닥을 이룰 수 있으며, 이 가운데의 한 부분은 이미 양털이라고 말할 수 없다. 먼지 같은 부분을 다시 계속해서 나누면 바로 마지막에 다시 나눌 수 없는 상태에 이르러 그친다면 그것은 무엇이 되는가? 주의하여 보면 그 최후의 결과는 매우 중요한 것이다. 극히 작은 미진의 한 부분을 다시 나누면 끝이 없이 나누어질 수 있는가? 혹은 나누어서 일정한 것에 이를 때 곧 나눌 수 없는 것인가? 어떤 사람이 말하기를, 계속해서 나누어 가장 작은 미진에 이르면 더 이상 나눌 수가 없다. 또 어떤 사람은 말하되, 한계가 없이 나누어 갈 수 있다고 한다. 그러나 우리가 이 두 가지 관점이 모두 틀린 것이라고 생각한다면, 묻건대 이 "가장 작은 미진"은 왜 "다시 나눌 수 없음"이 되는 것인가?

우리는 여섯 방위(六方)의 개념으로 동서남북과 상하를 알고 있다. 그러면 여기서 털끝에 천만 분의 1보다 가는 미진에 동서남북 상하가 있는가? 정답은 "있다"이다. 이와 같으면 그것은 곧 또다시 미세한 육방이 존재함을 표시하며, 동서남북 상하와 동방의 동방 또한 동남서북과 상하가 있을 수 있는 등, 이렇게 추론하면 육방의 상황은 모두 계속 나누어져 갈 수 있고, 이 미진이 존재하지 않는 데 이르러서야 그치게 된다.

마찬가지로 만일 1초라는 시간을 또한 무궁하고 끝없이 한 번 나누고 다시 나눌 수 있으며, 이 1초는 시작도 없고 끝이 없이 쪼개어져 영원히 나아가 마침이 없을 것이며, 그 낱낱의 나눠진 것은 곧 다시 더 길어질 것이고, 또다시 작은 시간이 있게 되는 등……, 우리들에 대해서 말하면 곧 낮과 밤의 분별이 존재하지 않는다. 물질세계의 사람에 대해서 말하면 1초는 하나의 절대적인 개념이겠지만, 기타 시공 중에 있어서는 곧 다 그런 것은 아니다. 비유하여 말하면 일 마오(一毛錢)는 십 푼(十分錢)으로 나누어질 수 있고, 우리가 일 푼에서부터 시작해서 바로 십 푼을 쓰는 데 이르면 곧 없어지니, 이렇게 계산되는 것은 분명하다. 시간으로 말하면 한 시간은 60분이고, 1분은

60초이며, 매 1초는 더 쪼갤 수 있는 단위가 없고 그것들은 곧 허공의 별과 같아 그 수를 헤아릴 수 없다. 이와 같이 이러한 1초들이 모이면 하룻밤·이틀 밤…… 백일 밤·천일 밤을 지나도 여전히 이 1초를 벗어나지 않는 것이다. 이 1초는 써서 다하지 않는 것이고 그것이 시작이니, 다함이 없는 것이기 때문이다. 따라서 이 1초는 우리들에 대해서 말하면 영원한 1초이다. 우리가 지금 이곳에서 서로 모여서 이 1초가 또 지나 여러분이 다른 장소로 가도 여전히 1초 안에 있는 것이다. 만일 여러분들이 떠날 때에 1초가 곧 지나간다면, 또 그러면 무슨 다함이 없고 끝이 없다고 부를 수 있는가? 따라서 내일은 여전히 어제의 1초인 것이고, 이와 같이 곧 모든 시간의 개념이란 것이 무의미하게 될 것이다.

이것이 시간에 대해서 분석한 것이고, 다시 물질에 대해서 분석해 보자. 묻건대, 나의 이 손 안에 하나의 시계가 얼마나 많은 미진으로 이루어져 있는가? 만일 무한한 것이라고 설한다면 이 한 채의 집은 어떠한가? 또한 무수한 미진으로 이루어져 있다. 마찬가지로 무수한 미진으로 이루어졌다면 과연 우리는 시계와 집이 크기와 무게 상에 있어 어느 정도의 큰 차별을 나타내는지 알 수 있는가? 주의해서 보면, 우리가 이 안에 말하는 미진이란 것은 하나의 단위이고, 시계 혹은 집을 논할 것 없이 제시한 바의 미진은 모두 동일하게 쓰이는 단위이다. 곧 우리가 평상시에 쓰는 단위인 "gram(그램)"에 비유하면, 물건의 부피가 크고 작음을 논하지 않고 중량은 모두 이 단위로써 측정하는데, 이와 같이 능히 같지 않은 물건들에 대하여 중량 상에 있어서 하나의 공동된 표준이 있게 되는 것이다.

마찬가지로 집안의 미진이나 혹은 시계 안의 미진을 논할 것 없이 크고 작은 것은 응당 한 가지인 것이다. 우리가 10kg 되는 쌀의 부피가 5kg 되는 쌀의 부피보다 큰 줄 알며, 그것은 쌀의 수량이 같지 않기 때문인 것을 알 것이다. 그러나 그것은 마찬가지로 수많은 셀 수 없는 미진을 포함하고 있는데, 집은 시계에 비하여 얼마나 큰가? 그렇다면 크고 작음은 어디로부터 오는가? 우리가 밥을 먹을 때에 밥에 또한 응당 셀 수 없는 미진이 있는데, 그렇다면 이 한 그릇의 밥은 응당 영원히 다 먹을 수 없을 것이다. 어떤 사람이 말하되, 위도 또한 무한한 것이다. 만일 위가 무한하다고 말하면 우리는 곧 영원히 먹어도 배부르지 않을 것이나, 사실은 이와 같지 않다. 그러므로 만일 끝이 없는 미진을 써서 사물을 측정한다면 한 가닥 털과 한 채의 집이 한 가지로 모두 무수한 미진을 포함하고 있다. 따라서 그 가운데에 한 터럭과 집이 가지고 있는 부피와 중량 상에서 미진의 수량적 차이를 설명할 수 있는 방법은 없다고 할 수 있다.

다른 한편으로, 우리가 끝이 있다는 개념을 써서 시험해 보자. 끝이 있다는 개념이 가르치는 바의 "변제邊際"가 어디에 있는가? 바로 우리가 앞에서 서술한 바와 같아서 동쪽에 또 동서남북이 있고 북쪽에 또 동서남북이 있으며, 이같이 나누어 가면 아마도 다시 나눌 수 없는 그 한계선에 이르는데, 다만 우리의 의식을 의지해서 인위적으로 규정할 수 있을 뿐이다. 사실상 한 개의 물질이란 그것의 총량이 일정하기 때문에 그것을 나눌수록 더 작아지고 결국에 가서는 미진과 같은 극한에 이른다. 말하자면, "나눠서 다하지 못함"의 개념은 우리들 사람의 의식이 유한한 것에 기인한 것이지만, 우리들 의식에 맡겨서 쉼이 없이 사유하여 나가면 곧 영원히 나눌 수 있다. 그러나 시계의 부피는 한계가 있는 것이고 그것을 더 나누면 더 작아지고, 바로 한 개의 다시 나눌 수 없는 데에 이르러서 다시 나누면 곧 없어지고 실종되는 곳에 이른다. 곧 불경 가운데 설한 "미진은 형상과 색이 없는 것이니, 최소한 우리들이 현재 보는 형상과 색깔로는 설명할 수 없다"는 것과 같다. 그러나 현재 과학자들이 발견한 파동과 입자, 이 두 가지 성질에서 "파동"은 매우 거친 개념이다. 우리가 이른바 가장 작은 개념의 "나눌 수 없음"의 개념은 만일 다시 나누면 곧 없어지는 상태를 가리킨다.

매 한 입자의 미진은 모두 이같이 없어지며, 없어진 후의 상황은 한 조각의 허공이 되는데, 이것을 단공單空이라 부르며 가장 거친 단계의 공성이 된다. 그들은 밝고 밝아서 이같이 텅 비어 물질이 없는 것과 같은데, 다만 우리의 눈 안에는 도리어 분명히 일체가 존재하니, 이것을 연기성공緣起性空이라 부른다. 종합하면, 하나의 유한한 범위 내에서 물질은 곧 나누어 다하는 때가 있으며, 영원히 나눠서 끝나지 않는 것은 불가능하고 다만 시간성이 있을 뿐이다. 이른바 나눈 것이 다해지면 곧 공성이다. 여기에 한 개의 탁자가 있다고 하면 곧 어떠한 관찰과 사유도 지을 필요가 없고 다만 사용하기만 하면 된다. 만일 탁자에 대해 관찰하고자 하면 탁자는 나무판자를 말미암아서 짜졌고, 나무판자를 또다시 계속해서 나누면 계속 나누어져서 최후에 이르러선 결국 탁자를 보지 못하며, 탁자가 나누어져 다하여짐과 마찬가지로 수레나 집도 거듭 나누고 다시 나누다 보면 곧 "사라지게 된다."

이 이치로써 세계와 우주를 추론하여 그 진상을 분명하게 이해한다면 마지막에는 일체가 모두 하늘과 같이 아무 것도 없다는 걸 발견하게 될 것이다. 이것이 월칭보살의 관점이다. 그가 일찍이 설하되, 만일 그대가 무언가를 얻고자 하면 곧 그것을 관찰하지 말지니, 관찰한 후에는 그대는 아무것도 얻을 수 없어 곧 "실망"하게 될 것이다.

위의 분석을 통해서 보면, 우리는 하루 24시간 동안 우리의 자기의식 데이터가 나타내는 환상의 세계에 살고 있음을 인식해야 한다. 우리가 이전에 접촉한 실로 있다고 생각하는 사물은 근본적으로 존재하지 않는 것이다. 다시 자신에게 향하여 이 하나의 이른바 나(피부·근육·뼈·내장)라는 것을 관찰하면 또한 미진으로 조성되어진 것이고, 이것도 바깥 경계와 한가지여서 모두가 실로 있는 것이 아니며 모두 존재하는 것이 아니다. 안식에서 의식에 이르는 육식이나 혹은 팔식이 또한 모두 공성이다.

### 3. 공성을 증오함은 해탈을 위해 반드시 통과해야 하는 길

범부가 되어 단지 단순하게 물질도구를 계속 사용하려고 생각한다면 곧 관찰할 필요가 없고, 윤회와 인과의 취사선택에만 관심을 기울이면 곧 충분하기에 유별나게 따지고 궁리할 필요가 없다. 이것은 "인천승"의 관점이다. 그러나 인간이 윤회하는 동안 업을 닦고 한걸음 더 나아가려고 하면 반드시 인천승·성문승의 견해와 깨달음을 성취해야 곧 분명하고 간단하다.

세계가 곧 이와 같아서 바깥 경계와 또한 안의 마음을 논할 것

없이 다만 우리가 관찰하지 않는다면 그것들은 곧 존재하나, 일단 마음을 써서 관찰하면 하나도 얻을 바가 없다. 이것이 물질세계의 원래 갖추어져 있는 자연적인 규율이고 그것의 본질인 것이며, 붓다와 조사가 두서없이 생각하고 꾸며내어 우리로 하여금 관상하라고 한 것이 아니다. 만일 이것이 다만 규정이라면, 우리들이 그것을 받아들여야 할 어떠한 이유도 없다. 만일 받아들이면 곧 억지로 강요하는 것이어서 강압적인 가르침의 조항이 된다. 그러나 진리는 근거가 있고 체험을 통하여 증명되는 것이지, 사람의 의지로 바뀌는 것이 아니다.

마찬가지로 만일 우리가 "나"가 있기를 바란다면 절대로 "내가 있는가 없는가?"의 문제에 관해서 사고하는 것을 용인할 수 없다. 왜냐하면 여러분이 열심히 찾아보아도 반드시 "아"는 얻지 못하기 때문이다. 무시이래로 그릇된 관점에 끌려 우리는 "아"를 찾았다고 여기며, 이로부터 생사윤회의 뿌리를 심었다. 그러나 공성의 관점이 있으면 곧 밖으로 실로 있는 세계가 존재하지 않고 안으로 향하여 실로 있는 나 또한 존재하지 않음을 알게 되니, 이것은 진정으로 우리들이 해탈로 나아가는 것을 돕는다.

그러므로 우리는 그런 바깥 경계(外境)를 욕망하고 품기를 바라는 사람들에게 여러 번 관찰하고 사유할 필요가 없다고 권하여야 한다. 예컨대 만일 그대가 계속해서 덧없는 꿈을 꾸고자 원한다면 곧 깨어날 필요가 없다. 하지만 일단 그대가 관찰과 사유를 배우게 되면 곧 꿈의 초기에 깨어나는 것과 같으며, 꿈속의 일체가 허망하게 사라져 버린다. 따라서 세간의 물질을 원만하게 누리고자 생각하는 사람은 곧 관찰과 사유를 짓는 일을 할 필요가 없으며, 이러한 분들은 물론 이대로 영원히 고통에서 벗어날 방법이 없다.

비록 표면상으로 보면 중관과 유식의 수행은 최종 깨달을 때 무엇도 얻는 것이 없다. 그러나 사실 우리가 추구하는 것 또한 이 "무엇도 얻지 못함"이며, 이것이 곧 공성을 증오하는 것이다. 현실 생활 중에 우리가 어떤 물건을 잃어버리면 그 물건을 찾지 못한 결과로 매우 실망하게 된다. 따라서 공성을 증오하고서 찾는 것은 곧 "무엇도 없는 것"이라는 견해가 있으면 수행의 과정 중에 있어서 곧 철저하게 증오함이 없다 해도, 적어도 공성에 대해서 최소한 이해하는 바가 있을 것이다.

## 4. 연기 공성과 양자 물리

어떤 사람이 스스로 단정하되 공성을 증오하는 견해와 수행이 한 종류의 성문화된 가르침의 조항이라고 생각하는 것은 절대로 틀린 것이다. 따라서 우리가 앞에서 토론한 내용에 대하여 만일 논리적인 답안을 바라는 분이 공정한 학자나 과학자이면 응당 문제의 답안을 탐구할 것이다. 그러나 종교적 믿음이나 단편적 미신을 써서 불교의 관점을 인정하려고 한다면 사고하는 것이 결여된 것이다. 과학자들이 찾는 내용은 구체적으로 밖으로 나타나는 물질의 상태에 대하여 연구한다. 원자·원자핵·기본적 입자인 전자·중자·중성자·광자 등이다. 현재 그것들도 쿼크와 야쿼크로 나누어지면 더 이상은 나눌 방법이 없다고 생각한다. 그러나 사실 이러한 종류의 결론은 또한 실로 의지할 수 없는 것이다. 현재에는 선진적인 입자 가속기를 이용하여 과학자들이 이미 알고 있는 입자와 파동을 발견하였으나, 이후에 더 선진적인 기구가 있다면 그들은 새로운 물질 상태의 입자를 발견하게 될 것이다. 이렇듯 기구의 도움을 빌려서는 그들은 영원히 마음의 깊은 비밀을 증오할 방법이 없다. 현대인이 표준으로 삼는 과학으로서는 사람들의 의식 영역이나 혹은 내적 마음 세계의 비밀에 대해서는 속수무책이다. 경전을 힘써 배워 좇아가면 오늘날 양자역학의 연구로 발전하게 되며, 물질 존재의 상황에 대해 건립한 바의 대명사에 대하여 부처님의 경전 중에 비록 같지 않는 명칭이지만 서로 매우 가까운 정의가 있다. 그러나 양자 물리는 모두 기본 입자 위에 눈을 두고 머무를 뿐이다. 하지만 불교에서는 "무슨 기본적 입자라 일컫는 것은 없고, 모든 입자는 다 나누어져 공으로 된다"고 생각한다. 이로써 불교는 이미 양자 역학을 멀리 초월한다. 두 가지 모두 물질세계를 탐구하는 기초 위에 건립하여 부처님과 조사도 무아를 채택함으로써 중생을 해탈로 이끌어 가나, 현대과학은 유감스럽게도 핵무기를 제조하는 등 스스로 멸망을 자초하는 길로 나아가고 있다. 만약 어리석음에 미함으로 집착하여 깨닫지 못하고서 깨어남에 미치지 못하면, 반드시 더 많은 욕망을 갈구하고 취함을 말미암아 과학을 발명한 인류 자신에게 아무런 보람도 없이 그저 멸망으로 이끌리게 될 뿐이다. 이것이 불교와 과학의 하나의 중요한 차이이다.

## 5. 공성을 스스로 증득함과 해탈을 얻음

공성을 아는 것은 다만 선근을 심는 것일 뿐이다. 그래서 공성을 증오한다는 것은 한 구절의 말뿐인 것이 아니고 반드시 몸소 실행하여야 의미가 있다. 공성을 증오하는 수행 과정은 곧 아집을 깎아내는 과정이다. 자연스럽게 습관을 들이면 "아집"은 점점 더 작아지고 "무아"의 지혜는 점점 더 늘어나게 된다. 이것이 곧 해탈에 나아가는 것이다. 다만 향을 피우고 절하는 수행을 하는 것만이 스스로 해탈도를 닦는 것이라고 여긴다면 이것은 스스로를 속이고 사람들을 속이는 것이다. 해탈을 생각한다면, 사람이 길을 가는 것과 마찬가지로 눈은 길을 봐야 하고 두 다리는 움직여야 한다. 다만 움직이지 않으면 나아갈 기약이 없고, 눈동자가 없으면 단 한 걸음도 나아가기 어렵다. 이른바 "봄"은 곧 공성을 건립하는 "견해"이고, "움직임"은 이치와 법에 맞게 공성을 "수행"하는 것이다. 수행은 평일에 한가하게 일 없는 때의 중간에 책을 펴보고 공성의 도리를 이해하며, 입으로 헛되이 "제법무아"를 이야기하는 것이 아니다. 아는 것이 많다 한들 다만 책 안에서 말하는 것이고, 힘써서 친히 증득하지 않으면 곧 해탈하지 못한다.

불교는 연기의 도리를 설한 것이다. 마음과 바깥 경계 등 모든 것이 인연으로 화합하여 이루어진 것이다. 우리는 세세생생 윤회에 빠져 있고, 또한 윤회에서 헤어 나오지 못하는 인연도 있다. 만일 인연이 필요 없다면 어찌 부처님조차도 윤회에 떨어지는 것을 막을 수 있겠는가? 이같이 인이 없으면 과가 없고, 연이 없으면 태어남이 없음이니, 무릇 일이 생기는 배후에는 다 인과 연의 두 자가 있다.

윤회의 인연 중에는 "무명"과 "탐착"의 두 가지로써 머리를 삼는다. 무명은 아무것도 이해하지 못하는 것을 말하는 것이 아니니, 만일 이와 같으면 담장이나 돌 또한 무명이 있는 것이다. 무명은 진리를 이해하지 못함으로 인하여 그릇된 관점에 집착하는 사견과 아집을 가리킨다. 이것을 토대로 세간에 애착하여 곧 탐착을 낸다. 이와 같은 인연이 다 갖춰지면 반드시 윤회에 떨어진다.

이로 말미암아 알 수 있듯이 생사윤회를 벗어나고자 한다면 "무아"에 정통해야 하고, 이것이 바로 곧 지혜의 눈을 갖춘 것이며, 해탈의 큰 길을 분명히 볼 수 있는 것이다. 이어서 그 길을 따라 앞으로 걸어가면 그것이 곧 수행이다. 그러나 실로 "무아"를 수행하는 것은 어려운 것이 아니고 이 자리에서 각자가 다만 실천해 가기만 하면 모두가 다 해탈할 수 있다. 그러나 애석하게도 아는 사람은 소털과 같이 많으나 실천하는 사람은 적고도 적다. 우리가 모두 스스로 옳다고 여기고 문명의 지식인이라 스스로 자부하지만 무엇이 문명인지, 무엇이 중하고 무엇이 가벼운지에 대해 분명히 판별하지 못한다. 짧은 일생 중에서 가장 중요한 물건을 가장 하찮게 여기고 버려 돌아보지 않고, 오히려 가장 값어치 없는 물건을 안고서 죽을 둥 살 둥 생사윤회에 굴러간다. 이것이 곧 무명이고 전도망상인 것이다. 반드시 알아야 할 것은, 우리들 범부에게 가장 중요한 것은 곧 해탈을 추구하는 것이다. 그러나 우리들에게 방생을 행하거나 혹은 진언을 외우는 해탈의 행위 등이 도리어 밥 먹은 후의 일종의 여가 행위로 여겨진다. 어떤 사람은 산 위에서 수행하다 며칠이 되어도 목욕을 못한다는 이유로 집으로 돌아갔다. 해탈과 목욕을 서로 비교하면 어느 것이 더 중요한가? 이처럼 무슨 외부의 요인들이 우리 자신을 해탈하지 못하게 하는 것이 아니다. 만일 이같이 핑계를 대기만 한다면 영원히 해탈에 대한 바람을 그쳐야 한다.

어떤 사람은 항상 "가피" 두 글자만을 입에 달고 다닌다. 물론 당연히 부처님은 가피력이 있고 또한 가피는 중요한 것이다. 그러나 석가모니 부처님께서 "자등명 법등명"이란 말씀을 설하신 목적은 곧 우리에게 경계하되, 자기가 자기의 구세주인 것을 알게 함이다. 만일 우리가 스스로 구원하지 않고 다른 사람이 건져주기를 바란다면 해탈을 할 수가 없다. 어떤 사람이 말하되 부처님은 매우 자비로우시고 그분은 중생을 마음속 깊이 연민하시기에 굳이 스스로 노력하지 않아도 우리를 윤회에서 벗어나도록 구원해 주실 것이라고 생각하는데, 이것은 바로 어리석은 마음의 망상이다.

『현우경』 가운데 이 같은 공안이 있다. 예전에 스님들의 뒷바라지를 책임지는 스님이 한 분 계셨다. 어떤 시주자가 그에게 하나의 보석을 주고 승단에 공양하게 했는데 그 스님은 도리어 사적으로 챙기어 자기의 것으로 삼았다. 뒤에 승중이 이 일을 알고서 그에게 권하되, 보석을 팔아서 승단의 양식을 사든지, 아니면 보석을 승단에 돌려주어야 한다고 하였다. 그러나 이 스님은 여전히 자기의 생각을 고집하며 자기 행위를 뉘우치지 않았다. 모든 행동의 원인은 반드시 상응하는 과를 얻게 된다. 그 스님은 이로써 큰 고통의 과보를 받게 되어, 선후로 여러 생 동안 지옥과 축생도에 빠졌다. 석가모니 부처님께서 세상에 머무르실 때 그는 환생해서 한 종류의 네 다리가 있는 물고기가 되어서 어느 연못에서 살고 있었다. 하루는 석가모니 부처님이 제자들을 데리고 연못가에 가서 그 물고기의 생을 받은 원인인 업과 과보를 제자들에게 낱낱이 설하시되, 내 앞의 과거세의 삼존 부처님께서도 그들의 제자를 데리고 연못 옆에 오셔서 이 물고기의 전생을 설하였다. 게다가 미래의 각 존의 부처님들 또한 그들의 제자들을 데리고 이곳에 와서 제자들에게 같은 내용을 설하실 것이다. 그러나 현겁의 일천 분의 부처님 모두가 그를 제도하지 못한다. 이 일체가 다 자기 업력으로 이룬 까닭이다.

해탈을 갈구하는 마음과 여법하게 수행하는 데 의지하면 곧 능히 자기를 구제할 수 있으나, 다른 사람은 도와줄 수가 없는 것이다. 비유하면, 표면상으로 아미타 부처님이 우리를 제도하시는 것 같으나, 우리가 스스로 반드시 발심해야 하며, 진정으로 악을 끊고 선을 수행하고 지나간 과거의 잘못을 참회하고, 힘을 다하여 관상하고 염불하는 등, 이같이 노력하여 사유하고 실지로 행할 때 비로소 아미타 부처님께서 능히 우리들을 제도하는 인이 된다. 만일 우리들이 아무것도 하지 않는다면 아미타 부처님 또한 우리를 제도하실 수 없다. 아울러 아미타 부처님이 자비심이 없거나 그 자비심이 평등하지 않는 것이 아니라 부처님에게 방법이 없는 것이니, 그같이 마음과 행이 모두 해탈에 위배되는 사람은 제도할 수 없는 것이다. 부처님은 다만 능히 우리들에게 수행하는 방법과 행할 것과 행하지 말아야 할 것을 말씀하실 뿐이고, 온전히 자기가 어떻게 행하는가에 따라 해탈의 성취가 달려 있다. 내가 행하지 않으면 부처님 또한 힘쓸 방법이 없다. 설사 우리들이 확실하게 불교를 수행하는 것이 좋다고 여기며, 발심하여 불교를 수행하고자 생각하더라도 오히려 무시겁 이래로 내려온 습기가 또한 항상 우리로 하여금 중심을 잃게 하고 습관적으로 그런 가치 없는 것들을 추구하게 한다. 영원히 이 같으면 어느 때 윤회를 벗어날 기약이 있겠는가?

어떤 사람은 스스로 운명이 범상치 않음을 알아 생각하되, 나는 『상사심적上師心適』이나 기타 대원만의 법을 배웠고 많은 관정을 받았으며, 많은 활불을 친견했으므로 수행하지 않아도 매우 빨리 성불하게 된다고 여긴다. 그런 후 곧 처음부터 요행을 바라고 해탈이 하늘에서 자기에게 떨어진다고 여기는데, 이는 정말로 대낮에 꿈을 꾸고 있는 것과 같다.

능히 대원만 법의 관정과 전승을 얻은 것은 확실히 매우 수승한 것이며, 자신이 무수겁 이래로 쌓아온 무량한 복의 과보로 얻은 것이다. 이런 사람이 만약 일생 계율을 범하지 않으면 7생 안에 해탈을 얻게 된다. 그러나 냉정하게 스스로를 관찰해 보면, 대원만 법을 들은 후에 우리의 습기는 어디에 존재하는가? 우리들의 계율은 청정한가? 내심에 변화가 있는가? 그 실로 변화가 있는가 없는가를 한눈으로 곧 알아볼 수 있다. 곧 육안의 범주에 속하는 것을 말하면, 원래 좋아했던 세간사에 대하여 법을 들은 이후에도 여전히 우르르 몰려가며 피곤한 줄 모르고 즐기며, 원래 하지 않으려 다짐한 것도 여전히 관심이 있고 막연하게 따라간다. 대원만 법을 듣고 『상사심적』을 배운 후에도 여전히 수행을 생각하지 않는다. 이처럼 다시 눈을 써서 보지 못하는 안의 마음을 비춰 보아도 어떠한 변화도 없을 것이다.

비록 천 년 동안 얻기 어려운 계율을 만나서 대원만 법을 배웠으나, 이로 인하여 득의양양하여 정체되고 전진하지 못하며 청정한 밀승 계율은 지키지도 않는다. 이러한 종류의 사람은 곧 우리가 이전에 설법 중에 예로 든 사람이고, 광명에서 흑암으로 나아가는 사람이다. 우리들은 절대로 가볍게 여겨서는 안 된다.

우리들은 범부이기 때문에 무시이래로 일체의 짓는 바가 모두 전도된 것이다. 일상에서 선을 행할 줄 모르고, 설사 의식으로 선을 행할 필요성을 알아도 행동하는 것에는 망설이게 된다. 어떤 사람은 다만 명예와 이익을 얻기 위하여 일부 표면적인 선을 행하나, 그런 선을 행하는 것은 세간의 법과 소승의 법이 될 뿐이다. 또한 어떤 사람은 향을 피우고 부처님께 예배하면서 단지 직업이 순조롭고 관직이 오르며 재물이 늘어나고 아이들이 대학에 합격하는 것을 구하고 바란다. 그러나 이러한 것들은 해탈과 아무런 관계가 없다. 해탈하고자 한다면 절대로 이런 것들을 위해서 마음을 소비하고 머리를 짜내며 매우 귀중한 가만난득의 기회를 낭비하지 말아야 한다.

## 6. 공성의 구체적 수행법

만일 여러분이 실질에 부합하는 수행인이 되기 위해서는 응당 매일 적게는 한 시간 이상 시간을 내어 해탈을 위해 수행해야 한다. 구체적인 방법은 아래와 같다: 몸은 비로칠좌 법을 하고 앉아서 먼저 귀의·발심을 행하며, 그러한 후에 관상을 한다. 일반인은 무아의 수행법으로써 외경에 집착하지 않으며 먼저 몸을 관찰하고, 아울러 방금 말한 바와 같이 육체를 선택하여 공성으로 삼는다. 그러한 후 마음을 관찰하면 마음 또한 마찬가지로 일찰나로 채택할 수 있을 것이다. 이것은 비교적 간단히 말한 수행법이다. 중관이나 밀종의 설법에 의거하면 곧 마음으로써 마음을 관하고, 일단 마음이 안정된 후에는 때에 따라 능히 마음이 그 실로 존재하지 않는 것을 볼 것이며, 그 본체는 곧 공성이다.

관찰하는 방법에 관계없이, 마음으로써 마음을 참구함에 안과 밖으로 존재하지 않는 것임을 곧 깊게 체험하게 될 것이고, 그 본성은 곧 공성인 것이다. 그것은 마치 꿈을 꾸는 것과 같아서, 범부는 꿈 가운데 있어서 꿈 경계의 일체가 모두 실로 있고 모두 존재하는 것으로 느끼게 되는데, 일단 깨어나면 곧 일체가 모두 환각인 것을 발견하게 된다. 현실의 안과 밖은 기세간과 유정세간과 마찬가지여서 만일 관찰하지 않으면 그것들은 천만 가지로 모두 실로 존재하는 것이다. 그러나 이상의 서술한 방법이나 기타의 방법으로 관찰하면, 곧 자기가 줄곧 집착하는 현실 세계가 원래 거짓된 꿈의 경계와 같고 허공에 걸려 있는 무지개와 같이 근본적으로 존재하지 않는 것임을 발견하게 된다. 세간의 만사와 만물의 진상을 파헤쳐 보면 넘어져도 깨지지 않으며, 예부터 변하지 않는 진리는 곧 이와 같은 것임을 알게 된다.

이와 같은 관찰과 아울러 무아와 공성에 대한 깊은 체득이 있은 후에는 이러한 공성의 체험 상태를 유지하여 이러한 종류의 상태를 지속하게 된다. 본래 지속하는 시간은 길수록 좋겠지만, 초기에는 잠깐 삼십초 혹은 일분을 유지하고, 다시 잡념이 일어나면 처음부터 관찰하기 시작하면 된다. 이처럼 처음부터 다시 반복하면 이것이 곧 간단한 공성의 수행이다.

만일 시작할 때부터 스스로 자만에 빠져 생기차제·원만차제 등 높은 단계의 수행방법에 대해서 고상한 듯 논쟁하는 것은 털끝만큼도 본인에게 이익이 없다. 그러나 앞에 말한 이런 종류의 수행방법은 가장 실제적이고 적합한 것이다. 게으르지 않고 꾸준히 지속적으로 행하여 항상 수행을 반복하면 이런 노력을 통하여 일정한 시간 이후에는 아집이 곧 점점 덜어지고 탐진치 등의 번뇌 또한 연기나 구름이 흩어지는 것처럼 모두 사라진다. 이런 때에 이르러서야 진정으로 하나의 부끄럼 없는 수행자이라고 말할 수 있다.

# 무아의 수행법

## 1. 총론

### 1) 개요

무엇 때문에 인무아人無我와 법무아法無我를 설할 필요가 있는가? "사제四諦"를 강의할 때 "도제"가 "출리심·보리심, 그리고 공성(곧 공성을 깨달은 지혜)을 포함한다"고 말했다. 출리심·보리심의 수행법은 이미 강의하였고, 이제 아래에서 공성의 수행법을 강의하고자 한다.

본래는 출리심을 확고히 갖기 전에는 보리심의 수행법을 강의할 필요가 없고, 또한 보리심을 잘 수행하여 발심하기 전에는 공성의 수행법을 강의할 필요가 없다. 응당 먼저 출리심의 수행법을 강의하고, 강의를 마친 후에는 여러분들이 실지로 수행을 하며 기본적인 수행법의 표준에 도달했을 때 다시 보리심의 수행법을 강의하는데, 이렇게 한 가지를 강의하고 그 한 가지를 바르게 수행하게 하는 것이 가장 법답고 가장 실질적인 것이다. 그러나 우리들이 그리 시간이 많지 않기에 짧은 시간 안에 많은 수행법을 강의하였다. 여러분이 수행할 때에 하루 혹은 한 번의 좌선 시간 중에 많은 법을 수행할 것이 아니라, 먼저 출리심을 수행하고 세속의 탐욕이 어느 정도 감소한 후에 다시 보리심의 수행법을 수행해야 한다.

당연히 출리심과 보리심을 갖춤이 매우 중요하고, 최종적으로 또한 한 단계 더 나아가는 명제가 있는데, 그것이 곧 공성을 증오하는 것이다. 우리들 마음의 본성은 현재 이같이 청정하지 못한 탐진치에 오염된 심식이 아니라 그것의 본체는 광명의 여래장이며, 우리들은 이러한 여래장의 경계 중에서 자유자재를 얻게 되는 것이다.

그러나 한 가지 장애가 있어서 결국 우리들은 자유를 얻게 되지 못한다. 이 청정치 못한 물건은 바깥에 있지 않으며, 바깥의 그 어떤 물질이든 정신이든 모두 우리들을 윤회 중에 속박하지 못하며 우리들의 해탈을 막을 방법이 없다. 이전에 많은 고승대덕은 감옥에 있으면서도 능히 생활하는 것이 그렇게 기쁘고 자재하였으며, 그들의 몸은 비록 감옥 속에 갇혀 있으나 마음은 이미 열려 있었고 자유를 얻었으며, 이때의 신체는 어느 곳에 있어도 모두 상관이 없었다. 이렇듯 바깥에 있는 사물은 우리의 자유를 빼앗고 자재하지 못하게 할 방법이 없으나, 세세생생 우리들에게 자유를 빼앗고 행복하지 못하게 만드는 것은 곧 자기 마음 가운데 있는 미세한 집착이다. 이 집착은 우리들의 마음과 육신을 하나로 붙들어 그것들이 나눠지지 않게 한다. 죽은 후에는 비록 이 한 세상의 육신을 버리나, 다음 세상에 있어서 심지어 중음의 세계에서도 모두 하나의 마음이 있다. 비록 마음의 본성은 광명이나 우리 자신은 도리어 그것을 보지 못하며, 그것을 좇아 해탈을 얻을 방법도 없다. 마음이 무시이래로 우리들을 좇아서 같이 있으나 우리들은 그것의 본체에 대하여 여전히 하나도 아는 바가 없으며, 만약 이 한마디를 이해하지 못한다면 곧 아무리 풍부한 세속 지식을 쌓아도 큰 의미가 없다. 따라서 줄곧 우리들의 몸과 마음을 잡아서 함께 연결시키는 이러한 하나의 집착을 반드시 끊어야 한다.

하늘에 날린 연의 줄이 끊어지면 곧 푸른 하늘 중에 자유자재로 날아갈 수 있는 것과 같이, 우리들도 한 종류의 방편을 써서 한 가지의 이 마음과 육체를 연결하는 강철선과 같은 물건을 끊은 후에 곧 부처님과 초지 위에 오른 보살과 같이 되며, 생로병사가 없고 탐·진·치·만慢이 없으며, 어떠한 번뇌의 제약도 받지 않고 어떠한 몸 밖의 물체의 구속도 받지 않으며, 아울러 능히 더 중생을 이롭게 할 수 있다. 중생을 제도하고 중생에게 이익이 되게 하고자 하는 사업은 영원히 그칠 수 없으며, 이것이 우리들이 수행 성불하는 유일한 목적이 된다.

그러면 응당 어떻게 이 몸과 마음을 연결하는 집착을 끊어버릴 수 있는가? 그것이 만일 몸 밖의 물건이면 곧 몸 밖의 물건을 써서 그것을 끊을 수 있지만 사실은 그렇지 아니하며, 따라서 외부의 어떤 방법이나 수단으로도 그것을 발견할 방법이 없다. 공성을 증오하지 못한 상태에서는 이러한 말들을 이해하기 쉽지 않으며, 그런 공성에 대하여 어느 정도의 이해와 체험이 있는 사람이라면 이것은 매우 정상적이고 또한 조금도 신비하지 않은 것이다. 일단 공성을 증오한다면 비록 철저하게 탐진치를 소멸하지는 못했을지라도 거친 번뇌는 감소되게 된다.

그러면 "끊을 것"은 무엇인가? 그것은 곧 "아집"이다. "능히 끊는 것"은 무엇인가? 곧 "증오證悟"와 "지혜"이다. 끊을 것이란 말은 끊어야 하는 대상을 가리키고, 능히 끊는 것은 끊어 제하는 방법과 수단을 가리킨다.

우리가 번뇌를 끊는 데 필요한 것은 먼저 번뇌의 근원을 찾는 것이다. 불교는 세간과 출세간의 일체의 법에 대하여 인과관계를 추구한다. 만약 과果를 소멸시키고자 하면 곧 반드시 인因을 찾아야 한다. 만약 인을 찾게 된다면 곧 능히 그것을 부수고 없앨 수 있다. "인"을 멸해 없애면 "과"는 곧 자연히 소실된다. 이것은 누가 보더라도 매우 이성적이고 합리적인 이치이다.

어떤 외도는 아집을 부술 생각은 않고 도리어 전혀 옷을 입지 않거나 긴 시간을 먹지 않고 또 자기의 신체를 학대하는 등의 방법을 통하여 오로지 윤회에서 벗어나는 출로를 구하고 정신적 해탈을 찾는데, 인도에서는 지금도 여전히 이러한 상황이 지속되고 있다. 그들은 근원을 찾음이 없기에 방법이 잘못된 것이다. 육체는 반드시 소멸되고, 또 이러한 사실을 아는 것은 매우 간단하다. 다만 신체를 학대하는 것은 곧 임시적으로 "과"를 없애는 것일 뿐 근본적으로 그것의 "인"을 해결하는 것이 아니며, 과는 때에 따라서 언제든지 다시 발생할 수 있다. 비유하자면, 조금의 아픔을 그치는 약을 먹으면 고통을 줄일 수 있지만 결국 병의 뿌리를 제거하지 못하고, 얼마간 시간이 지나면 약 효과가 없어져 아픈 것이 다시 심해지는 것과 같다. 그러므로 근본 원인을 해결하지 않으면 쓸모가 없는 것이다. 따라서 우리는 근본문제를 해결할 필요가 있다.

우리가 해결하고자 하는 근본문제는 불보살이어야 능히 행할 수 있는 것인가? 범부는 행할 방법이 없는 것인가? 아니다. 부처님·보살은 이미 아집을 끊어버려 다시 끊을 필요가 없음이니, 마치 이미 죽은 사람은 반드시 다시 죽을 필요가 없는 것과 같다. 다만 우리와 같은 집착이 있는 범부들은 집착을 끊을 필요가 있으며, 게다가 또한 끊는 방법도 있다. 만일 이 자리에 모든 사람이 세속 중의 일들을 거의 멈추고(아직 완전히 멈추는 건 아님) 한마음 한 뜻으로 수행에 매진한다면 죽음이 이르기 전에 시간의 길고 짧음에 관계없이 많은 집착을 놓아버릴 수 있게 된다.

여기에 많은 젊은 사람들이 있는데, 여러분들이 이전에 생존을 위해서 힘썼던 시간과 정력을 돌려서 수행을 위해 애를 쓰고, 또한 그 수행방법이 잘못되지 않았다면 그러한 원인으로써 우리의 집착은 끊어지게 될 것이다. 따라서 이것은 누구나 모두 행할 수 있는 것이다. 다만 하느냐 하지 않느냐의 문제이지 할 수 있느냐 할 수 없느냐의 문제가 아니다. 즉 하고자 하면 할 수 있는 것이다. 따라서 그러한 공성의 수행법은 매우 필요한 것이다.

아래에 다시 구체적으로 무엇이 우리를 속박하는지, 무엇으로 그것을 끊어버릴 수 있는지에 대하여 강의한다.

### 2) 윤회에 빠지게 되는 근원

금일에 우리가 왜 범부가 되었고 왜 윤회를 하고 있는가? 이것은 인격적인 신의 일도 아니고, 또한 어떤 사람들이 말하는 것과 같이 그렇게 간단하게 "인도 없고 연도 없음"의 일도 아니다. 범부에 대해서 말하면 생명의 앞뒤의 두 끝인 과거세와 미래세는 매우 불분명한 것이고, 우리들은 다만 중간의 한 구역인 현세의 몇 십 년만 알 따름이다. 생명의 기원과 귀속은 일반인이 쉽게 알 수 없는 것이다. 이와 같기에 비록 많은 교파 혹은 개인들이 이 문제에 대해 상견과 단견의 가지가지 관점을 세웠으나, 그중에 어느 누구도 능히 진정으로 생명의 진상을 분명히 설한 것은 없다. 오직 붓다께서 생명의 근원과 귀속의 구경이 무엇인가를 명백하고 분명하게 보여 주셨다.

무엇이 우리를 윤회 속에 구속되게 하는가?

우리가 스스로 원하여 윤회에 유전하는 것은 아니다. 내가 일찍이 강의하였듯이, 어떤 사람은 최면에 있을 때 자기가 고의로 이 세상에 온 것이라고 말한다. 그러나 그들이 진실로 이 같은 느낌이 있더라도 이는 잘못 말한 것이다. 이것은 모두 자기의 환상일 가능성이 크며, 원력으로 생을 받는 것은 쉬운 일이 아니다. 왜냐하면 중생을 제도하는 보살을 제외하고는 임종 시에 자기를 주재하여 내생을 향해 갈 수 있는 능력이 없다. 우리는 줄곧 털끝만한 목적도 없이 윤회 중에 떠내려가며 어떠한 자유도 없이 고통을 받는다.

또한 어느 한 종류의 외부 물질이 우리를 속박하는 것이 아니다. 사람들은 줄곧 바깥에 있는 사물이 우리를 구속하였고, 살기 위하여 반드시 일하고 돈을 벌며, 만일 일을 하지 않으면 생존할 방법이 없다고 생각한다. 따라서 생각하되, 그 원인은 간단하며 세상의 여러 사람들이 모두 이같이 행하기 때문에 우리도 또한 이같이 구속받으며 살아간다고 여긴다. 그러나 실로 이 세계에 있어서 어느 한 가지도 반드시 해야 하는 것은 없으며, 그저 하려고 할 것 없이 곧 놓아버리면 되지만, 우리들은 이러한 일들이 필요하므로 해야 한다고 생각하여 곧 처음부터 놓아버리지 못한다.

다만 같은 집착이 있기에 처음부터 우리를 밀쳐서 윤회 중에 떠다니게 한다. 그것이 곧 "아집"이며, 이 아집은 몸 밖의 물건이 아니다.

"아집"이 있으므로 곧 탐진치가 있는 것이다. 우리들이 항상 일으키는 탐심·진심·치심·아만심·질투심은 아집을 뿌리로 한다. 가령 이 같은 "아집"이 없다면 탐심이 생길 가능성이 있을까? 진심이 생기는 가능성은 있을까? 이것은 모두 불가능한 것이다.

모든 번뇌의 근원은 "아집"이다. 마찬가지로 바깥 경계 또한 독립된 것이 아니고 안에 있는 마음이 만들어낸 산물이다.

바깥 경계와 마음, 물질과 정신의 관계에 관하여 가지가지의 학설이 있다. 일부 사람들은 바깥 경계는 마음의 산물이라 말하며, 기타 어떤 일부 사람은 도리어 정신이 물질의 산물이라 말한다. 실제적으로 이 같은 문제는 여러 가지 측면에서 근본적으로 우리 같은 보통사람의 안이비설신의 범위 내에 있지 않다. 비록 예부터 지금에 이르도록 많은 학자들이 일찍이 이 문제에 대한 각종 각양의 인식과 많은 결론이 있었으나 그중에 절대 다수는 모두 잘못된 것이다. 문제의 핵심은 이미 보통사람의 감각기관·의식의 범위를 초월하였기 때문에 그들이 분명하게 판별할 능력이 없는 것이다.

그렇다면 정신과 물질의 관계는 도대체 어떠한 방식인가? 결론적으로 정신은 물질의 산물이 아니고 물질은 정신의 산물이다. 이 점에 대하여서는 증명할 방법이 있으며, 이론으로써 증명할 수 있을 뿐 아니라 또한 많은 선배 수행자가 친히 체험한 여러 가지 실제의 사례로써 증명할 수 있다.

만약 바깥 경계가 곧 마음 현상의 경계라면 마음은 곧 무엇인가? 세속제에 있어서 범부의 각도로 보면 마음은 만법의 근원이다. 그러나 공성의 근본적 측면에서 관찰한다면 "바깥 경계"는 얻을 수 없고 "마음" 또한 얻을 수 없다. 이미 "마음"과 "외경"은 모두 얻을 수 없는 것인데, 우리들은 어찌하여 윤회에 굴러 떨어지는가? 왜냐하면 안으로 마음에 집착이 있다면 이 집착이 먼저 바깥으로는 산하대지를 건립하고, 그러한 후에 모든 사람을 미혹하고 전도시켜 깨달을 수 없게 하기 때문이다. 그래서 이것은 마음이 오염된 후에 발생하는 능력이고, 마음 본성의 능력이 아니다.

현재 우리들이 알 수 있듯이 일체 번뇌와 바깥 경계의 근원은 마음이다. 마음은 또 여러 종류가 있겠지만 마음의 본성 광명 같은 것, 또는 마음에 불현듯 생긴 집착 같은 것이 있을 수 있다. 그러면 여기서 무엇이 윤회의 근원인가? 마음의 본성 광명은 윤회의 근원이 아니고 다만 마음의 집착이 윤회의 근원이 된다. 마음의 집착은 왜 윤회의 근원이 되는가? 왜냐하면 방금 분명하게 보았듯이 탐진치는 아집을 좇아서 생긴 것이기 때문이다. 비록 우리가 바깥 경계가 어떻게 하여 마음을 좇아서 생긴 것인지 분명하게 알 수는 없지만, 추리를 통한 방법으로써 바깥 경계가 곧 마음의 한 현상인 것을 채택할 수 있다. 종합하면 일체의 좋고 좋지 않은 현상은 모두 마음의 집착이 근원이다.

이른바 "마음의 집착"은 두 종류가 있는데, 곧 "인아집"과 "법아집"이다. 모든 집착은 그 가운데 포함되며 이 범위를 벗어난 제3의 집착은 없다. 따라서 윤회의 근원은 "인아집"과 "법아집"뿐이다.

무시이래로 지금에 이르기까지 바로 이 두 가지 인연이 우리를 속박하여 윤회 중에 있게 한다. 이 세상에 사는 보통사람 또는 뛰어난 위인 등에 관계없이 누구든지 모두 이 두 종류 집착의 제약을 받으며 모두 그들이 다스리는 바가 된다. 그들은 통치자이고 우리는 그들의 노예와 마찬가지이다.

그러면 그들은 구체적으로 어떠한 모습인가? "인아집"은 몸 밖의 물건이 아니다. 우리 각자는 모두 "하나"의 "아我"의 존재가 있다고 생각하는데, "아"를 집착함은 곧 육체 혹은 육체와 정신의 집결체라고 집착한다. 이것은 부모가 가르친 것도 아니고 교사가 가르친 것도 아니며 또한 스스로 배운 것도 아닌, 일종의 천성적으로 갖추어진 집착으로서, 이러한 종류의 집착을 인아집이라고 부른다.

그러면 "법아집"은 무엇인가? 자신의 몬을 제외한 그 밖에 일체 몸 밖의 물건(산하대지·집·다리·금전 등과 같은 것)을 가지고 집착하여 실로 있다고 여기는데, 이것을 "법아집"라고 부른다.

일상생활에서 금전이 실로 있는 것이라 생각하면 마음속에 곧 법아집이 생긴 것이고, 스스로 "나"가 존재한다고 여기면 곧 "인아집"이 생긴 것이다. 이미 "아"가 존재하고 "금전" 또한 존재하며, 따라서 마음속에 곧 한 가지 생각을 일으켜 '나는 돈을 벌 필요가 있다'고 여긴다. 이에 대하여 우리는 모호한 마음으로 스스로 묻되, 나는 어떻게 금전·명리를 대하는가? 나는 어떻게 나 자신을 대하는가? 이에 대하여, 금전·명리는 한 사람의 범부도 좋아하지 않는 자가 없으며 다만 좋아하는 정도가 같지 않을 따름이다고 생각한다. "인아집"은 모든 범부에게 있으며 또한 매우 농후하다. 이것이 우리들 범부의 답안이다. 그러면 돈을 버는 목적이 무엇인가? 결국 세간적인 오관의 향락을 누리기 위함이니, 이른바 쾌락과 행복이다. 만일 능히 몸 밖의 금전과 나 자신 및 오관의 쾌락이 모두 꿈 같고 환 같은 것임을 체득하고 깨닫고 이러한 모든 것들이 공성임을 꿰뚫어보면, 행복과 쾌락을 추구하고 권리를 다투고 뺏어 온다는 것은 불가능한 일이다. 무슨 권리를 다투며 무슨 이익을 뺏을 것인가? 모두 공성인 것이다.

또 한 가지 주의를 요하는 것이 있는데, 곧 세속제와 승의제를 가지고 분명하게 나눌 필요가 있다. 그렇지 않으면 많은 사람이 공성에 대하여 오해가 생기게 된다. 예전에 이제二諦의 문제를 자세히 이야기 했기 때문에 이곳에서는 더 말하지는 않겠다.

### 3) 왜 "인아집"과 "법아집"을 파해야 하는가?

왜 인아집과 법아집을 파할 필요가 있는가를 이해하는 것은 매우 중요하다. 윤회의 근원은 곧 "인아집"과 "법아집"이기 때문이다. 일부 사람들은 고통을 받기를 원하지 않지만 또한 윤회를 벗어나기도 원하지 않으며, 다만 윤회를 따르는 과정 속에서 세세생생 인천의 복을 누리기 바라는데, 이러한 종류의 사람은 두 가지 집착을 끊을 필요가 없다. 그러나 만일 우리가 다시 윤회를 따라 전생하기를 원하지 않고 생로병사의 고통을 벗어나서 윤회를 벗어나 해탈하기를 바란다면, 반드시 이 두 가지 인아집과 법아집을 뒤집을 필요가 있고, 그러지 못하면 해탈의 희망은 없다.

### 4) 어떻게 두 종류의 집착을 뒤집을 수 있는가?

출리심이 생기는 제2 찰나를 좇아서 우리들이 곧 윤회와 관계를 끊기 시작하는데, 이때에는 아직 윤회를 뒤집을 능력은 없다. 그것은 윤회를 벗어나는 조건의 하나가 공성을 깨닫는 것이기 때문이다. 만약 빠르게 윤회를 뒤집고자 하면 곧 밀교를 배울 필요가 있으며, 특별히 대수인·대원만의 법을 수행해야 한다. 현종을 수행하면 마찬가지로 능히 생사를 벗어날 수 있으나 다만 그렇게 빠르지는 않다. 현교와 밀교의 경전과 현교와 밀교의 수행인의 진보 속도를 비교하면 곧 이 차별을 알 수 있다. 그러나 일반 사람들에 대해 말하면, 먼저 중관의 추리 방법을 써서 공성을 결택할 필요가 있으며, 그러한 후에 다시 대원만을 배우고 수행해야 한다. 그때에 이르게 되면 이러한 중관의 수행법은 깨달음을 얻는 데 크게 도움이 된다. 따라서 우리가 자기의 집착을 뒤집고자 하면, 먼저 중관의 수행법을 의지하고 최종적으로 밀종의 수행법을 의지해야 한다.

**5) 중관의 수승함을 강의하고 아울러 중관을 수행하기를 권함**

중관의 추리 방법은 일체법이 공성인 것을 채택하는 것이나, 다만 실제의 효과는 수행의 깊이에 의지하여 정해진다.

그러나 또 다른 관점에서 보면, 단지 중관을 배우기만 하고 수행하지 않는다 하더라도 여전히 의미가 있는 것이다. 왜 그러한가? 『반야바라밀다경』에서 강의하시되, 어떤 사람이 공성에 대하여 조금 이해한 후에 그 윤회의 상속이 곧 이로 인하여서 파괴되었다고 한다. 여기서 "윤회의 상속이 파괴되었다" 함은, 윤회가 바로 끝남을 말하는 것이 아니며, 다만 끊임없이 앞으로 향하는 힘은 이미 녹아졌고, 그 윤회는 다시 긴 시간을 계속하지 못할 것임을 말한다. 이를 좇아서 말하면 수행하고 수행하지 않음에 관계없이 "공성"에 대해 듣고 이해하는 것만으로도 이미 매우 큰 수확과 이익이 있다고 할 수 있다.

부처님이 『반야바라밀다경』 안에서 몇 종류의 비유를 강의하셨는데, 그 가운데에 내가 기억하는 것으로 두 가지가 있다. 한 가지 비유는 이렇다. 옛날에 인도에 일부 상인들이 바다의 섬으로 가서 보배를 얻고자 했는데, 그들은 대부분 바다에서 멀리 떨어진 내륙에서 출발했다. 상인들은 내륙으로부터 출발한 후에 높은 산이 점점 멀어지고 없어져서 보이지 않았는데, 일체 모든 것이 평지로 변할 때에 곧 이미 바다에 가까워진 것(당연히 이것은 일부 특정한 지방을 가리키며 모든 지방은 아니다)임을 설명한다. 그 밖에 또 한 가지 비유는, 한 사람이 원시의 산림 속에 있어서 길을 잃었으며 헤매기를 오래한 후 한 명의 목동을 만났는데, 이것은 그가 이미 숲의 변경에 접근한 것을 설명하며, 양치는 사람은 보통 숲의 변경에 있기 때문에 숲의 깊은 곳에 도달할 수는 없음을 뜻한다. 마찬가지로 어떠한 한 사람이 공성을 듣고 반야바라밀다를 들은 것은, 곧 바다에 가까워졌을 때에 멀리 평원을 보거나 숲에서 목동을 만나는 것과 같은 것이며, 이것은 이 사람이 이미 윤회의 변경에 접근하고 있는 것을 설명한다. 따라서 이러한 각도에서 보면 공성을 듣는 것은 비록 깨달음은 없으나 또한 매우 큰 작용이 있다.

그러나 실제로 수행의 관점에서 말하자면, 다만 듣고 수행하지 않으면 큰 작용을 일으키지 못하는 것이니 반드시 수행할 필요가 있다. 수행하기 전에 반드시 깨달음이 필요한데, 다만 이것은 대원만 등 밀종의 깨달음을 가리키는 것이 아니라 순수하게 중관의 깨달음을 가리키는 것이다. 논리의 추리와 이론을 통하여 공성에 대하여 매우 깊은 체득이 있으면 이를 곧 중관의 깨달음이라고 부른다. 이것은 세속 사람에 대해서도 좋고 출가자에게 또한 좋으며 또한 모두에게 매우 중요하다. 이 같은 공성을 증오하고자 한다면 반드시 출가할 필요는 없다. 재가이든 출가이든 상관없고, 남녀노소에 관계없이 누구든 모두 깨달을 수 있다. 그러므로 먼저 공성에 대하여 깨달을 필요가 있으며, 계속된 수행을 통해서 곧 "아집"을 뒤집을 수 있다.

만일 아집을 뒤집지 못하면 그것은 매우 크게 제압하는 힘이 있기에 우리들을 세세생생 윤회에 속박되어 굴러가게 한다. 사람들은 세간의 가장 두렵고 무서운 것은 생명이 다하는 것이라고 여기지만, 실로 이것은 다만 한 종류의 임시적인 생활을 끝내고 한 생의 생명을 마치는 것일 뿐, 오히려 사람을 지옥에 떨어지게 할 수는 없다. 우리들이 항상 두려워하는 귀신이나 마의 무리도 실제로 다만 사람들을 병들게 할 따름일 뿐 사람을 지옥에 떨어지게 할 방법은 없다. 그러나 만일 이 두 종류의 "집착"과 투쟁하지 않으면 그들은 곧 매우 힘이 있게 되어 세세생생 우리들을 해치게 되며 우리들을 삼악도에 떨어지게 한다. 현재 기꺼이 그것을 뒤집을 수 있다면, 아집은 곧 연약하고 능력이 없는 것이 된다. 왜 능력이 없게 되는가? 그것의 모든 출발점이 모두 근거가 없고 이유가 없는 것이기 때문에 우리는 그것을 쉽게 뒤집을 수 있다. 그러나 이 두 종류의 집착은 우리들 마음 가운데에서 오랜 시간을 생존해 왔으며, 만일 그것의 과실과 부족한 곳을 관찰해서 그것이 다시 존재할 이유가 없게 하지 않으면 그것은 여전히 계속 존재하게 될 것이다. 지금 여기에서 머리를 돌려 관찰할 때 곧 매우 쉽게 그것의 잘못을 발견할 것이고, 이미 허점을 알게 되면 곧 쉽게 끊어 제거할 수 있다.

이론상으로는 우리들의 집착이 근거가 없고 응당 쉽게 끊을 수 있을 것 같지만, 실제적으로 중관을 수행함을 통해 아집을 철저하게 뒤집는다는 것은 역시 쉬운 일은 아니며 긴 인고의 과정을 필요로 한다. 왜냐하면 아집은 비록 의지할 것이 없지만, 도리어 우리들의 업식이 무시이래로 습관에 물들여져 있어 철저하게 아집을 뒤집는 것은 결코 쉬운 일이 아니기 때문이다.

종합하면 유전하는 윤회의 근원을 아는 것이 상당히 중요하다. 우리들이 이 세계에 오는 것은 자원하여 오는 것이 아니고 또한 조물주의 안배도 아니며, 한 종류의 강하고 힘이 있는 세력이 우리들을 이 윤회 중에서 표류하게 하는데, 그것이 곧 "인아집"과 "법아집"이다. 이제는 우리가 이 두 가지 집착을 뒤집어야 할 때이니, 이것은 매우 중요한 일이다.

## 2. "인무아"의 구체적인 수행법

### 1) 인아의 개념

세속인이 간단하게 생각하되, "인人"은 정신과 육체를 말미암아 구성된 것이다. 불교는 또 육체와 정신을 "오온五蘊"으로 분석한다. 이른바 "온"은 곧 모으고 쌓아서 함께 둔다는 뜻이다. 즉 정신과 육체를 다섯 가지로 나누어, 이 다섯 가지 같지 않은 성분을 "오온"이라고 부른다. 소위 "인아人我"는 오온에 대한, 혹은 정신과 육체에 대한 일종의 선천적인 성질의 "아집"을 가리킨다. 여기서 "아"는 누구인가? 우리들이 자기의 신체를 가리켜 말하되, "이것은 나이다"라고 한다. 비유하면 머리가 아플 때에 "내가 아프다"고 말하게 되고 다리가 아플 때 또한 "내가 아프다"고 말하며, 신체의 어느 한 부위가 아픈 것을 구체적으로 논하지 않은 채 우리들은 모두 "나의 머리 혹은 나의 다리 등이 아프다"고 말하며, 혹은 "내가 아프다"고 말하는 가운데 모두 하나의 "나"라는 글자가 있다. 우리들은 입으로 "나"라는 글자를 말할 뿐만 아니라 마음 안에서 이같이 생각하는 것이다. 마음속에 이 같은 생각이 있기 때문에 입으로 곧 "나"라고 말한다.

그러면 "인아"의 범위는 무엇인가? "인아"의 범위는 정신과 육체이다. 우리들은 본래 바깥 물건을 가지고 "아"로 생각하지 않으며, 집, 자동차 및 각종 생활용품을 가지고 "아"로 삼지 않으며, 다만 이 정신과 육체를 "아"로 생각한다. 어떤 사람은 생각하되, 사망할 때에 신체를 버리게 되기에 신체는 "아"가 아니며, 정신만이 영원히 계속하기 때문에 정신이 "아"라고 생각한다.

### 2) 인아를 관찰하는 추리 방법

응당 어떻게 "인아"를 관찰해야 하는가? 우리들이 의거하는 논전은 용수보살의 『중론』과 월칭보살의 『입중론』이다. 용수보살은 다섯 종류의 논리를 통해서 "인아"의 관점이 잘못된 것임을 채택하였다. 월칭보살은 이것을 토대로 두 가지 추리 방법을 더하였으며, 종합하면 모두 일곱 종류의 추리 방법이 있다. 일곱 종류의 추리 방법은 중관 안에서 실상 "칠상목차인(七相木車因: 일곱 가지 모양의 나무수레 원인)"이라고 부른다. 그 까닭은 고대에는 다만 소와 말이 끄는 나무수레가 있었을 뿐 현대의 자동차나 기차 같은 것이 없었기 때문이다. 왜 나무수레로써 비유를 삼는가? 그것의 구조와 우리들 사람이 비슷하기 때문이다. 나무수레는 자동차와 마찬가지로 많은 부속품으로 조성되어 있다. 우리들 몸 또한 피부·뼈·근육·액체 등 "부속물"들로 말미암아서 조성된 것이다. 따라서 기계유물주의를 포함하여 말하자면, 사람은 곧 하나의 기계와 같은 것이다. 사람의 정신적인 측면을 잘 몰라도 다만 육체의 일부분만 놓고 말한다면 그들이 말하는 것이 또한 틀린 것은 아니다. "인因"은 논리와 도리의 뜻이며, "칠상나무마차인"은 곧 일곱 가지 나무수레의 도리를 말한다. 현 시대에는 자동차에 대해서 더 잘 알기 때문에 칠상의 "자동차인"을 말하는 것이 더 적합할 것이다. 자동차에 비유하면 곧 "아"가 도대체 무엇인가를 분명히 알 수 있다.

먼저 "아"는 정신과 육체이고 또 그것들의 "종합체"임을 관찰한다. 많은 사람들이 말하되 "아"는 정신과 육체의 종합체라고 한다. 우리들이 관찰해 볼 때에 만일 육체가 "아"라고 한다면 곧 많은 문제가 생겨서 옳지 않은 것임을 발견하게 되고, 육체가 "아"가 아니고 오직 정신만이 "아"라고 인정하면 이 또한 옳지 않을 것이니, 우리들이 머리가 아플 때에 "내가 아프다"라고 표현하는 것과 같다. 따라서 많은 사람들은 그것들의 "종합체"를 "아"라고 생각한다.

한걸음 나아가서 다시 관찰하면 무엇을 "종합체"라고 부르는가? 자동차에 있어서 자동차 한 대의 "종합체"를 찾는 것이 가능한가? 실제적으로 모든 자동차의 부속품을 가져와 조립해서 한쪽에 놓아두면 곧 말한 바의 "종합체"가 된다. 그러나 "종합체"가 존재하는 동시에 이 같은 부속품을 빼고 그 외에 누가 능히 이 한 대의 "종합체"를 찾아낼 수 있겠는가? 찾아낼 수 없다. 조립한 후 그 각각의 부속품과 그것들이 조립되기 전에 분산되었을 때와 더불어 한 가지 모양이며 하나도 많지 않고 하나도 적지 않은데, 이러한 부속품을 하나하나 분해한 후에 각각의 부속품들에서 모두 한 대의 "종합체"를 찾을 수 없다. 따라서 이른바 "종합체"는 곧 한 종류의 그릇된 관점이며, 그것은 사람을 미혹한 길로 이끄는 근원이다.

칠종인七種因 중 제1의 인: "아"와 "오온" 혹은 "아"와 "육체와 정신"은 하나가 아님을 채택함.

우리들이 자주 생각하되, "아"와 "육체"와 "정신"은 하나이고, 정신과 육체는 곧 "아"이며, 육체와 정신을 제외한 그 외에 다른 단독적인 "아"는 있을 수 없다고 여긴다.

이 경우 우리들은 차례에 의지해서 분석하고 관찰할 수 있는데, 먼저 육체를 분해한다. 사람의 신체가 적게는 다섯 가지 부분으로 나뉘는데, 머리·두 팔·두 다리이다. 그러면 이 다섯 가지 중에 누가 "아"인가? 만약 머리가 "아"이면 당연히 옳지 않다. 만일 하나의 머리만 있고 기타 아무것도 없다면 이것을 "아"라고 말할 수 있겠는가? 이것은 다만 한 개의 두개골일 따름이며 사람이라고 부르지 않는다. 만일 손발이 "아"라면 이 또한 틀린 것이다. 사지를 잘랐을 때에 왼손 혹은 오른손, 심지어는 두 손이라고 할 수도 없으며 또한 두 다리라고도 할 수 없다. 혹여나 잘라진 다리가 아직 살아 있다면 "아"라는 존재가 있다고 생각하겠다. 인체의 매 각각의 기관에 대하여 이와 같은 관찰을 하면 또한 모두 "아"는 찾을 수 없다는 것을 알 것이다. 따라서 육체에서 근본적으로 "아"는 찾을 수 없다. 원래 우리는 각각의 혈육과 골격·피부 등의 종합체를 "아"라고 생각하지만 사실 이같이 분해한 후에는 도리어 하나의 "종합체"를 찾을 수 없고 또한 "아"도 찾을 수 없다.

그렇다면 정신상에 있어서 "아"를 찾는 것이 가능한가? 정신 자체는 더듬어도 찾지 못하고 보지 못하는 것이다. 눈은 정신을 볼 수 있는가? 귀는 능히 정신을 들을 수 있는가? 가능하지 않다. 다만 정신 스스로 자신을 볼 수 있을 따름이다. 그러나 관찰을 통해 살펴보면 정신이 한 찰나 한 찰나 생멸하는 것을 알 수 있다. 곧 영화 필름과 같아서 1초 안에 24폭의 화면이 거울 대를 통하며 한 폭 한 폭이 나누어진 것일 뿐 한 체가 아니다. 그러나 한 폭의 지나가는 시간은 매우 짧기에 24폭의 그림의 변화를 분명하게 나눌 수 없으며, 인물의 일거수일투족이 마치 살아 있는 듯이 보일 따름이다. 또 마찬가지로 컴퓨터 화면이 1초에 적게는 50번을 스캔할 수 있는데, 그 변화가 매우 빠르기 때문에 이러한 것은 육안으로 보지 못하며 눈동자에 환각을 일으킨다. 우리들 마음이나 정신이 곧 이와 같아서 한 찰나 한 찰나 생멸하는 것임을 추리할 수 있다.

가령 현재의 이 한 찰나를 잡아 고정시킨다면, 이 한 찰나 앞에 이미 발생했던 한 계열의 찰나가 현재도 존재할 수 있을까? 이들은 모두 이미 소멸했고, 이미 삼천대천세계 중에 존재하지 아니하며, 게다가 근본적으로 어떤 한 개의 시공 안에 존재하지 않고 그것들은 이미 철저히 소멸하였다. 만일 "과거"가 여전히 한 시공 중에 존재하면 다시 돌아갈 가능성이 있겠지만 그것은 이미 존재하지 않는다. 그 밖에 현재의 일찰나 후에 오히려 발생하지 아니한 한 계열의 찰나가

목전에 다른 한 개의 시공 중에 존재하며, 이것이 아직 무대에 올라 연기하지 않는 배우가 무대 뒷면에서 바로 나오려고 준비하는 것과 같을까? 아니다. 소승의 가장 낮은 분별설일체유부에는 일부 이 같은 관점이 있지만 이것은 틀린 것이며, 중관파와 같은 그 위의 종파에서는 모두 인정하지 않는다.

전후 시제가 없다면, 현재 이른바 "아"와 "아"의 정신은 곧 일찰나일 따름이다. 그러나 우리들은 한결같이 과거세의 "아"와 현재세의 "아", 그리고 미래세의 "아"를 연속된 "아"(혹은 '정신')라고 여기며, 본래 "아"는 곧 일찰나라고 여기지 않는다. 이 일찰나와 우리들의 집착은 서로 시간대가 같지 않으며, 곧 일찰나가 존재해도 우리들은 또한 그 일찰나가 "아"임을 인정하지 않는다. 그러나 다시 계속 관찰하면 이 "일찰나"까지도 또한 존재하지 않는 것이다.

최후에 우리들이 곧 어떠한 하나의 물건도 잡지 못하며, 외면의 물질이든 내면의 정신이든, 해체해서 보거나 또는 과거·현재·미래의 각도로 좇아서 보고 분석하여 마지막에 이르면 하나하나가 모두 전부 없어진다. 이미 육체와 정신이 모두 없어졌으니 그것들이 하나로 일체가 된 "아"도 그것들을 따라서 함께 없어질 수밖에 없다.

또한 관찰하는 방법이 하나 더 있다. 육체를 관찰하면 머리·팔·다리의 다섯 부분으로 나눌 수 있다. 만약 이 다섯 가지 부분이 모두 모여 "아"라고 하면, 평소에 사람들은 하나의 "아"만 있을 뿐 많은 "아"는 있지 않다고 생각하며, 따라서 다섯 가지가 모두 "아"임은 불가능하다. 만일 우리들이 신체 가운데 하나의 "아"를 선택하면 기타는 아닌 것이고, 사지와 머리가 모두 마찬가지로 나의 신체라면 왜 다만

한 개의 "아"만 있는 것이며 기타는 "아"가 아닌가? 이것 또한 이유가 없으며, 따라서 우리들은 올바른 하나의 답안을 내지 못한다.

우리들이 너무 어리석어 그런 게 아닌가? 그와 반대로 현재 우리들은 총명하게 변하기 시작하였다. 없는 물건은 당연히 내놓지 못한다. 존재하는 물건에 대해서도 하나도 아는 바가 없으면 곧 '바보'라고 불리고, 존재하지 않는 사물에 대하여 능히 실제와 같이 인식하면 이것을 '지혜'라고 부르며 우둔한 것이 아니다. 이 앞에 없는 것을 가지고 있다고 하면 곧 가장 어리석은 것이다. 중관 안에 그 밖에 많은 추리 방법이 있으나, 여기서는 강의하지 않겠다. 이것이 칠종인 중 제1의 인이며, "아"와 "오온"이 한 체가 아님을 채택한 것이다.

제2의 인: "아"와 "오온"이 다른 체가 아님을 채택함.

다른 체는 곧 단독으로 존재하는 뜻인데, 이것은 분명히 불합리하다. "아"는 이 탁자와 같아서 정신과 육체 이외에 단독으로 존재하는 것이 불가능한 것이다. 만일 정신과 육체 위에 "아"가 없다고 말하면, 우리들은 더욱 기타의 장소에 "아"의 존재가 있다고 여기지 않을 것이다.

제3의 인: "아"가 "오온"을 의지하는 것이 아님을 채택함.

"아"는 사람이 차 안에 앉아 있는 것과 같이 "오온"을 의지하는 것이 아닌가? 경서 안에서는 이러한 종류의 의지를 일러 "사자가 숲속에 앉아 있음"으로 비유한다. "아"는 "오온" 중에 앉아 있는 것인가? 이 또한 아니다. 정신과 육체를 제외한 밖에 근본적으로 보이는 나를 찾을 수 없기 때문이며, 이것이 실제적인 것이다. 또 이른바 오온이나 혹은 이른바 육체와 정신은 분해할 수 있는 것이며, 분해한 후에는 매 하나의 성분 안에서 모두 "아"를 찾을 수 없다. 따라서 "아"는 "오온"을 의지하지 않는다.

제4의 인: "오온"이 "아"를 의지하는 것이 아님을 채택함.

부처님 경전 중에 이러한 종류의 의지를 일러 "산 위에 자라는 나무는 산을 의지해서 존재한다"라고 비유한다. 그러면 "오온"은 "아"를 의지해서 존재하는가 아닌가? 이 또한 아니다. 왜냐하면 앞에서 사유한 방법을 비춰보면 근본적으로 "아"의 존재를 찾지 못하며, 또한 "아"가 어디에 있는지 알지 못한다. 따라서 "오온"은 "아"를 의지하는 것이 아니다.

제5의 인: "오온"과 "아"가 서로 갖춰지지 않은 것임을 채택함.

이른바 갖춰진다는 것은 곧 현재 내가 이 책을 갖추고 있다(나의 손에 이 책을 가지고 있는 것)라고 함과 같은데 "아"가 "오온"을 갖춘 것인가, 아니면 "오온"이 "아"를 갖춘 것인가? 이 모두 아니다. 만일 "아"가 능히 성립하면 곧 이같이 여길 수 있으나, 우리는 근본 "아"의 존재를 찾을 방법이 없기 때문이니, 어찌 능히 서로 갖춤이겠는가?

따라서 "아"와 "오온"은 일체가 아니고 다른 체도 아니며, 또한 이미 서로 의지하는 관계도, 서로 갖추는 관계도 아니다. 최후에 월칭보살이 또한 두 가지 인을 더하였는데, 이것이 곧 제6인과 제7인이다.

제6의 인: 인체의 종합한 모양이 "아"가 아님을 채택함.

예를 들어 비록 자동차를 모두 분해한 후에 그 부속품들을 자동차라고 부르지 못하지만, 만일 각 하나의 부속품이 적절히 자기 위치에 있으면, 즉 바퀴는 아래에 있고 차체는 바깥 면에 있으며 안에 있는 부속품 또한 각기 그 위치에 있으면 하나의 새로 종합한 모양이 생긴다. 사람 또한 이와 같아서 비록 분해한 신체의 일부분은 모두 "아"가 아니나, 만일 머리가 가장 위쪽에 있고, 두 손은 양쪽에, 흉부 복부는 중간에, 그리고 가장 아래에 두 다리가 있으면 정상적인 몸의 형상이 생긴다. 어떤 사람들은 이 형상을 응당 "아"인 것이라고 여긴다. 그러나 아래에서 이를 파한다.

무엇이 이른바 종합된 형상인가? 머리는 머리의 형상이 있고 손은 손의 형상이 있는데, 너는 이런 사지의 몸의 형상을 "아"로 여기는가? 또한 존재하는 모든 기관을 조합하면 새로운 모양의 "아"가 생기는가? 우리들은 신체의 일부 형상이 "아"인 것을 부인하면서 모든 기관이 모여서 종합되어 이룬 형상을 "아"라고 생각한다. 그러면 무엇이 이른바 공동의 종합된 형상인가? 머리·손·다리의 형상을 제외하고 다른 공동으로 이루어 종합한 형상이 존재하는가? 또는 머리의 형상에 손의 형상을 더하고 다리의 형상을 더하면 "공동으로 종합한 형상"이라고 부를 수 있을까? 이같이 관찰해 보면, 각각 기관의 형상을 제외한 밖에 또 다른 종합한 형상이 없음을 알 수 있다. 비유하여 말하면, 자동차의 차바퀴는 둥근 것이고 그것에 안착하기 전에도 둥근 것이었으며, 안착한 후에도 둥근 것이다. 모든 부속품이 이전에는 무슨 모양이었고 안착한 후에는 또 무슨 모양이 되든지 이 위에 생긴 어떠한 새로운 물건도 없다. 따라서 이 하나의 종합한 형상을 좇아서 자동차나 혹은 "아"는 찾아낼 수 없다.

제7의 인: 그것들의 조합한 체(종합체)가 "아"가 아님을 채택함.

월칭보살이 이에 대하여 반복하여 말하되, 만일 종합한 체가 "아"라면 곧 자동차의 모든 부속품을 모두 떼어내어 함께 쌓아두면 이것이 차인가 아닌가? 당연히 아니다. 그것은 다만 한 무더기의 부속품이고 하나의 큰 무더기의 쇳덩이일 뿐이며 자동차라고 부르지 않는다. 마찬가지로 사람들의 육체나 정신이 분해됨에 있어서 또한 다만 한 무더기의 살덩어리 혹은 뼈일 뿐 사람이라고 부르지 않는다.

### 3) 관상 수행하는 차제

이같이 관찰한 이후에 여러분들은 어떻게 생각할지 모르겠다. 나는 비록 수행이 부족하고 번뇌가 많은 사람이나, 다만 전문적으로 불법을 공부하는 출가인이 되어 몇 년 동안 이 문제에 대해 일찍이 한두 번 듣고 생각하여 결론을 냄에 그치지 않고 여러 가지 방법을 통해서 답을 찾아보았으나 "아"의 존재를 찾아낸 적이 없고, 게다가 분명하게 "오온"에 있어서 본래 "아"가 존재하지 않는 것임을 보았다. 그러나 이것은 다만 책을 통한 이해일 뿐 수행해서 깨달은 바가 아니다.

처음 사유를 시작했을 때에는 찾아낼 희망이 있는 것 같았으나, 거듭 관찰할수록 더욱 찾아낼 수 없다. 이때에 우리는 응당 어떻게 해야 할까?

좌선의 방법은 이전의 법문 중에서 강의했듯이 고요하게 앉아서 "인무아"를 닦기 시작한 때에 선종에서 설하는 '무엇에도 집착하지 않는다'는 것을 의지하지 않고는 이같이 높은 경계에 도달하지 못하며, 더욱이 언어를 통해서 최후에 말이 없는 경계에 도달하고자 하면 사유를 통해서 최후에 "사유할 수 없음"의 경계에 도달하고자 해야 한다. 만일 바로 수행을 시작하여 "집착함이 없음"의 이 구절을 가지고서 놓지 않으면 그것은 곧 수행이 필요하지 않은 것과 같다.

현재에 중국의 일부 출가인이나 신도들이 방생 등 모든 선행도 집착이며, 따라서 행하지 않는다고 생각한다. 비록 가장 높은 경계의 관점을 좇아서 보면 그들이 설한 바가 틀린 것은 아니나, 다만 범부의 경계 중에서 일체 모두는 집착이니, 어느 것이든 집착 아닌 것이 없다. 만약 무릇 집착하는 것은 행하지 않는다면, 불법을 배우고 귀의하며 보리심을 발하고 진언을 외우며 육바라밀·사섭법·오계를 수행함을 모두 집착이라고 하면서 놓아버려야 할 것인가? 세간의 불교를 배우지 않는 사람은 더 집착한다. 범부들은 비록 "하나를 알면 백 개를 안다"고 하나 "집착함이 없음"은 행할 방법이 없다. 따라서 이러한 것은 모두 옳지 않은 것이고, 수행은 진정으로 차제가 요구되며, 이러한 차제는 반드시 필요한 것이다.

초학자에 대해서 말하자면 먼저 수행에 집착하는 것이 필요하고, 특별히 출리심과 보리심 등 선법을 집착하는 것이 필요하며, 이 같은 집착이 있기 때문에 곧 해탈도에 나아가 아집을 뒤집을 수 있게 된다. 곧 세숫비누로 얼굴을 씻는 것과 같아서, 최후에는 세숫비누 또한 깨끗하게 씻을 필요가 있지만, 먼저 그것으로 더러운 곳을 깨끗이 씻는 것이 필요하다. 마찬가지로 먼저 집착이 있어야 하고 집착으로써 집착을 뒤집어엎는다. 만약 처음 시작하면서 집착하지 아니하면 그것은 가장 잘못된 것이다. 따라서 고요히 앉아서 "인무아"를 닦을 때 선종에서 말하는 무엇도 생각하지 않는 것과 같이 하는 것은 틀린 것이며, 관찰하고 사유함을 필요로 한다.

그렇다면 어떻게 사유해야 하는가? 고요하게 앉은 후에 곧 "아"가 어디에 있는가를 관찰하는데, 그 방법은 칠상의 나무수레의 인이다. 이같이 반복해서 관찰 사유하면 최후에 깊이 "무아"를 체험하게 된다.

우리들이 집안에 등불이 없을 때는 하나의 물건을 찾아도 도리어 찾을 수 없지만, 이때 누구도 집안에 어떠한 물건도 없다고 말할 수 없으며, 만약 등불 아래에 있어서도 여전히 찾지 못한다면, 우리는 곧 집안에 근본적으로 이 물건이 존재하지 않는다고 감히 말할 수 있는 것과 마찬가지이다. 우리들이 지혜의 빛으로써 "아"를 찾으며 반복해서 사유하면 결국에 "아"의 실체를 찾을 수 없을 뿐 아니라 게다가 "아"란 찾을 수 없음을 발견하게 된다.

"아"가 존재하지 않는 것을 깊이 체험한 때에 임하여 계속해서 사유하지 않아 생각이 끊기고 마음을 놓아버리면 이 무아의 신념이나 체험 중에 안주하고 계속하여 일 분·삼 분·오 분 혹은 더 길게 안주하게 된다. 아침에는 오랜 시간이 필요하지 않고 다만 몇 초로도 충분하다. 이 체험이 능숙해질수록 하나의 체험이 없어진 후에도 다시 또 처음처럼 사유를 시작하면 다시 한 번 깊이 "아"가 존재하지 않는 것을 체험하게 된다. 이것은 빛이 있는 곳에서 책을 보는 것과 같아서 책에 있는 것과 없는 것을 모두 분명하게 보게 되는 것과 같다. 이러한 종류의 "존재하지 않는 나"의 깊은 체험을 곧 무아를 깨달았다고 하며, 이것이 하나의 초보적인 깨달음이다.

어떤 때는 긴 사유로 피로하여 사유하고 싶지 않아 선도 악도 생각하지 않고 마음을 평정하게 유지하면 이것을 '휴식'이라 부른다. 그러한 후에 다시 관찰하여 최후에 얻는 것이 "존재하지 않는 나"의 체험이고, 마음을 다시 이 공성 중에 안주하게 하면 이것을 '무아를 닦는다'라고 부른다. 여러분은 이것이 매우 간단하다고 생각되지 않는가? 공성을 닦는 것보다 더 좋은 방법이 있는데, 그것은 곧 대원만 등 밀법이다.

그러나 현재 대원만을 닦는 근기의 인연이 아직 성숙해진 것이 아니다. 우리들은 먼저 출리심과 보리심을 닦는 것이 필요하고, 그러한 후에 이 "인무아"의 수행법을 수행하며, 수행이 어느 정도에 다다르면 다시 범위를 넓히고 혹은 더욱 힘이 있는 수행법으로 바꾼다. 이같이 하면 곧 점점 밀종에 접근해 갈 수 있다. 이상으로 강의한 바가 인무아의 수행법이고, 이러한 수행법은 현종 중관의 방법이고, 밀종의 수행법은 아니다. 여러분은 능히 힘써서 정진하기 바란다.

## 3. 법무아의 구체적인 수행법

### 1) 무엇이 법무아인가

"법무아法無我"에 정통하고자 하면 먼저 무엇이 "법아法我"인가를 이해해야 한다. "법"은 무슨 뜻인가? 본래 윤회와 열반의 알려진 바 일체 모두를 법이라고 부르며, 다만 "인아"와 "법아"를 나눈 후에 "법"의 범위는 조금 축소되었다. "자아"와 "나의 모든 견해"(나에게 속한 물건을 집착함) 이 밖의 모든 유위법과 무위법을 법이라고 부른다. "아"는 무슨 뜻인가? "인아"의 "아"는 "자아自我" 혹은 "자기"라고 해석하나, "법아"의 "아"는 자아의 뜻이 아니고 "실재"와 "실유"를 뜻한다.

중관 안에 번거롭고 복잡한 "법아"를 끊는 방법이 여러 가지가 있는데, 이곳에서는 복잡한 것은 버리고 가장 구체적인 것만 강의한다.

### 2) 법무아(공성)를 깨닫는 방법

이른바 "가장 구체적인 것"은 세 가지 각도를 좇아서 추리하는 것을 가리킨다.: 제1은 "인因"을 관찰하여(인과의 "인"을 가리킴) '생겨남이 없음(不生)'을 채택한다. 제2는 물질의 본체를 관찰하는 것으로 '머무름이 없음(不住)'을 채택함이고, 제3은 과果를 관찰하여 '멸함이 없음(不滅)'을 채택한다. 이같이 세 가지 각도로 관찰을 진행한 후에는 무슨 결론을 얻는가? 곧 "불생·부주·불멸"이라는 세 가지 중요한 결론을 얻는다.

붓다의 『반야바라밀다심경』과 용수보살의 중관육론 등에서 우리들에게 말하되, 모든 법은 "불생·부주·불멸"이라고 한다. 그러나 우리들은 도리어 만사만물이 사람 혹은 바깥 세계의 산하대지를 포괄한다고 말하며, 모두 먼저 생기는 단계가 있고 그 후에 존재하는 단계가 있으며 최종적으로 소멸하는 단계가 있어서, 곧 "유생·유주·유멸"이 당연한 것이라고 여기며, 이로 인하여 일체법이 모두 존재하는 것이고 실로 있는 것이라고 여긴다.

이것은 보통사람의 관점이고 매우 간단하다. 그의 증거는 자신의 안이비설신眼耳鼻舌身으로부터 오고, 자기의 안이비설신에 대응하는 본 바·들은 바·냄새 맡는 바가 곧 그것의 존재를 판단한다. 비유하면 눈동자로 매미의 탄생과 성장의 변화, 그리고 죽음에 이르는 것을 보면 우리들은 곧 "매미가 생이 있고 머무름이 있으며 멸함이 있다"고 말한다. 또 악기를 연주함에 임하여 이식이 소리가 생기는 것을 감지하며, 이러한 종류의 소리는 일 분을 지속해도 좋고 한 시간이어도 또한 좋으며 모두 그것이 존재한다고 생각하는데 이것이 머무르는 단계이며, 최후에 그것이 그칠 때에 또한 이런 종류의 소리가 사라졌다고 여긴다. 실제적으로 바깥에 이 같은 한 종류의 소리가 존재하는가 존재하지 않는가? 우리들 범부는 존재한다고 생각한다. 우리들이 들었거나 혹은 기구를 통하여 소리의 파동을 보았기 때문에 이것이 곧 증거이며 이를 제외한 그 밖의 다른 증거는 없다. 이러한 증거는 모두 이식과 안식으로부터 온다. 우리들이 자기의 귀와 눈을 믿기에 그것들에 환각적인 것이 있지 않다고 생각하며, 일체가 모두 그것들을 말하되, 그것들이 듣고 보는 것이라고 여겨 곧 있다고 생각하며, 그것들이 보고 들음이 없으면 곧 없다고 느낀다. 이것이 보통사람의 논리이자 우리들의 기본 논리이며, 전 인류와 전체 생명의 간단한 이론이다. 만일 안이비설신이 착오가 있다면 무슨 방법을 써서 구할 수 있겠는가? 구할 방법이 없다. 이때 문득 가장 정밀하고 가장 선진화된 기구와 눈을 써서 관찰하는 것이 필요하다. 안이비설신이 없으면 곧 사물을 인식할 방법이 없다. 왜냐하면 일체의 증거는 모두 안이비설신에서 오며, 그것들에 착오가 있으면 우리들은 달리 방법이 없기 때문이다. 이것이 보통사람의 관점이다.

부처님의 반야바라밀다의 관점은 무엇일까? 부처님은 보통사람의 관점을 이해할 뿐 아니라 이미 보통사람을 초월하였다. 부처님께서 설하시되, "나는 세속인과 더불어 논쟁하지 않으며 다만 세속인이 나와 더불어 논쟁한다"라고 하셨다. 이 구절의 뜻은, 세속 사람이 본 것을 부처님은 또한 그들이 본 것이 없다고 설하지 않으며, 그들이 보았던 것을 세속 사람의 눈의 각도로 좇아서 부처님은 이러한 존재의 사물을 이해할 수 있다. 그러나 그들이 본 것은 반드시 존재하는 것이 아니고, 그들이 존재하지 않는 것이라고 생각하는 것도 또한 꼭 존재하지 않는 것은 아니다.

전에 설한 바와 같이 우리는 일체 유위법이 모두 생멸이 있는 것이라고 생각하며, 그 근거는 우리들 자신의 안이비설신으로부터 오나, 스승과 혹은 붓다의 교훈을 능히 듣는 것이 필요하다. 그렇지 않으면 어떻게 법을 듣겠는가? 종합해서 말하면, 만일 안이비설신에 의거하지 않으면 우리들이 사물의 존재나 혹은 존재하지 않는 것을 파악할 수 없다. 그러므로 우리들은 부처님의 추리 방법을 통하여 추리하고 관찰하는 것이 필요하다.

### 3) 법무아의 논리를 채택함

#### (1) 인의 각도에서 관찰하며 불생不生을 채택함

인의 각도로 추리하면 "파자타생인破自他生因"이라고 한다. "파자타생"은 "자생"과 "타생"을 파하는 것을 가리킨다. 이러한 추리의 논리가 곧 인이 된다. 파자타생인을 또한 금강설인金剛屑因이라고도 한다. 이러한 종류의 논리는 어떻게 추리하는 것인가?

먼저 "자생自生"이 있고 없고의 가능성을 관찰하는 것이 필요하다. 이것은 불가능한 것인가? 평소에 우리들은 모든 법이 "자생"하는 것이라고 생각하지 않는다. 단지 외도 중에 "자생"의 관점이 있고, 그들의 의지하는 하나의 비유가 있다. 즉 태양이 산 아래로 지고 난 후 다음날 태양이 뜨기 전까지 비록 태양을 보지 못하나 태양은 여전히 존재하는 것이다. 그들이 생각하되, 마찬가지로 벼 싹이 생겨나기 전에는 다만 벼 싹을 보지 못할 따름이지 실제적으로 그것은 존재하고 있다. 이것은 일부 외도의 관점으로, 보통사람은 이같이 생각하지 않으며, 따라서 별도로 특별히 파할 필요가 없기에 여기서는 주로 "타생"을 파한다.

많은 사람들이 "타생"은 정확하다고 생각한다. 예를 들면 우리들은 벼의 종자와 벼의 싹이 두 종류의 같지 않은 물질이라 여기며, 따라서 벼 싹은 타생이라고 말한다. 그러나 아래에서 자세히 관찰해 보면 관찰할 때도 역시 따를만한 교리가 없다. 앞에서 일찍이 강의하였듯이 불교 안에는 신앙적 강요의 원칙은 없다. 이른바 신앙적 강요의 원칙은 하나의 교파의 관점과 교의에 대해 그것이 옳은지 그른지에 관계없이 모두 믿어야 한다는 것이다. 그러나 불교는 이와 같은 것이 아니다. 그렇다면 우리들은 응당 어떻게 관찰해야 할까?

만일 모든 법이 "타생"이라면 곧 하나의 분명한 허물이 있다. 예를 들면 벼 싹이 벼의 종자로 인하여 생긴 것이라면 그것들의 존재는 동시적인 것인가, 아니면 앞뒤가 있는 것인가? 만일 동시에 존재한다면 옳지 않다. 왜냐하면 이것은 인과 과가 동시에 존재하는 것을 뜻하고, 곧 인이 존재할 때 과가 존재하고 또한 과가 존재할 때 인이 존재한다는 것이기 때문이다. 인이 존재할 때에 과(자신)가 이미 성립하여 있는 것이라면 인이 과에 대해서 무슨 작용을 일으키는 것이 필요하겠는가? 실제적으로 이 인은 쓸모가 없으며, 곧 벼 싹이 벼 종자로 인하여 생긴 것이 아니다. 이 같은 논리는 아마도 여러분들 모두 충분히 이해할 수 있을 것이다.

"동시 존재"의 개념은 무엇인가? 이는 곧 두 가지 사물이 서로 영향을 미치는 것이 아님을 가리키며, 각각 독자적으로 성립하는 것이다. 만약 인과 과가 동시에 존재하는 것이라면 그것들 사이에 곧 근본적으로 인과 과의 연결이 만들어지는 것은 불가능하다. "인因"은 근본적으로 "과"에게 무슨 영향을 주지 않는데, 어떻게 그것의 인이 되겠는가?

우리들은 어려서부터 한결같이 인이 있고 연이 있으면 곧 과가 있다고 생각한다. 따라서 인과 과가 동시 존재하는 것은 옳지 않은 것이다. 혹여 어떤 사람이 인과가 동시에 존재한다고 생각하더라도 이런 경우는 적으며, 대부분 사람들의 관점은 "내년에 나올 싹은 금년의 벼 종자에 존재하지 않는 것이고, 다만 온도·습도 등 모든 조건을 구비한 후에야 이전에 존재하지 않았던 새로운 싹이 생기게 된다"고 생각한다. 이것이 널리 세계를 보는 중에 보통사람의 매우 거친 관점인데, 미세하게 관찰해 보면 이미 보통사람의 관념을 초월하게 된다. 우리들이 가장 미세하게 보는 세계 중에서 관찰할 때에는 모든 물질이 일찰나 일찰나 생멸하는 것을 발견하게 되는데, 제2의 찰나 시에 제1의 찰나는 존재하지 않는 것이고, 제1의 찰나 시에 제2의 찰나는 아직 생겨나지 않았으며, 따라서 모든 물질의 존재는 다만 하나의 찰나일 따름이다.

이러한 논리는 물리학을 배우고 아는 사람은 쉽게 이해한다. 양자 물리에서 말하는 '측정해도 정확히 맞지 않는다'는 원리는 곧 이로부터 비롯한다. 측정하여도 맞지 않는 원리는 한 가지의 매우 작은 입자의 속도와 위치를 동시에 잴 방법이 없음을 말한다. 만일 그것의 위치를 측정할 수 있으면 그것의 속도는 곧 측량할 방법이 없으며, 만일 그것의 속도를 측량할 수 있으면 그것의 위치는 또한 확정할 방법이 없는 것이다. 왜냐하면 속도는 거리를 시간으로 나눈 것이고, 거리는 출발점에서 도착점까지의 위치이며, 시간은 시작해서 마치는 때까지인데, 입자는 시간의 상속이 없고 다만 일찰나로 존재하기 때문에 그것의 속도는 자연적으로 측정할 방법이 없다. 양자 물리는 비교적 이러한 관점에서 비슷하지만 불교가 강의하는 바는 다시 세밀함을 더한다.

이렇게 미세하게 관하는 세계 중에서 모든 물질은 일찰나로 존재한다. 다시 말해, 제1의 찰나의 모든 인(조건)이 갖춰진 후에 제2의 찰나에 과가 생기는데, 이 의미는: 제1의 찰나에 온도·습도·종자·토양 등 모든 조건이 구족한 때에 과는 아직 존재하지 않으며, 제2의 찰나에 그러한 과가 생기고 존재하는 때에는 오히려 모든 인은 없어져서 존재하지 않으며, 그 인과 과가 한 찰나에 본래로 대면한 적이 없다는 것이다. 그러면 "인"은 어떻게 그것의 과를 생겨나오게 하는가? 인이 존재할 때 가령 과가 존재하면 인은 곧 과에 대하여 일정한 영향을 가져오고 일부 작용을 일으킬 수 있다. 그러나 과가 근본적으로 존재하지 않는 상황에서 인은 또한 능히 무엇에 영향을 끼치며 무엇을 작용하게 하는가? 자세히 생각하면 인이 존재할 때에 "과"는 곧 허공과 마찬가지인데 "인"이 능히 허공에 대하여 작용을 일으키겠는가? 불가능한 것이다. 마찬가지로 인과의 존재에 전과 후의 순서가 있는 것은 피할 수 없으며, 과가 존재할 때에 인은 또한 존재하지 않는 것인데 저 인이 어떻게 작용을 일으키는가? 이것은 곧 죽은 사람과 태어난 사람이 같아서 한 생명이 탄생했다고 한다면, 한 사람은 죽었는데 그 죽은 사람이 어찌 태어난 사람에 대하여 무슨 일을 할 수 있겠는가? 이것은 또한 불가능한 것이다. 그들 두 사람은 근본적으로 서로 볼 방법이 없기 때문이다. 미세하게 관하는 세계 중에 있어서 모든 사물은 이와 같아서 전후 두 가지 인과적인 관계라고 여기는 물질은 한 시간과 공간 중에 동시에 존재하지 못하며, 이미 동일한 시간과 공간에서 만나지 못한다면 그들 사이에 어떻게 인과관계가 생기겠는가? 이것은 불가능한 것이다.

이미 이와 같다면 어떻게 널리 보는 사물들이 생기게 되는가? 우리는 이것을 인연 화합으로 지어진 것이라고 말한다. 또한 곧 설하되 관찰하지 아니할 때 있어 일체는 모두 매우 좋고, 얻을 만한 것은 모두 얻을 수 있다고 여긴다. 그러나 미세하게 관찰할 때에는 이 일체는 모두 존재의 이유와 증거가 없으며 인과의 관계를 얻지 못하며, 그런 것은 평소에 매우 실재한다고 생각했던 것들이지만, 곧 우리들 손 가운데에서 흩어져 버린다.

이상의 분석을 통하여 볼 때 "타생"은 성립하지 않는 것이다. 그러나 다만 미세하게 관하는 세계 중에 있어서 곧 능히 이같이 추리한다. 널리 보는 세계 중에 있어서 인과는 곧 부친과 아들의 관계와 같아서 볼 수 있는 것이며, 이것은 보통사람의 관점이다. 그러나 실제적으로 널리 보는 세계 중에 말하는 바 "인"·"과"의 사이에는 진정한 인과관계는 없는 것이다.

"자생"은 성립하지 않고 "타생"도 또한 성립하지 않으며, 따라서 "자타 공생"은 성립할 수 없으며, 이를 제외한 그 밖의 제4종의 생김이 있을 수 없다. 이로 말미암아 보면 모든 물질은 "생기지 않음(不生)"이 된다.

인과관계는 논리로써 추리한 결론이 아니고 우리들 안이비설의 결론이다. 안이비설의 각도를 좇아서 보면 인과의 존재가 있고 육도윤회가 있으며 불교를 배워 성불함이 있다. 그러나 논리의 추리를 통하여 매우 미세하게 보면 이 일체가 존재하지 않는 것이다.

사실, 우리는 모든 물질이 생길 수 있는 것이라고 생각한다. 그것들은 어떻게 생기는 것인가? 그러나 정식으로 수행할 때에 위와 같이 추리하면 최후에 만법이 생기지 않는 것을 깊게 체득하게 된다. 그때에 마음이 곧 "불생"의 경계 중에 집중하며 아울러 이 경계 중에 안주하게 될 것이다. 처음 시작할 때에는 시간을 길게 하지 않고 다만 몇 초나 일 분을 하면 된다. 왜냐하면 아직 큰 능력이 없고 이 경계가 매우 빨리 없어지기 때문이다. 없어지게 되면 또다시 새롭게 물질이 어떻게 생기는가를 관찰하기 시작한다. 그러한 후에 또다시 그것들이 생기지 않는 것을 체험하고, 이때에 마음을 또 이 경계 중에 집중한다. 이것이 "불생"의 수행법을 하는 것이다. 이렇게 관찰하는 때에 우리는 곧 부처님께서 설하신 바의 "불생"을 이해하고 체험하게 된다.

평소에 일체 유위법이 모두 생기는 것을 분명하게 보는데 어떻게 "무생"이라고 하는가? 방금 강의했듯이 유위법이 생기는 것은 우리들의 안이비설신의 관점과 결론이며, "불생"은 보통사람의 개념을 초월한 일종의 깊은 단계의 관찰과 사유 방법이다.

화학을 배운 사람은 이를 이해하는 것이 쉬울 것이다. 몇 종류의 화학물질을 함께 혼합하면 새로운 기운과 색깔이 생기게 된다. 어떠한 맛과 색깔은 원래 있는 물질에는 절대로 없는 것인데, 그것들이 화합한 후에 곧 새로운 물질이 생기며, 그들이 또한 어디를 좇아서 왔는지를 모른다. 실제로 이를 일러 인연화합이라고 부른다. 만법은 모두 이 같은 인연의 그물 안에서 서로 관대觀對하면서 처해 있는 것이고, 두 가지 혹은 더 많은 원소를 결합하여 곧 일종의 새로운 원소가 생겨남과 같다. 비유하면, 어찌 완전히 홍색이 없는 물질 중에 능히 홍색이 생기는가? 어찌 냄새와 맛이 조금도 없는 재료 중에 능히 냄새와 맛이 생기는가? 그것들은 어느 곳을 좇아서 왔는가? 어떻게 찾는지를 논할 것 없이 모두 답안을 찾을 수 없다. 사람들은 "그것이 곧 이같이 생긴 것이다. 또 무슨 증거가 필요한가?"라고 회답한다. 그러나 이러한 것은 모두 우리들 안이비설신의 환각이니, 부처님은 우리들에게 이 일체를 일러 "인연화합"이라 부른다고 말씀하신다. 만법은 비록 진실한 존재가 아니지만 우리들의 안이비설신이 다만 느낀 것이며, 부처님은 이것을 "꿈같고 환 같다"고 말씀하신다.

꿈은 무엇인가? 우리들이 꿈을 꿀 때에 보고 느끼는 꿈의 경계는 다만 꿈 가운데에 본 바이지 현실 속에 실재하는 것은 아니며, 따라서 꿈은 허망한 것이다. 같은 이치로 우리들의 안이비설신이 접촉하여 나타나는 현상들 또한 여러 가지 방법을 써서 관찰하면 곧 모두 존재하지 않는 것이고, 따라서 널리 보는 일체 현상은 모두 꿈같고 환 같은 것이라고 일컫는다. 이러한 내용은 단지 하나의 관점으로 끝나는 것이 아니라 일종의 수행법이고, 이를 의지하고 수행하면 깨달을 수 있으며, 깨달은 후에는 곧 때에 따라서 바깥 경계를 조절할 수 있다. 이미 이전에 많은 예를 강의하였다. 이것이 우리들이 토론하는 제1의 관점이고, 인을 관찰하여 불생을 채택한 것이다.

**(2) 물질 본체의 각도에서 관찰하여 머무르지 않음(不住)을 채택함**

중관 안에 "머무름 없음(無住)"을 채택하는 추리 방법은 "하나와 다름을 여의는 인"이라고 부르는데, 이것은 매우 중요하며, 이전에 강의한 바가 있다. 이른바 머무름이 없다는 것은 눈으로 보는 이 물건이 존재하지 않는 것을 가리킨다. 보통사람은 이 구절의 말이 매우 황당하다고 생각하되, 우리들의 눈이 분명히 그것의 존재를 보는데 무엇 때문에 존재하지 않는다고 말하는가? 그러므로 이러한 의문을 해석하는 것이 필요하며, 마찬가지로 이제(승의제와 세속제)를 구분하는 것이 필요하고 또한 매우 중요하다. 눈으로 물건이 존재함을 보는 것이 세속제이며 안이비설신의 결론이다. 이른바 "존재하지 않음"은 눈으로 본 바가 없음을 가리킴이 아니라 눈으로 본 것은 맞는 것이다. 비유하면 꿈을 꿀 때에 보이는 일체는 모두 존재하지 않는다고 하는데, 다만 이것은 꿈을 꾸지 않는다는 것을 말하는 것이 아니라, 우리들이 꿈을 꾼 것은 확실한 것이다. 마찬가지로 눈이 보는 것이 없음을 말하는 것이 아니고, 우리들의 눈은 그것의 존재를 보았지만 그것이 존재하지 않는다는 것을 말한다.

예를 들어 한 조각 베를 나누어 분리해서 털실을 이루고, 털실을 분해하여 양털을 이루며, 양털을 분해하여 먼지를 이루고, 먼지를 분해하여 더 작은 먼지를 이루며, 다시 나누어 가장 작은 미진이 된다. 이 미진은 무엇인가? 이른바 가장 작은 미진은 미세하게 관하는 세계 중에서 다시 나눌 수 없는 입자를 가리킨다. 왜 다시 나눌 수 없는가? 만일 그것이 다시 나눌 수 없는 데 이름이 성립한 것이 되면 구경에 그것이 무엇인가를 꿰뚫어보고자 하여 끝에 이르도록 나눌 필요가 있다. 이렇듯 다시 나누어 가면 가장 작은 미진까지도 또한 성립하지 않는다. 최후에 이 한 조각 베는 곧 없어진다. 현재 우리들이 보는 산하대지와 사람의 몸을 포함하는 모든 물질은 모두 이같이 분해할 수 있는 것이며, 분해해서 최후에 이르러서는 모두 소멸되는 것이다. 이것이 우리들 불교의 이론이며, 양자 물리학은 아직도 이러한 경계에 도달함이 없다.

**(3) 과의 각도에서 관찰하여 멸함이 없음(不滅)을 채택함**

이러한 종류의 추리의 논리는 "유有와 무無로 생김을 파하는 인"이 된다. "인"은 "논리"의 다른 이름이고 추리와 채택의 도구를 가리킨다. "인"을 통하여 관찰하면 "유와 무로 생김"을 파할 수 있다. 무엇이 "유와 무로 생김"이 되는가? 비유하면 벼 종자를 파종한 후에 싹이 나올 수 있는데, 그러면 벼 종자는 원래 "있는 것"의 싹을 생기게 하는가, 아니면 또 "없음" 가운데 있음이 생기는 벼 싹을 생기게 하는가? 이것을 "유"·"무"라고 부른다. 우리들이 벼 싹이 생기는 때를 사유하고자 함에 이미 존재하는 벼 싹이 생겨나는가, 아니면 아직 이전에 존재하지 않는 벼 싹이 현재에 생겨나는가? 즉 과의 본체가 과가 생겨나기 전에 있는가 없는가를 관찰하는 것이다. 생겨난 후의 유와 무를 말하는 것이 아니고 생겨나기 전의 유와 무를 말한다.

만일에 과가 생하기 전에 "유"라고 한다면 곧 자생이지만, 일반 사람이 모두 이같이 생각하지 않을 것이며 실제적으로 이것은 또한 불가능한 것이다. 보통사람들은 과果가 생하기 전에 그것은 존재하지 않는 것이라고 여기며 인연이 화합한 후에야 그것이 존재한다고 생각한다. 곧 말하되, 과가 생기기 전에 인법因法이 존재하는 때에 과법은 존재하지 않는 것이고 "무"이다. 만일 이와 같으면 인이 또한 어떻게 과를 생겨나게 하는가? 비유하여 말하면, 만일 나무의 존재가 있기에 도끼·톱으로 벨 수 있고 자를 수 있는 것이지, 만일 나무가 없다고 하면 도끼나 톱을 가지고 무엇을 베고 무엇을 자르겠는가? 나무가 존재하지 않는다면 이러한 공구는 작용을 일으킬 방법이 없다. 이처럼 자세히 관찰한 후에 있어 발견할 수 있는 것은 인이 절대적으로 과를 생기게 하는 방법은 없으며, 과 또한 인의 존재를 볼 수 없으며, 다만 인연이 모일 때에 과가 나타나고 인연이 화합하여 이와 같은 결과가 있는 것이다.

많은 사람이 생각하되, 농민이 농토에 씨 뿌릴 때에 다만 인만 있고 과가 없다. 과가 없기 때문에 곧 농토에 씨를 뿌리는 것이지, 만일 이미 과가 있으면 왜 또 씨를 뿌리는 것이 필요하겠는가? 농민은 곧 종자를 심는 것이 필요하지 않다. 그러므로 씨를 뿌린 후에 가지가지 인연이 곧 "과가 없음"으로 하여금 생기게 한다. 다만 이 같은 "과가 없음"이 곧 허공과 같이 마찬가지로 근본적으로 존재하지 않는 물건인데, 인은 어떻게 그것을 생겨나게 하는가? 극히 미세하게 보는 세계 중에서 관찰하면, 능히 이 일체가 다만 자연적인 것이고 하나의 인이 능히 "없는 과"를 생기게 할 수 없는 것이다. 따라서 과는 생겨나지 않는 것이고, 생기지 않는 것은 곧 존재할 수 없는 것이며, 존재하지 않는 것은 곧 소멸할 가능성이 없다. 이것은 곧 한 사람이 탄생하지 않은 것과 같아서 곧 살 수 없으며, 사는 것이 없으면 곧 죽는 것도 없는 것과 같은 것이다.

#### 4) 법무아의 관상 수행의 차제

법을 수행할 때에 우리들이 눈을 감고서 열심히 사유한 후에 일체법이 모두 "불생·부주·불멸"인 것을 깊이 체험하고, 안식·이식·비식 등 이전에 실로 있다고 여기는 물건이 실제로는 없는 것이며, 그러한 후에 마음이 곧 공성의 경계 중에 집중하게 되는데, 이전에 강의한 바와 같이 이것을 공성을 관상 수행하는 것이라 부르며, 초학자에게 있어 매우 중요하다.

만일 관상 수행이 없이 정좌만 하면 비록 마음속에 일어나는 어떠한 잡념의 경계가 없이 오랫동안 집중을 유지할 수 있다 하더라도 별반 큰 작용과 의미가 없다. 앞에서 일찍이 이야기했듯이, 동물이 겨울잠 자는 시간이 매우 길다 하여도 조금의 공덕도 없다. 마음 안에 정지·정견이 없이 다만 생각만 일으키지 않는 것은 곧 조금도 의미가 없다는 말이다. 우리가 깊이 잠잘 때에 생각이 없으며 마찬가지로 사람이 혼미할 때에도 생각이 없는데, 이러한 것들이 무슨 작용이 있겠는가? 아무런 작용이 없다. 색계와 무색계에 있는 하늘 사람들은 하루 이틀이 아니고 매우 많은 겁 동안 모두 하나의 잡념도 일으키지 않으나 그들은 아직도 해탈을 얻지 못하였다. 따라서 다만 고요한 마음만 구하면 그것은 쓸모없는 것이며, 반드시 정지·정견이 있어야 한다.

초기의 수행인에 대해서 말하면, 정지·정견은 사유를 통해서 얻는 것이다. 당연히 밀종을 배우는 사람들은 기맥명점의 수행법이나 혹은 대원만의 규결을 통하여 이러한 복잡한 사유가 없이도 가볍게 깨달을 수 있다. 그러나 이러한 종류의 가벼운 깨달음은 조건이 필요한데, 가행을 수행하고 자량을 쌓는 등 많은 인연을 구족한 상황 아래에서 곧 실현될 수 있으며, 만약 인연을 구족하지 못하면 그렇게 쉬운 것이 아니다. 따라서 관상 수행은 매우 중요한 조건이 된다.

관상 수행이 의미하는 것은 공성의 체험이 없는 때에는 사유하고, 체험이 있은 후에는 다시 사유하지 아니하며, 마음이 이러한 공성의 경계 중에 안주하며, 경계가 없어지는 때에는 또다시 관찰을 행한다. 중관의 수행법을 통하여 공성에 대하여 비교적 바른 이해와 체험이 있은 후에 다시 대원만의 규결을 수행하면 매우 빠르게 깨달을 수 있다. 중관의 수행법은 대원만을 수행하는 포장도로와 기초가 된다. 만일 이 같은 순차적 과정이 없다면 근기가 아주 성숙한 사람이 아닌 일반 사람은 집착이 매우 농후하기 때문에 찰나 간에 깨닫는 것이 매우 어렵다.

또한 중관의 수행법만으로도 깨달을 수 있는 것이지만, 밀종의 규결과 서로 비교하면 그 속도가 매우 느리다.

이러한 것들이 중관이 "법무아"를 채택하는 수행법이다. "법무아"의 수행법은 중관의 논전에 매우 많으며, 여기서는 다만 인·과·본체 이 세 가지 각도로 좇아서 모든 법이 남이 없고 멸함이 없으며 머무름이 없음을 채택한다. 남이 없고 멸함이 없는 것은 물질의 본체이자 실제적인 것이며, 남이 있고 멸함이 있음은 물질이 있는 것이고 허망한 것이다. 다만 우리는 공성을 이유로 삼아 선악의 인과를 가리지 않을 수 없는데 이것은 큰 잘못이고, 또한 인과가 존재하는 이유로써 공하지 않음(不空)에 집착하지 아니해야 하니 이것 또한 매우 큰 잘못이다. 이제二諦는 반드시 원융하게 할 필요가 있고 이것이 곧 중관이라고 말할 수 있다.

인무아 수행법에서 말했듯이 현재 일부 거사가 선종에서 집착하지 말라고 강의한 것을 듣고서 방생과 주문을 외움, 부처님께 예배함과 인과를 가리는 것 등에 대하여 모두 묶어서 한마디로 "집착하지 않음"이어야 한다(이러한 선행들을 행할 필요가 없다고 함)고 말한다. "집착하지 않음"은 최후의 경계인데 현재 우리는 어찌 집중하고 몰두하지 않겠는가? 옛날에 마하연 화상이 티베트 삼예사에 와서 선종을 강의할 때 일체를 모두 집착할 필요가 없다고 말하였다. 일부 티베트 사람이 그 말을 듣고 믿어서 절 안에 있던 부처님께 공양하는 전통이 갑자기 끊기게 되었으며, 불상 앞에 공양물이 끊어지게 되었다. 이처럼 수행 전통을 무시하는 행법은 실로 많은 학식 있는 사람에게 받아들여지기 어려웠으며, 그들은 곧 까말라실라라고 하는 인도인 중관논사를 초청해 와서 마하연 화상과 더불어 변론하게 했다. 왜 그와 더불어 변론할 가치가 있었겠는가? 그가 차제를 중요시 하지 않고 다만 한 구절 "집착하지 않음"이라고 설했기 때문이며, 이것은 많은 초학자를 잘못 인도하였기 때문이다.

능히 깨달을 수 있다면 곧 집착하지 않을 수 있지만 이것은 과정이 필요한 것이다. 만일 깨달음이 없는 초학자가 수행을 시작할 때에 사유와 가행을 수행함과 인과를 취사함을 집착하지 않아야 한다고 하면, 그것은 곧 미팡 린뽀체께서 『정해보등론』 안에서 해석하는 바와 마찬가지로 잘못된 것이다. 만일 "집착하지 않음"이 곧 문제를 해결할 수 있다면 모든 중생이 수행면에 있어 모두 집착하지 않을 것이나, 그들에게 오히려 해탈은 없다. 따라서 우리들은 "유변有邊"에 떨어져서는 안 되며 또한 "무변"에 떨어져서도 안 된다. 이른바 "무변"에 떨어지는 것은 곧 선종에서 강의한 일부 "집착하지 않음"·"사유하지 않고 말하지 않음"을 듣거나 혹은 중관의 공성과 관계된 글을 보고, 곧 인과의 취사를 행하는 것이 필요하지 않고 수행도 필요하지 않으며, 세속의 보시·지계 등을 행하는 것을 해탈에 아무 이익이 없다고 여기는 것이다. 이른바 "유변"에 떨어짐은 붓다·삼보·사제·인과와 윤회의 존재를 설함을 들었기에 곧 일체가 실로 있는 것이고 공허지 않는 것이라고 여기는 것을 가리킨다. 먼저 우리들은 두 가지 변에 떨어지지 않고 중도를 행해야 하며, 최후에는 이른바 중도나 양변도 없어서, 완전히 양변의 집착이 없어지게 된다. 이러한 경계에 도달했을 때 곧 능히 자유자재한 것이고, 이러한 경계에 도달하기 전에는 우리는 여전히 자신이 이 같은 양변의 길에 떨어지지 않도록 해야 한다.

공성을 깨닫고 난 뒤 선정을 행할 때 마음을 곧 공성에 집중하며, 이때의 안목으로 세계를 보면 일체가 모두 불생·불멸인 것이다. 다만 아직 성불하지 못했기 때문에 다시 선정에서 나오게 되는 것이다. 선정에서 나온 후에는 전과 같이 산하대지의 존재가 있고, 이 경계 안에서 여전히 자량을 쌓고 죄업을 청정히 하며 인과의 취사에 마음을 쓰는 것이 필요하다. 이와 같이 수행하면 곧 성불의 희망이 있다.

### 5) 법무아를 수행하는 효용

공성은 우리들이 아집을 끊는 것을 도울 뿐만 아니라 우리들의 탐심·진심 등 번뇌장과 일체 소지장을 끊는 것을 돕는다. 일반적으로 말하면 탐심이 있으면 곧 부정관을 닦고, 화내는 마음이 있으면 곧 자비의 마음을 닦는다. 그러나 만일 공성을 깨달으면 탐심·진심은 곧 부정관과 자비심으로 해결할 필요가 없으며, 공성은 곧 일체를 해결할 수 있으니 그것은 일종의 종합적인 대치법이다. 이것이 중관의 수행법이고, 사유와 안주를 교대로 행하되, 사유하여 체험이 깊은 때에 이르러 곧 고요하게 되면 다시 사유하지 않고, 이 경계 중에 집중하여 체험이 없어질 때 이르면 또다시 새로운 한 방면의 사유와 안주를 시작하며, 이와 같이 반복해서 돌아가면 이것이 초기의 가장 좋은 공성 수행법이다. 여러분이 능히 일찰나 사이에 대원만을 깨달을 수 있는 것이 아니라면 공성은 곧 이같이 한 걸음 한 걸음 수행하여 올라가는 것이다. 이같이 수행하면 적게는 능히 마음 안에 수승한 해탈의 종자를 뿌리고, 더불어 탐진치와 집착에 대치함에도 분명히 이로운 작용이 있다.

종까빠 대사의『삼주요도』에서 강설하신 출리심·보리심과 공성의 세 가지 수행방법에 대해 우리는 모두 이미 강의를 마쳤다. 강의한 범위가 비록 매우 넓지는 않으나 실로 수행할 때에 이러한 사유는 기본적으로 충분하며, 이것이 전체 티베트 불교의 핵심 요점이다. 여러분은 매일 적게는 한 시간 내지 두 시간을 수행할 필요가 있다.

중국의 많은 신도가『금강경』,『심경』과『약사경』,『지장경』을 염송하는데, 이것은 당연히 매우 좋다. 만일 출리심과 보리심을 바탕에 두고 경을 독송하고 향을 사르며 부처님께 예배하면 모두 수승한 것이 된다. 이전의 기도 시간도 또한 빼지 말고 자기의 시간에 맞추어 안배하되, 독경을 몇 시간 하고 수행을 몇 시간 하며 대예배를 몇 시간 하는가를 안배하면 된다. 가장 중요한 것은 이 같은 수행법이 없으면 문제를 해결할 수 없음을 아는 것이며, 따라서 해탈하고자 한다면 반드시 이러한 수행법을 닦아야 한다.

### 6) 결론

이러한 수행법에 대하여 내가 세속의 말을 써서 불교적이 아닌 용어로써 강의하였다. 만일 불교적인 전문용어로써 강의하면 많은 사람들이 생소하고 듣고 이해하지 못한다고 느끼는 것을 염려한 것이다. 그러나 강의한 모든 내용은 모두 불경과 논전에서부터 가져왔고 내 멋대로 강의한 것이 아니다. 나는 감히 그같이 하지 못한다.

이전에 강의한 내용에 덧붙여 지금까지 이미 한 갈래의 비교적 완전한 해탈도를 갖추었다. 만일 한사람이 능히 진실로 이를 의지해서 수행하면 기본적으로 비교적 높은 경계에 도달할 수 있다. 그러나 행하지 않는다면 삼장십이부三藏十二部의 경전을 다 배워도 또한 수행에 큰 도움이 되지 않는다. 수행은 매우 중요한 것이다.

공성과 더불어 출리심·보리심의 이치와 수행법에 관계된 것이 있으면 법우와 서로 토론할 수 있고, 또한 불교를 믿지 않는 사람에게 귀의의 이익과 수행의 필요를 말해줄 수 있다. 이것이 우리들 각자의 책임이며, 법을 전한다고는 못하지만 토론하고 대화할 때 있어 조금이라도 의미 있는 화제를 말하면 드러나지 않는 가운데에 기타의 다른 중생들에게 이익이 되고, 이것은 실로 의미 있는 것이다. 다른 방법으로는 생로병사의 문제를 해결하지 못하며, 다만 출리심·보리심과 공성이 있어야 곧 능히 해결할 수 있다. 현재 다수의 사람들은 여전히 출리심과 보리심을 수행하는 단계에 있으니 급하게 공성을 수행할 필요는 없다. 만약 공성을 매우 좋아하는 사람이라면 또한 시간을 내어 닦아도 좋을 것이다. 그러나 현재 우리들은 응당 출리심과 보리심을 먼저 수행하는 것이 중요하다.

# 여래장을 간단하게 논함

여래장의 내용은 이전의 강의 중에는 줄곧 취급하지 않았고, 기타의 내용인 "무아"·"공성"·"인과" 같은 것을 조금씩 강의하였으며, 여래장의 내용을 처음부터 강의한 적이 없었다. 오늘은 간단하게 여래장을 강의하겠다.

여래장의 견해는 매우 중요하다. 그것은 현종의 가장 높은 봉우리의 견해이고 현종에서 이보다 더 높은 견해는 없기 때문이다. 미팡 린뽀체 등 고승대덕이 말씀하시되, 여래장을 설한 『보성론』은 현교와 밀교를 결합한 경전이라고 하였다. 다시 말하면 여래장은 이미 밀교의 범주에 속할 수 있으며, 또한 현교의 범주에도 포함된다. 이 때문에 여래장의 견해는 매우 중요하다.

석가모니 부처님께서는 세상에 계셨을 때 일찍이 세 가지 전법륜을 공개하셨다. 제1차의 전법륜 시에 "인무아" 및 "인과"에 대하여 설하셨고, 우리들을 위하여 "아"가 비록 존재하지 않지만 인과가 상속하는 순환은 도리어 속임 없이 존재한다는 등의 내용을 말씀하셨다. 제2차의 전법륜 시에 부처님께서는 공성의 견해를 설하셨으니, 곧 유정세간과 또한 바깥 경계의 산하대지를 논할 것 없이 모두 불생불멸의 공성이라고 하셨다. 제3차의 전법륜 시에 부처님께서는 여래장의 내용을 설하셨는데, 곧 일체법은 불생불멸이나 다만 허공과 같이 어떤 것도 없다는 것이 아니라, 일종의 언어를 써서 표달할 방법이 없는 것이 존재함을 말씀하셨는데, 이것이 곧 여래장이다.

## 1. 육식六識의 견해를 뒤엎음

여래장의 견해를 건립하는 것은 먼저 6식의 견해를 뒤엎을 필요가 있다. 우리들의 감각기관인 안이비설신 등의 능력은 유한한 것이다. 이러한 능력은 일종의 범위에 국한되어지며, 일단 이 범위를 뛰어넘으면 이러한 기관은 곧 힘을 잃게 된다. 우리들의 제6 의식은 비록 관찰의 능력이 있지만 관찰의 의지처는 또한 안이비설신으로부터 온다. 예컨대 사람이 과거의 일을 회상할 때에 그가 지난 일을 기억함은 여전히 안이비설신에 근거한다. 이와 같이 사유의 의지처는 안이비설신에서 온다는 결론을 내릴 수 있다. 다만 안이비설신 등 감각기관의 본체는 대광명·여래장·공성 등을 보지 못하고 알지 못할 뿐만 아니라, 우리들이 평소에 스스로 보아서 분명하다고 여기는 물건까지도 진정으로 분명하게 그 실체를 구분할 수 없으며 결말을 볼 수 없다.

예컨대 우리는 육안으로 어떤 사물을 관찰하고는 그것이 다만 정지된 상태에 있다고 생각한다. 그러나 부처님께서 우리에게 설하시는 것은 그것들이 고요하게 멈춰 있는 것이 아니고 일찰나 일찰나 운동하고 변화하는 사물이라는 것이다. 과학의 관점에서도 또한 이 점을 증명한다. 우리들이 육안으로 탁자를 보면 곧 그것이 완전한 목판이라고 생각할 뿐 그것의 중간에 틈새가 있음을 보지 못한다. 그러나 『구사론』에서는 오히려 일체 물질은 미진으로 말미암아 구성되며 미진의 사이는 틈이 있는 것이라고 말한다. 모두가 잘 아는 과학 이론은 또한 탁자는 수없이 많은 미진으로 말미암아서 조성되었고, 미진 사이는 서로 연결되어 있지 않으며 틈이 존재하고 있음을 알려준다. 이것은 마치 우리가 멀리서 은하를 보면 한 조각 광명이라고 생각하지만, 만일 천체망원경을 사용하거나 가까이서 관찰하면 곧 은하는 한 조각 광명이 아니며 많은 별들로 구성되어 있는 것을 알 수 있는 것과 같다.

같은 이치로 평소 우리들이 보는 매우 견고한 금강석이 또한 틈이 없는 것이 아니라 많은 미진을 말미암아서 조성된 것이다. 실제 상황은 곧 이와 같다. 눈에 대해서 말하면 사물이 아주 멀거나 또는 아주 가깝거나, 아주 크거나 또는 아주 작으면 눈으로 모두 볼 수 없기에 눈의 능력은 아주 약한 것이며, 따라서 관찰한 바의 사물과 잘 배합이 될 때 비로소 능히 볼 수 있다. 다시 말하면 눈으로 보는 것은 매우 한계가 있다. 우리들의 육안은 이러한 모두를 보는 것이 분명하지 않은데, 어떻게 능히 "공성"을 분명하게 보겠는가? 따라서 안이비설신을 믿는 것은 충분히 근거 없고 웃음 나오는 일이다.

경전 중에 일찍이 강의하시되, 한 명의 유루 신통을 갖추고 있는 외도 수행인이 하나의 차바퀴 크기의 동그라미같이 작은 공간 가운데에서 능히 보는 중생의 수량은 우리들 보통사람이 삼천대천세계 속에서 능히 보는 바의 중생 수량과 비교할 수 있다. 아라한이나 초지 이상의 보살은 하나의 차바퀴 같은 큰 동그라미 가운데서 또한 외도 수행인이 삼천대천세계 안에서 능히 보는 바의 모든 물건을 볼 수 있다. 그런 다음 수도修道의 단계를 따라 위로 올라가며 유추하면, 수행의 단계가 더 높아지면 능히 관찰하는 바의 정도도 더욱 깊어진다. 그러나 우리들의 눈은 근본적으로 그렇게 많은 중생을 볼 수 없다. 현미경의 예를 들어서 조금 설명할 수 있다. 육안으로 손바닥을 보아도 그 가운데에서 생명을 보지 못하지만 현미경은 도리어 가능하다. 이러한 상황을 여러분이 나보다 더 분명히 알 것이다. 현미경 또한 다만 잠시 눈의 능력을 보강하여 줄 뿐, 근본적으로는 도움이 되지 않는다. 일부 수행인의 신통 있는 눈과 서로 비교하면 현미경 또한 무슨 대단한 물건이라 할 수 없다. 수행인이 보는 바의 경계는 멀리 현미경이 인류를 위하여 제공하는 시각의 범위를 초월한다. 게다가 이러한 보는 바의 경계는 환각이 아니고 확실하여 변하지 않고 넘어져도 깨지지 않는 사실이나, 다만 우리들 범부가 보지 못할 뿐이다.

따라서 우리들의 육안을 써서 우주·인생·진리 등의 진실한 모습을 관찰하고자 시도하면 바로 어리석은 사람이 꿈 이야기를 하는 것과 같고, 설사 현미경의 렌즈의 도움을 보태도 그 능력 또한 유한한 것이다. 평시 우리들의 안이비설신의 보는 바·듣는 바·느끼는 바는 모두 환각이며, 이러한 감각기관으로는 어떠한 진실한 모습도 볼 수 없다.

## 2. 여래장을 깨닫는 방법

여래장은 존재하는 것이며, 다만 우리들이 여실하게 설명할 방법이 없을 뿐이다. 우리들의 언어는 다만 안이비설신이 체험하는 바의 내용을 전달할 뿐이며, 우리들의 개념 또한 단지 이러한 내용을 표현하고 있을 뿐이지, 보지 못하고 듣지 못하고 느끼지 못하는 것에 대하여는 마음속에 개념이 없으며, 따라서 곧 말로써 표현할 방법이 없다.

예를 들면 우리들이 경전 가운데 "서방극락세계"를 묘사한 것을 보면 완전히 유리 보배로 조성되어 있다고 하는데, 과연 무엇이 유리 보배인가? 우리들은 유리 보배에 대한 개념이 없기에 다만 마음으로 생각하되, 상점 안에 있는 유리와 비슷한 것일 거라고 여긴다. 또 다른 예로 우리들이 감로라고 하면 광천수보다 더 맛이 좋은 음료라고 밖에 할 수 없고, 다른 언어나 개념으로는 묘사할 방법이 없다. 이것은 모두 우리의 안이비설신 등 기관들의 작용 범위가 제한적이기 때문이다.

여래장은 안이비설신의 범위에 속하지 않고, 우리들이 본 적도 들은 적도 없으며, 그것에 대한 개념조차 생길 수 없기에 실제와 같이 표현하고자 해도 더더욱 가능한 방법이 없다.

그러면 여래장의 논점은 어떻게 전하여 오는가? 이 의문을 해결하기 위하여 부처님 경전 안에 좋은 비유가 있다. 어떤 사람이 '무엇이 달인가?' 하고 물으면, 대답할 때 곧 손가락으로 하늘 위 공중에 달을 가리키면서 그에게 '이것이 곧 달이다'라고 하면 된다. 그 사람의 손가락을 따라서 가리키는 방향으로 보면 곧 달을 볼 수 있을 것이다. 실제로는 손가락이 구체적으로 달을 가리킴이 있는가 없는가? 달은 손가락으로부터 거리가 상당히 멀기에 분명하게 사람에게 달을 가리켜 보게 할 방법이 없다. 이렇듯 "달을 가리킴"은 일종의 방법일 따름이다. 다만 이러한 방법을 통하여 달을 볼 수 있게 하면 된다.

마찬가지로 우리는 말로써 표현할 수 없는 내용을 언어의 지시와 안내를 통하여 깨닫게 된다. 이것이 부처님의 유일한 방법이며, 부처님의 가장 위대한 점은 바로 여기에 있다. 왜냐하면 평상시에 우리는 보지 못하고 얻지 못하는 물건을 이해하고 체험하게 하는 것이 어렵기 때문이다. 세간의 학문은 다 우리들이 보고 얻을 수 있는 것을 가르친다. 그러나 보통의 범부가 보지 못하고 말로 전하기 어려운 경계를 이해하고 깨닫게 하고자 하는 것은 매우 어렵다. 그러나 부처님에게는 방법이 있으며, 그 방법은 곧 먼저 우리들이 원래 가지고 있는 관점을 뒤집는 것이다. 많은 사람이 매우 대단하다고 여기는 "문명"과 "정확한 관점" 등을 모두 전부 뒤집을 필요가 있다. 뒤집은 후에는 곧 관점이 없어지고 개념이 없어진다. 그러나 이 한 가지 "관점이 없는 것"도 곧 "관점"이 된다.

### 3. 여래장의 본체인 대공성의 참과 거짓을 깨달음

우리들의 사유가 실로 매우 간단한 것이기에, "유"·"무"·"비유"·"비무" 이 네 관점으로 모든 사유를 포함할 수 있다. 이 네 관점을 가지고 완전히 타파한 뒤에 능히 무엇을 설할 수 있겠는가? 다시 다른 관점이 없으면 이것을 곧 "공성을 증오함"이라고 부른다.

이에 대하여 또한 일찍이 잘못 이해하기 쉬운 일화가 있다. 이전에 선종의 마하연 선사가 티베트에 와서 선종을 펴고 티베트에 매우 큰 쟁론을 일으켰다. 티베트가 선종의 법을 받아들이지 않은 것이 아니며 선종의 법은 실로 매우 좋은 법이지만, 티베트 역사의 기록에 의하면 마하연 법사는 선종의 법을 강의할 때 일부 문제를 일으킨 것이다. 당연히 이것은 다만 티베트와 인도인의 관점인데, 당시 중국불교의 기록은 이러한 서술과 크게 다르지만, 우리들은 잠시 누가 옳고 그른가를 논하지 않고 다만 티베트 역사의 기록을 근거로 해서 그가 제시한 바의 관점을 서술한다.

마하연 선사가 말하되, 부처님이 설하신 것은 "유"·"무"·"선"·"악"을 논할 것 없이 모두 생각하지 않고, "비선"·"비악" 또한 생각하지 않으며, 일체를 모두 놓아버린 이후에야 곧 해탈한다고 하셨다. 만약 놓아버리지 못하면 선을 행하고 업을 지어도 곧 윤회 중에서 휩쓸려가게 된다. 선악을 취사하는 것은 하등 근기의 수행법이기 때문에 상등 근기의 사람은 응당 전부 놓아버리고 어떤 것도 생각하지 않는다고 한다. 이런 종류의 도리는 표면상으로 좇아서 보면 문제가 없는 것처럼 보이지만, 그가 잠시도 놓지 못하는 것을 또한 오직 놓아버리라고 요구하면 이것은 옳지 않은 것이다. 놓으라고 말함에 바로 놓아버리는 것은 불가능한 것이고 그렇게 쉽게 할 수 있는 것도 아니다. 놓아버리는 것은 어떤 종류의 힘이 있는 방법이 있어야 능히 실현되는 것이고, 방법이 없다면 놓아버릴 수 없는 것이며, 따라서 다만 놓아버리라고 이론으로만 강의하고 방법을 강구하지 않는 것은 옳지 않은 것이다.

마하연 선사가 설한 바의 "놓아버림"·"생각하지 않음"이 만일 진실로 다만 생각하지 않을 뿐 성품을 깨달음이 없으면 그것은 실로 아직 생각 중에 있는 것이다. 무엇이 생각 중에 있음인가? 곧 "생각하지 않음"을 생각하는 것이다. 마음 안에 "사유할 수 없음"을 생각하는 것은 실제로 내심에 아직 사유가 있는 것이다. 이같이 하는 것은 다만 방법상에 같지 않은 또 다른 것이 있음일 따름이며, 오히려 모두 해탈을 얻지 못하기에 이러한 종류의 관점은 옳지 못한 것이다. 중국 사찰의 선 수행인이 수행하는 것이 진정한 선종 수행이라면 그것은 충분히 대단한 것이지만, 만일 수행하는 것이 생각하지 않음의 관점이라면 그것은 매우 위험한 것이다.

앞에서 강의한 것은, 원래 있는 관점을 파하고 뒤집음을 좇아서 공성을 깨닫는 것이 중관의 견해이고, 단지 생각하지 않는다는 관점은 중관의 견해가 아니다. 이 두 가지는 단어의 뜻으로 좇아서 쉽게 구별할 수 있다. 중관의 관점은 "유"·"무"·"생"·"주"·"멸" 등을 관찰하는 것이고, 관찰하여서 일정한 수준에 이른 후에는, 곧 원래의 "유"·"무" 등이 모두 우리들 자신의 일종의 경전 안에서 일컫는 "증상안립增上安立"이 되는 내용임을 체험하는 것이다.

"증상안립"은 곧 근본적으로 존재하지 않는 물건을 "있음"으로 삼고 "없음"으로 삼지 않는 등을 가리킨다. 그러나 현재의 사실은 도리어 근본적으로 우리들이 이전에 상상한 바의 그 내용이 아니다. 우리들이 생각한 바는 원래 한 가지 일이나 현재 깨달음의 소견이 또한 그 밖의 다른 한 가지 일이며, 이 두 가지 사이에는 하늘과 땅만큼의 구별이 있고, 그 개념이 모두 같지 않다. 이러한 종류의 "깊은 체험"을 "초기의 앞에 깨달음"이라고 하며 "깨달았음"이라고 말할 수 있다.

다만 깨달음은 층차가 나눠지는 것이고 아울러 성불을 말하는 것이 아니다. 증오는 곧 깨달음이지만, 그렇다고 깨달음이 성불을 가리키는 것은 아니다.

대소승의 사선팔정은 호흡이 끊어지는 데 이르도록 수행할 수 있으며, 또한 수행하여 매우 긴 시간을 마음속에 전혀 생각이 일어남이 없는 수준에 이르러 앉아서도 매우 편하게 된다. 그러나 이 같은 수행은 해탈과 더불어 어떠한 관계도 없다. 해탈은 지혜를 써서 윤회의 뿌리를 뽑는 것이고 이것을 곧 해탈이라 부른다. 모든 "유"·"무"의 생각이 모두 진정으로 없어진 후에 도달하여 남는 것이 곧 "여래장"이다. 선종 안에서 이것을 "본래면목"이라고 부르고, 또한 "대광명"·"대평등"·"대원만"·"자연지혜" 등으로 일컬어진다. 이것이 곧 진실한 "분별하지 않음"이자 "사유하지 않음"이니, 이 두 가지 사이의 차이를 구분하는 것이 매우 중요하다.

## 4. 여래장에 들어가는 몇 가지 방법의 구별

"광명"은 곧 때가 없고 순수하고 깨끗함을 의미하며, 오염된 허물은 곧 우리들의 집착을 가리킨다. 수행할 때에 "악惡"·"선善"의 생각은 모두 끊을 필요가 있으며, 이러한 상태에 들어가고자 하면 일정한 방법이 필요하다. 첫째, 먼저 추리하는 사유방법이 있어야 하고 항상 이해하기가 쉬워야 한다. 둘째, 밀종 중에 기·맥·명점을 수행하는 방법이 있는데, 이러한 상태로 들어가면 비교적 빠르다. 셋째, 대원만과 대수인의 수행법이 있고, 특별히 대원만에서 강의하는 바는 스승의 가피와 규결이 중요하며, 이러한 가피의 상태에 들어가면 빨리 들어가게 되는데, 이것이 광명에 드는 가장 빠른 규결이다.

이 세 종류의 들어가는 방법 중 제1종은 중관의 사유방법으로서 가장 느린 것이나 비교적 실제적이며, 제2종인 "기맥명점"의 수행은 속도면에서 중등이지만 일부 위험성이 있고, 기와 맥류는 사람의 사유와 밀접한 관계가 있기 때문에 만약 수행이 좋지 않으면 정신이 모두 정상이 아닌 것이 되어 문제를 많이 일으킨다. 만일 정확한 인도가 있으면 곧 마음 놓고 대담하게 수행할 수 있다. 제3종은 상사의 규결이며, 잘못되거나 위험한 경우가 적고, 돌아가는 길이 아니며, 아울러 수확이 크고 효과를 봄이 빠르지만 거짓 없는 신심이 필요하며, 신심이 없는 것은 옳지 않다. 이상 세 가지 방법은 모두 이러한 "말로 할 수 없고 설명할 수 없음"의 여래장 상태로 들어가게 할 수 있다.

## 5. 만법이 여래장을 여의지 아니함

우리들이 태어나 신체와 마음의 상속이 있은 후에 곧 많은 "상上"·"하下" 등의 개념을 건립하였으나, "여래장"의 상태는 곧 우리들이 큰 허공에 들어간 후와 같아서 대뇌 속에 원래 있는 것이고 지구상에서 건립된 "상"·"하"의 개념은 없어진 것과 같고, 이러한 상태에 들어가면 곧 "여래장"·"대광명"에 들어가는 것이다. 그것들은 신체 내에 존재하는 하나의 물건이 아니고 아울러 컴퓨터 안의 있는 프로그램과 같은 것도 아니다. 밀종 안에서 강의하는 "자연 지혜" 또한 이와 같으며 마음의 본성 또한 그것이다. 무시이래로 그것은 본래 우리를 여읜 적이 없고 우리와의 거리는 매우 가까우며, 다만 우리들이 발견하지 못했을 뿐이고, 만약 발견했다면 그것이 "초보의 깨달음"이다.

꿈을 꾸지 않는 깊은 수면을 제외한 그 외에 하루 24시간 중에 우리들의 뇌 안에는 그침 없이 "선"·"악" 등이 생긴다. 그 모든 하나하나의 생각은 모두 여래장을 좇아서 나온 것이고, 그것이 현재 여래장 중에 머물러 있으며, 이후에 소멸할 때에 또한 여래장 안에서 없어진다. 『보성론』 중에서 하나의 비유가 있는데, 곧 세계를 마음에 비유한다. 세계란 최초에 존재하지 않았으며, 비록 세계가 생기는 원인이 여러 종류의 주장이 있으나 다만 모두 추측할 뿐이고 아직도 실험하여 증명된 것이 아니다. 세계는 태허공을 좇아서 생기고, 지금에 이르도록 태허공 중에 존재하며, 최후에 또한 반드시 태허공 중으로 소멸하는 것이며 다른 곳으로 가지 않는다. 이것이 곧 세계가 허공으로부터 오고 허공에 안주하며 허공에서 소멸함을 설명한다.

마찬가지로 우리들의 한 가지 생각은 또한 법계로부터 오고 법계에 안주하며 법계로 사라진다. 이것이 부처님의 인도하심을 근거로 하여 이해한 것이며, 또한 수를 셀 수 없는 많은 성취자들이 증명하여 바로 아는 것이다. 아울러 외도가 설한 바의 하나님이 창조했다는 것이 아니며, 이러한 관점은 증명할 방법이 없다.

비록 범부는 이에 대하여 이해하기 어려우나, 성취자는 이미 스스로 체험한 것으로, 수행인이 지혜의 눈을 통하여 육안이 아닌 것으로 체험한 것이다. 모든 성취자는 이러한 길을 지나갔으며 이러한 종류의 체험을 했다. 비유하면 사탕을 맛보지 못한 사람이 사탕의 맛을 알 방법이 없으며, 비유를 통하여 단맛이 우유와 비슷하다고 말해주더라도 이것은 정확히 표현한 단맛이 아니다. 가장 좋은 방법은 그가 스스로 사탕의 맛을 보게 하는 것이다. 바로 선종이 강의한 바인 "사람이 물을 마심에 차고 따뜻함은 스스로 안다"와 같은 말이다.

모든 각각의 생각은 보통사람의 각도로써 좇아서 보면 차별이 있는 것이나, 수행인을 따라 특별히 대원만 수행인의 각도로써 좇아서 보면 모두 여래장이다. 실질적 내용을 좇아서 설하면 이 일체가 차별이 없다. 이른바 차별은 다만 우리들의 집착으로 말미암아서 생긴 것이다. 마음의 능력이 물질의 능력에 비하여 많이 크며, 마음은 물질을 부릴 수 있고 반대로 물질이 완전히 마음을 부리는 것은 어렵다. 예를 들면, 이전에 한 명의 인도 바라문이 불은 매우 두려운 것이라고 생각하였는데, 이후 불 가운데서 사는 불쥐를 본 뒤에 생각이 바뀌었고, 아울러 이로 말미암아서 얻어낸 결론은, 일체는 모두 일정한 것이 아니고 어느 하나도 실재하는 물건은 없으며 모두 서로 상대적으로 존재한다는 것이다.

마찬가지로 모든 물질은 인연으로 생긴 것이고 따라서 물질은 시시각각으로 모두 변화하나, "여래장"은 곧 영원히 변하지 않으며 이것이 우리들의 본성이다. 우리들이 그런 상태에 들어가고자 하면 곧 능히 해탈을 얻으며, 이것이 곧 능히 "현재에 그대로 성불함"이다. 만일 들어가지 못하면 곧 영원히 윤회에 빠지게 된다.

이른바 "현재에 그대로 성불함"은 또한 일찰나 간에 성불하는 것이 아니다. 밀종과 현종의 비교적 깊은 부분 중에 있어서 "마음의 본성은 부처이고 부처를 제한 그 밖에 따로 다른 물건이 없다"고 강의하며, 많은 신도가 또한 항상 "불조佛祖는 마음 위에 있다"고 말하는데, 이는 곧 마음의 본성이 부처라는 뜻이다.

그러나 마음이 본성을 제외한 밖에 기타 이롭지 않은 물건이 있다. 바로 큰 바다가 아득하고 고요한 바닷물 이외에도 막을 수 없는 두렵고 거센 파도가 있는 것과 같다. 비록 마음의 본성은 부처이지만 깨닫지 못한 자에게는 마음의 현상에 층층이 다함이 없다. 만일 이미 깨쳤다면 곧 본성과 현상의 나눔이 없다. 이른바 "승의"·"세속"·"오도십지五道十地" 등 개념은 또한 깨닫지 못한 자들의 분별하는 생각에 대하여 말한 것이다.

마음의 본래 광명은 "기基"가 되는데, 일체의 법은 다 그것으로부터 근원하기 때문에 "기"가 된다고 일컫는다. 이 상태에 들어가는 것을 "추진趨進"이라고 부르며, 들어간 상태를 여의지 않는 것을 또한 "수법修法"이라고 부르고, "수법"은 또한 "도道"라고도 말한다. 철저하게 들어가서 다시 돌아오지 않는 것을 "과果"라고 부르며, "과"는 곧 깨달음이다. "여래장"은 "기"·"도"·"과"를 포함하며, "기"·"도"·"과"는 또한 곧 마음의 본성이다.

달마 조사가 『오성론』 중에서 설하되, "중생과 보리는 또한 얼음과 물과 같다."라고 했다. 물이 얼면 얼음이 되고 얼음이 녹으면 물이 된다. 그것들은 본질 면에서 구별이 없고 단지 $H_2O$이다. 만일 온도가 0도보다도 높으면 물만 있고 얼음의 존재는 없으며, 만일 온도가 0도보다 낮으면 곧 얼음만 있을 뿐 물의 존재는 없다. 온도가 같지 않기 때문에 물과 얼음의 같지 않게 나타남이 있다. 같은 이치로 중생과 부처의 본심은 한가지로 여래장이 되며, 무명의 마가 가리기 때문에 곧 번뇌가 있는 중생이 되어 나타나며, 무명의 오염을 멀리 여의기 때문에 곧 그를 일컬어 부처라고 한다. 부처의 경계 중에 있으면 무명 번뇌의 얽힘이 없고, 번뇌를 품어서 고통을 당하는 중생들은 자신이 곧 부처임을 알 방법이 없다. 그러나 본질상으로 좇아서 말하면 두 가지는 정확히 높고 낮음을 나눌 수 없고, 모두 부처가 된다.

현종의 경전 중에서 성불의 도는 매우 아득하다고 생각하며, 삼아승기겁을 경과함이 필요하다고 하는데, 그것은 보통사람의 생각을 초월하는 매우 긴 시간이 된다. 그러나 밀종은 도리어 생각하되, 마음의 본성은 곧 부처이고 우리들은 부처와 더불어 거리가 없다. 그러한 종류의 상태에 들어가게 되면 부처와 중생이 바로 융합해서 한 체가 된다. 달마 조사는 『혈맥론』 중에 또한 이 이론을 설하였다. 그가 말하되, "견성하면 곧 부처이고 견성하지 못한즉 중생이다." 당연히 수행의 정도가 충분하지 않아 충분한 선정의 힘이 없으면 이러한 종류의 경계는 또한 잃어버리게 된다. 그러나 수행을 통하여 장차 부처와 중생이 둘이 없고 구분이 없으며 영원히 분리함이 없는 경계에 도달하면 이것을 곧 성불이라 부른다.

따라서 밀종의 각도로 좇아서 말하면 부처와 중생은 다만 하나의 커튼의 경계로 나눠져 있다. 수행하는 방법 또한 매우 편하고 빠르기에 커튼을 열어젖히면 곧 성불이다. 성불은 멀어서 미칠 수 없는 일이 아니고 눈앞에 가까이 있으며 실현될 날이 머지않다. 이것이 곧 밀종이고 특별히 대원만의 수승한 점이다.

## 6. 중생이 평등함

그러므로 이러한 종류의 경계는 오직 수행인만이 체험할 수 있지만, 단지 우리들이 체험하지 못했다고 해서 인정하지 않는 것은 이치에 맞지 않는다. 부처님께서 경전 중에 강의하시되, 모든 생명은 모두 "여래장"을 갖추고 있으며 지렁이와 바퀴벌레 같은 작은 생물까지도 또한 여래장을 갖추고 있다. 경전에서는 사람의 성품이 본래 악하다고 여기지 않으며 선하다고 말할 수 있다고 설한다. 그러나 여기서의 "선善"은 우리들이 보통 생각하는 "선"이 아니며, 그것은 매우 청정한 것이고 어떠한 번뇌도 없으니, 이러한 각도에서 말하는 것을 일컬어 선이라 할 수 있다. 만일 지렁이나 바퀴벌레가 자기의 마음을 관찰할 수 있으면 곧 자기 또한 "선"인 것을 발견할 수 있다. 비록 내심의 나타남이 사람과 비교해서 단순하나 여전히 "아집"이 있는데, 만일 그런 집착을 능히 놓아버리면 곧 마음의 본성이 공성인 것이고 또한 오염됨이 없는 것이 된다. 어떠한 집착도 없는 것이 곧 공성이라고 말할 수 있다. 이 각도를 좇아서 말하면 각각의 생명은 모두 평등하고 모두 한가지이며, 모든 중생의 마음은 모두 한 체體인 것이다.

마치 한 근의 황금과 같아서, 이것으로 반지·귀걸이 등 각종 모양의 장신구를 만들 수 있고, 밖으로 드러나는 현상이 천 가지로 다양하지만 그 본질은 황금으로 모두 같다. 마찬가지로 표면상으로 보면 육도윤회의 형형색색이 모두 다르지만, 본질을 좇아서 말하면 중생의 마음의 본성은 따로 둘이 없는 것이다. 무신론자일지라도 그들 마음의 본성은 이와 같으며 털끝만한 차별도 없다. 나타난 바의 차별이 깨달음을 결정하는 것이 아니며, 부처와 중생이란 다만 깨달음과 무명의 차별일 뿐이다.

## 7. 여래장을 닦는 법기

밀종을 수행하는 것은 또한 적지 않은 많은 조건이 요구된다. 범부가 되어서 그런 조건들을 갖추고 나면 순서에 따라 점차 한 발짝 한 발짝 나아가게 되며, 그렇게 서두르지 아니하면 망상은 순간에 부처를 이룬다.

『보성론』은 반은 밀종이고 반은 현종의 법인데, 이 논서가 우리들에게 전하되, 부처와 중생은 다만 "집착"의 차이가 있을 뿐이고, 일단 타파하면 중생은 곧 부처를 이룰 수 있다고 하였다.

우리들이 모두 알듯이, 수술하는 방식으로 질병을 치료하면 보통 비교적 효과가 빠르고, 약을 먹고 주사를 맞는 등의 보수적인 치료를 하는 방법은 비교적 늦다. 하지만 만일 몸이 튼튼하지 못하면 수술하여 치료하는 것은 오히려 죽을 위험이 있다. 그 때문에 신체 조건이 갖춰지지 않은 상황에서는 천천히 약을 먹는 방식으로 병을 치료한다.

마찬가지 이치로 집착을 타파하기 위하여 밀종은 곧 여러 가지 방편의 법문을 채용한다. 이 때문에 밀종을 수행하는 것은 어느 정도 받아들일 수 있는 능력을 갖추는 것이 필요하며, 만약 이러한 받아들이는 능력이 없으면 곤란하게 된다. 예컨대 "서언감로誓言甘露" 같은 것은 보통사람은 받아들일 방법이 없으나, 그것은 깨끗함과 깨끗하지 못함의 집착을 부수기 위한 것이다. 현종은 이 같은 방법이 없기 때문에 밀종에 비해 성불의 속도가 매우 늦다.

현종의 수행법은 보통사람이 능히 받아들일 수 있는 관점이나, 밀종은 도리어 우리들 원래의 일체 관점을 뒤집고 대부분의 관점과 행위가 보통사람과 배치된다. 겉모습으로만 보면, 밀종은 일반 범부가 이해할 수 없는 방편을 사용하지만, 실제적으로는 매우 쓸모가 있고, 그것은 우리들에게 원래 있던 고정된 분별을 버리도록 강제하여 신속히 성불의 목적에 이르게 한다.

만일 조건이 갖춰지면 매우 빠르고 편리하며, 손바닥 뒤집듯이 쉽게 수행의 목적에 도달한다. 이것은 속여 가리거나 하는 허구가 아니며 명확한 근거가 있는 것이다. 중국의 육조혜능 대사께서 깨달은 방법은 매우 간단하나, 보통사람은 그것을 좇아서 수행해도 어떠한 인연도 쉽게 발견하지 못한다. 그렇지만 밀종의 수행하는 방법은 정확히 눈앞에서 곧 깨닫는다.

깨달음의 첫째로 요구되는 조건은 곧 금강상사와 밀법에 대한 신심을 갖추는 것이다. 그 다음은 업장을 청정하게 하는 것으로, 적어도 상대적으로 조금이라도 청정하게 해야 하며, 최소한 매우 거친 죄업은 없게 해야 한다. 세 번째는 자량을 구족해야 한다. 최후에는 선지식의 인도가 있어야 한다.

여래장을 깨치고자 생각하면 대원만·대수인 등 법문을 포함해서 수행해야 하며, 만일 매우 좋은 상근기 수행자라면 바쁜 재가 불자도 능히 깨닫게 되고, 심지어 공공버스를 타고서 출근할 때에도 깨달을 수 있다. 만약 근기가 없다면, 비록 머리가 세도록 모든 경전을 한 자도 빼지 않고 외운다 해도 또한 성공할 수 없다. 신심이 없다면 한 생에 이룰 수가 없다.

다섯 가지 가행을 수행하고서야 자량이 모두 구족하게 된다. 오직 게으름 없이 노력한다면 곧 연화생 대사의 성취에 이르게 될 것이다. 중요한 것은 우리들이 마음에서 우러나 실천하는가에 있다. 부처님께서 법을 설하신 이래로 현재에 이르기까지 많은 사람이 불법을 만났으나 지금에 이르도록 깨닫지 못한 주된 원인은 그들이 스스로 몸소 수행하고 체험하지 않는 데 있으며, 따라서 스스로 수행하지 않고서는 해탈을 성취할 수 없다.

종합하자면, 먼저 안이비설 등의 감각기관을 믿지 말아야 하는데, 그들의 작용은 일정한 한계가 있고 다만 일정한 범위 내에서만 작용을 일으키기 때문이다. 그 다음은 안이비설을 근거로 삼아 생긴 각종 생각과 의식을 모두 부정해야 하니, 이러한 망념의 빌딩을 철저하게 무너뜨려야 한다. 마치 하늘을 가린 구름이 바람이 불면 흩어진 뒤에야 비로소 진정한 푸른 하늘이 나타나는 것과 같다. 철저히 놓아버린 후에 능히 마음의 본성을 보게 되면 곧 성불한다.

**• 월칭보살 (月稱, Candrakirti, 600?~650?) •**

남인도 사만타국에서 태어났으며, 경율론 삼장에 통달하였다.
불호佛護의 제자 카마라붓디에게 용수龍樹의 저작을 배웠으며 중관파中觀派 귀류논증법歸謬論證法의 시조가 되었다.
저서로는 『명구론明句論』과 『입중론』이 유명하고, 그 외에도 『보살유가행사백론주소』, 『오온론』, 『공칠십송여리론주』 등이 있다.

**• 법존 법사 (法尊, 1902~1980) •**

중국 하북성 심현深縣에서 태어났다. 오대산 통현사 옥황정에서 출가하고, 무창불학원에 들어가 태허太虛 법사를 스승으로 법상학과 인명학, 장밀을 공부하였으며, 티베트 창도 안동 거시사에서 티베트어를 배웠다.
1936년 한장교리원 주지를 역임하고, 1950년 보리학회에서 티베트어 번역을 하였으며, 이후 중국불교협회 상무이사, 중국불학원 원장을 역임하였다.

**• 지엄 화상 (1956~) •**

19세에 구례 화엄사에 입산 출가하여, 월하 화상을 계사로 비구계를 수지하고 화엄사 강원을 졸업하였다. 봉암사 등에서 14안거를 성만하였으며, 화엄사 강원 강주, 운암사 도감을 역임하였다. 1995년 중국에 유학, 남경대학에서 철학박사 학위를 취득하고, 사천성 오명불학원에서도 수학하였으며, 해인사 승가대 교수를 지냈다. 중국 유학 중이던 1999년, 운명적으로 만난 대성취자 진매남카랑빠 존자(연용상사)와 다러라모 린포체를 근본스승으로 모시고 수행하였으며, 2011년 스승으로부터 연화생대사 복장법의 전법을 전수·위임 받았다. 현재 서울 미륵정사와 남경 관음사에서 연용상사부모의 복장법(떼르마), 도둡첸 린포체의 롱첸닝틱, 츄니도지존자의 사심지, 풀빠자시의 구전성숙 등 법을 펼치고 있다.

# 입중론 강해

초판 1쇄 인쇄 2023년 2월 9일 | 초판 1쇄 발행 2023년 2월 17일
월칭 造頌 | 법존 譯講 | 지엄 韓譯 | 펴낸이 김시열
펴낸곳 도서출판 운주사
(02832) 서울시 성북구 동소문로 67-1 성심빌딩 3층
전화 (02) 926-8361 | 팩스 0505-115-8361
ISBN 978-89-5746-726-8 03220 값 25,000원
http://cafe.daum.net/unjubooks 〈다음카페: 도서출판 운주사〉